화석 속에서 되살린 전 세계 공룡의 모든 것
공룡학자가 되어 떠나는 공룡의 세계

초판 인쇄일 2011년 4월 8일 1판 1쇄 **초판 발행일** 2011년 4월 15일 1판 1쇄
글 수잔나 데이빗슨, 스테파니 턴불, 레이철 퍼스 **그림** 토드 마셜, 배리 크라우처, 루이스 레이, 글렌 버드, 이언 잭슨
옮김 이주혜 **감수** 이융남(한국지질자원연구원 국토지질연구본부 지질박물관 관장)
펴낸이 이성훈 **펴낸곳** (주)도서출판 청솔
주소 경기도 파주시 교하읍 문발리 출판문화정보산업단지 507-7
등록 1988년 5월 30일 제312-2003-000047호
전화 031-955-0351~4 **팩스** 031-955-0355 **홈페이지** www.청솔출판사.kr
책값은 표지 뒷면에 있습니다.
ISBN 978-89-7223-332-9 73450

The Usborne World Atlas of Dinosaurs
The original edition copyright © 2008, 2004, 2003 Usborne Publishing Ltd.
All rights reserved. No part of this publication may be reproduced, stored in a retrieval system, or transmitted in any form or by any means, electronic, mechanical, photocopying, recording or otherwise, without permission of the publisher.
Korean language edition © 2011 Chungsol Publishing Company
Korean translation rights arranged with Usborne Publishing Limited, London, England
through EntersKorea Co., Ltd., Seoul, Korea.

이 책의 한국어판 저작권은 (주)엔터스코리아를 통해 저작권자와 독점 계약한 (주)도서출판 청솔에 있습니다.
신저작권법에 의해 한국 내에서 보호를 받는 저작물이므로 무단 전재와 무단 복제를 금합니다.

화석 속에서 되살린 전 세계 공룡의 모든 것

공룡학자가 되어 떠나는
공룡의 세계

글 **수잔나 데이빗슨** 외 | 그림 **토드 마셜** 외 | 옮김 **이주혜**
감수 **이융남** (한국지질자원연구원 국토지질연구본부 지질박물관 관장)

청솔

추천사

　공룡에 관한 책들은 많지만 최신의 학술적 사실에 기초해 체계적으로 공룡을 다루고 있는 책들은 많지 않습니다. 요즘 어린이들은 공룡에 대한 지식이 많을 뿐만 아니라 그 수준 또한 점점 높아져 가고 있습니다. 이런 점에서 '공룡학자가 되어 떠나는 공룡의 세계'는 어린이들의 눈높이에 딱 맞는 좋은 책이라고 할 수 있습니다. 왜냐하면 이 책은 화석을 통하여 공룡에 관한 거의 모든 과학적 사실을 다루고 있기 때문입니다.

　대륙별 유명 공룡 화석지를 모두 다루고 있기 때문에 어느 지역에 어떤 공룡이 있었는지 지도를 통해 쉽게 알 수 있을 뿐만 아니라 공룡의 발굴 역사와 최근에 발견된 깃털 공룡까지 공룡에 관한 흥미로운 내용들도 일목요연하게 살펴볼 수 있습니다. 특히 지금까지 발견된 거의 모든 공룡들이 다루어져 '이런 공룡도 있었어?' 라는 말이 나올 정도로 흥미롭게 볼 수 있습니다. 풍부한 내용과 실감 나는 사진, 그림 등은 이 책을 더욱 돋보이게 합니다.

또한 책 곳곳에 '인터넷 링크'가 있어 인터넷 속에서 더 많은 정보를 얻을 수 있을 뿐만 아니라 간단한 그림을 다운로드할 수 있어 활용성이 좋습니다.

이 책의 원서인 'The Usborne World Atlas of Dinosaurs'는 외국에서 좋은 평가를 받은 책으로 우리나라에서 이 책이 번역되어 출판된 것은 공룡을 사랑하는 독자들에게 행복한 일입니다.

한국지질자원연구원 국토지질연구본부 지질박물관 관장

이 융 남

차례

추천사……4
인터넷으로 세계의 공룡을 찾아보아요……8
최초의 공룡이 등장했어요……10
공룡을 분류해 보아요……12
공룡 계통도……14
화석 속에 숨겨진 비밀을 알아보아요……16
공룡 화석을 찾아보아요……18
함께 공룡 화석을 발굴해 보아요……20
화석을 보면 알 수 있어요……22
공룡의 뼈를 맞추어 보아요……24
공룡을 되살릴 수 있을까요?……26

공룡의 세계
지구는 어떤 모습이었을까요?……30
중생대의 세계 지도를 살펴보아요……32
트라이아스기의 세계……34
쥐라기의 세계……36
백악기의 세계……38
공룡은 어떻게 진화했을까요?……40
백악기 말기의 대량 멸종……42
살아남은 동물들……44
공룡이 조류로 진화했어요……46

대륙별 공룡
세계의 공룡 화석 유적지……50
가장 오래된 공룡 화석이 발견된 남아메리카……52
아르헨티나에 있는 달의 계곡……54
거대한 동물들의 땅, 네퀸……56
가장 많은 공룡 화석이 발견된 북아메리카……58
쥐라기의 공룡 화석……60
캐나다의 공룡 공원……62
헬 크리크의 공룡……64
아프리카의 공룡……66
사막에 살고 있어요……68
최대 규모의 원정대……70
공룡 화석이 사라졌어요……72
유럽은 발굴 작업이 어려워요……74
이구아노돈 광산……76
영국의 공룡 화석……78
공룡 섬, 와이트……80
최초의 공룡 화석 발견지, 아시아……82
깃털 달린 공룡……84
사막에서 발견된 화석……86
네메겟 분지에서 발견된 화석……88
오스트랄라시아에서 발견된 화석……90

오스트레일리아의 공룡 만……92
남극의 공룡 화석……94
공룡 알과 둥지 화석지……96
화석 속의 새끼 공룡……98
공룡 발자국을 따라가 보아요……100
바닷속 파충류……102
날아다니는 파충류……104
최근에 발견된 공룡 화석……106

공룡에 관한 모든 것
유명한 공룡 화석 수집가……110
공룡 박물관에 가 보아요……112
연대표……114
정말이에요?……116
공룡 퀴즈……118
대륙별 공룡 가이드……120
용어 해설……164
찾아보기……168

인터넷으로 세계의 공룡을 찾아보아요

어스본 퀵링크를 이용하여 전 세계에 있는 공룡 관련 웹 사이트를 살펴볼 수 있습니다. 이 사이트들은 대부분 영어로 되어 있지만 훌륭한 참고 자료가 될 것입니다. 또한 우리나라의 공룡 웹 사이트도 함께 실어 놓았습니다.

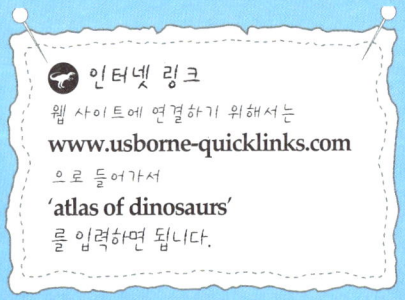

인터넷 링크
웹 사이트에 연결하기 위해서는
www.usborne-quicklinks.com
으로 들어가서
'**atlas of dinosaurs**'
를 입력하면 됩니다.

어스본 퀵링크 이용 방법

1. 주소 표시줄에 www.usborne-quicklinks.com을 입력하면 'Usborne Quicklinks'가 나오는데 이 중 'United Kingdom'을 클릭합니다.

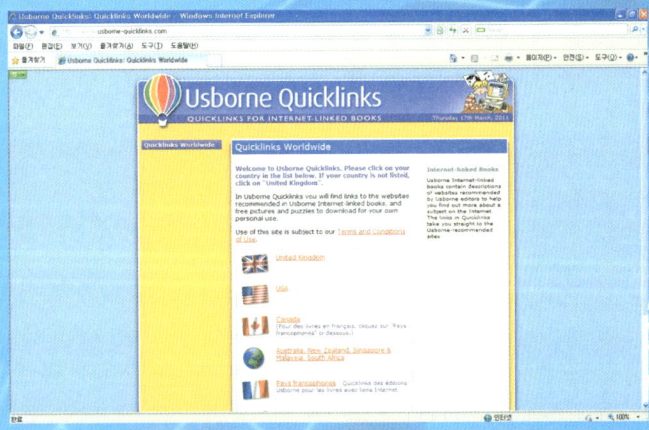

2. 키워드를 입력하는 빈칸에 'world atlas of dinosaurs'라고 입력합니다.

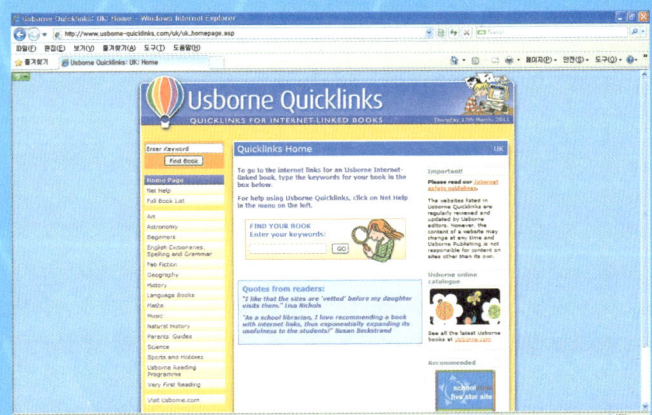

3. 여기에서 'World Atlas of Dinosaurs'를 찾아 클릭합니다.

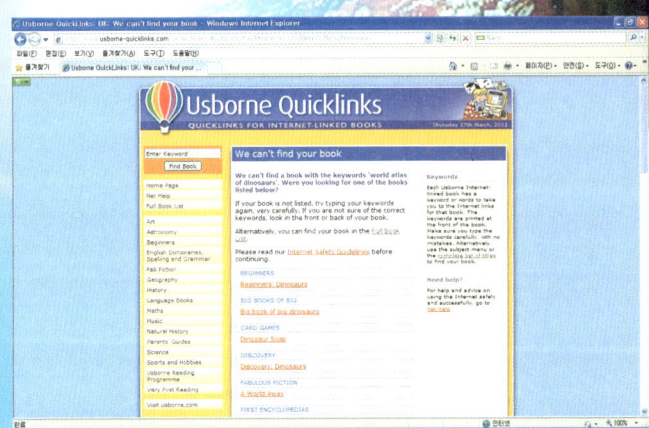

4. 빈칸에 찾는 쪽 번호를 넣으면 됩니다. 우리 책은 원서보다 2쪽이 늘어났으므로 2를 뺀 숫자를 입력합니다. 여기서는 14를 입력했습니다.

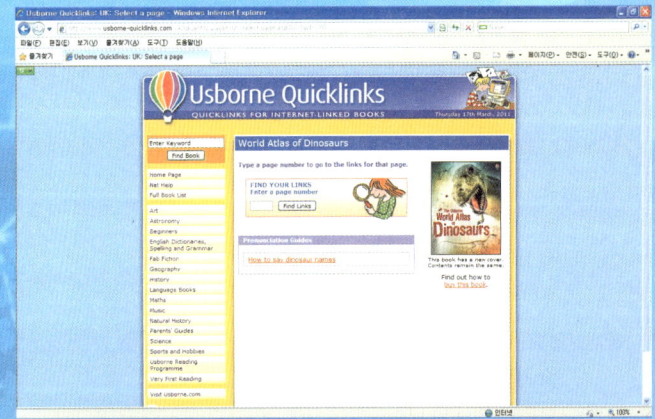

5. 여러분이 찾는 자료는 두 쪽씩 나옵니다. 'INTERNET LINKS' 아래의 밑줄 쳐진 링크를 클릭하면 찾고자 하는 내용이 나옵니다. 여기서는 'INTERNET LINKS' 중 'Find out about different kinds of fossils'를 클릭합니다.

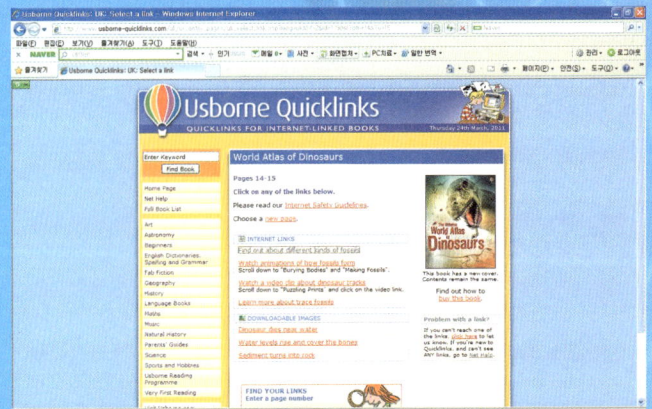

6. 그러면 찾고자 하는 페이지가 나옵니다. 이 링크 페이지를 활용하면 책 속에 나오지 않는 더 많은 내용을 찾을 수 있습니다.

● 책 속에 별(★) 표시가 되어 있는 것은 어스본 퀵링크에서 다운로드할 수 있는 이미지입니다. 이것은 위 5번 화면 중 아래쪽에 있는 'DOWNLOADABLE IMAGES' 항목을 클릭하면 다운로드 받을 수 있습니다.

우리나라의 공룡 사이트

🦖 오남공룡체험전시관(DINOPARK)
　http://www.dinopark.co.kr

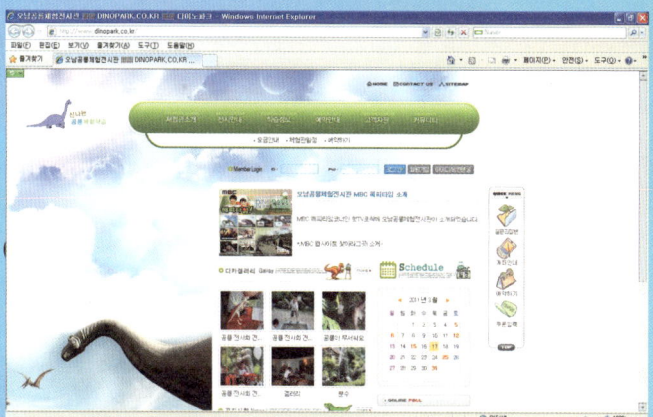

🦖 방원공룡박물관
　http://www.dinomuseum.co.kr

🦖 해남공룡박물관
　http://uhangridinopia.haenam.go.kr

🦖 2012경남고성공룡세계엑스포
　http://www.dino-expo.com

최초의 공룡이 등장했어요

약 2억 5,100만 년 전, 사람이 살기 전에 지구 상에는 새로운 동물 집단이 등장하기 시작했습니다. 그것은 바로 공룡이었는데, 공룡 중에는 역사상 가장 몸집이 큰 육상 동물도 있었고 가장 사나운 육식 동물도 있었습니다. 하지만 6,500만 년 전 모두 멸종하여 지금까지 살아 있는 공룡을 본 사람은 아무도 없습니다.

일반 파충류와 다른 점

파충류인 공룡은 악어나 도마뱀처럼 알을 낳고 피부가 물에 젖지 않는 비늘로 덮여 있습니다. 하지만 대부분의 파충류는 다리가 몸통 옆으로 나와 있는데 비해, 공룡의 다리는 아래쪽으로 뻗어 있습니다. 또한 다른 파충류의 다리보다 훨씬 더 튼튼했습니다.

다양한 공룡들

공룡의 종류는 매우 다양합니다. 암탉만큼 작은 것도 있고 코끼리보다 열 배 이상 큰 것도 있습니다. 육식 공룡은 대부분 이빨이 날카롭지만 초식 공룡 중에는 부리만 있는 것도 있습니다. 그 밖에 얼굴에 뿔이 난 공룡, 머리 위에 볏이 달린 공룡, 목둘레에 주름 장식이 달린 공룡도 있습니다.

선캄브리아 누대 (~5억 4,200만 년 전)
몸통이 부드러운 최초의 생물

캄브리아기 (~4억 8,800만 년 전)
골격이 있는 최초의 생물

오르도비스기 (~4억 4,300만 년 전)
최초의 어류와 최초의 육상 식물

실루리아기 (~4억 1,600만 년 전)
최초의 육상 동물

데본기 (~3억 5,900만 년 전)
최초의 양서류
최초의 비행 곤충류

갈리미무스는 이빨이 없고 부리가 있습니다.

친타오사우루스는 머리 위에 뼈로 된 볏이 솟아 있습니다.

카르노타우루스는 머리에 뿔이 나 있습니다.

공룡은 언제 살았을까?

공룡은 중생대에 살았습니다. 중생대는 지금으로부터 약 2억 5,100만 년 전부터 6,500만 년 전까지를 말하는데, 공룡이 처음 등장한 트라이아스기와 쥐라기, 백악기 등으로 나뉩니다. 각 공룡 종은 대략 몇 백만 년 동안 살았는데, 끊임없이 새로운 종들이 생겨났습니다. 공룡은 1억 7,900만 년 동안이나 지구를 지배했으며, 그 어느 동물보다 큰 힘을 누리며 살았습니다.

인터넷 링크
웹 사이트에 연결하기 위해서는
www.usborne-quicklinks.com
으로 들어가서
'atlas of dinosaurs'
를 입력하면 됩니다.

벨로키랍토르의 몸통은 깃털로 덮여 있습니다.

공룡을 분류해 보아요

지금까지 모두 9백 종이 넘는 공룡들이 발견되었습니다. 이렇게 많은 공룡들이 서로 어떤 관계를 맺고 있었는지 알아보기 위해 과학자들은 각 공룡들의 특징을 기준으로 몇몇 종류로 나누었습니다.

도마뱀의 엉덩뼈와 새의 엉덩뼈

공룡은 크게 용반목 공룡과 조반목 공룡으로 나눌 수 있습니다. 용반목 공룡의 엉덩뼈는 오늘날 도마뱀의 엉덩뼈와 비슷하게 생겼으며 조반목 공룡의 엉덩뼈는 오늘날 새의 엉덩뼈와 비슷하게 생겼습니다.

아래 그림은 용반목 공룡의 엉덩뼈와 조반목 공룡의 엉덩뼈를 그려 놓은 것입니다. 공룡의 엉덩뼈는 크게 세 부분으로 이루어져 있습니다.

조반목 공룡의 두덩뼈(분홍색)는 뒤쪽으로도 뻗어 있습니다.

용반목 공룡의 두덩뼈는 앞쪽으로 뻗어 있습니다.

가장 큰 집단

조반목 공룡은 공룡 집단 가운데에서도 가장 규모가 큰 집단입니다. 조반목 공룡은 초식 공룡이었으며 무리를 이루어 살았습니다. 조반목 공룡은 크게 조각류, 검룡류, 각룡류, 곡룡류 등 네 종류로 나뉩니다.

조각류 공룡은 조반목 공룡 가운데에서도 가장 평범하고 흔한 종류입니다. 몸길이가 약 1.5~2미터 정도밖에 되지 않는 힙실로포돈 무리부터 약 9~10미터 정도 되는 이구아노돈 무리와 하드로사우루스 무리에 이르기까지 다양한 공룡들이 있습니다.

인터넷 링크
웹 사이트에 연결하기 위해서는
www.usborne-quicklinks.com
으로 들어가서
'atlas of dinosaurs'
를 입력하면 됩니다.

스테고사우루스 | 파키케팔로사우루스 | 힙실로포돈 | 트리케라톱스 | 안킬로사우루스

스테고사우루스 무리는 등줄기를 따라 골판이 나 있습니다. 이 골판은 10~11쌍의 오각형으로, 60~80센티미터의 뼈에 근육이 붙어 있어 양쪽으로 움직일 수 있습니다. 이 골판은 몸을 지켜 주는 역할뿐만 아니라 체온 조절의 역할까지 했습니다.

파키케팔로사우루스 무리는 두개골이 두꺼운 돔 모양으로 되어 있습니다. 몸이 재빨랐으며 두 다리로 걸어 다녔습니다.

힙실로포돈 무리는 조각류 공룡입니다. 조각류 공룡은 식물을 잘 씹어 먹을 수 있을 정도로 이빨이 튼튼했습니다. 두 다리 혹은 네 다리로 걸어 다녔으며 먹이를 찾아 돌아다닐 때에는 네 다리로 걸어 다녔습니다.

대부분의 케라톱스 무리처럼 트리케라톱스도 머리 뒤쪽에 뼈로 된 목주름 장식이 달려 있으며 얼굴 위쪽에 날카로운 뿔이 돋아 있어 적들로부터 몸을 보호할 수 있었습니다.

안킬로사우루스 무리는 가장 무장이 잘 되어 있는 곡룡류 공룡입니다. 온몸이 갑옷 같은 딱딱한 뼈로 덮여 있으며 그 위로 골침이 솟아 있어 몸을 보호했습니다.

다른 수각류 공룡들처럼 티라노사우루스 역시 이빨이 날카롭고 가장자리가 톱니처럼 뾰족뾰족 나 있어서 먹이를 한번 물면 놓치는 법이 없었습니다. 또한 턱이 강하여 먹이를 물면 뼈까지 부서질 정도였습니다.

수각류 공룡은 날카로운 발톱으로 먹잇감을 단단히 붙들 수 있었습니다.

티라노사우루스는 튼튼한 두 뒷다리로 걸어 다녔습니다.

수각류 공룡은 발가락이 네 개였지만 세 발가락으로만 걸어 다녔습니다. 나머지 한 발가락은 땅에 닿지 않고 위에 붙어 있었습니다.

식물을 먹는 공룡과 포식자 공룡

용반목 공룡은 크게 용각류 공룡과 수각류 공룡으로 나뉩니다. 용각류 공룡은 대부분이 식물을 먹는 초식 공룡입니다. 일반적으로 네 다리로 걸어 다녔고 목과 꼬리가 아주 길었습니다. 가장 몸집이 크고 무거운 공룡들이 용각류에 속합니다. 수각류 공룡은 공룡 세계의 킬러입니다. 두 다리로 걸어 다녔으며 아주 재빨랐습니다. 대부분이 육식 공룡이었고 날카로운 이빨과 발톱으로 무장하고 있어서 먹잇감을 잡아먹기에 적합했습니다.

공룡 계통도

서로 종류가 다른 공룡들이 어떤 관계를 맺고 있는지 한눈에 살펴볼 수 있도록 계통도로 정리했습니다. 각 가지 끝에 있는 공룡은 각 집단에 속해 있는 수많은 공룡 가운데 대표적인 공룡입니다.

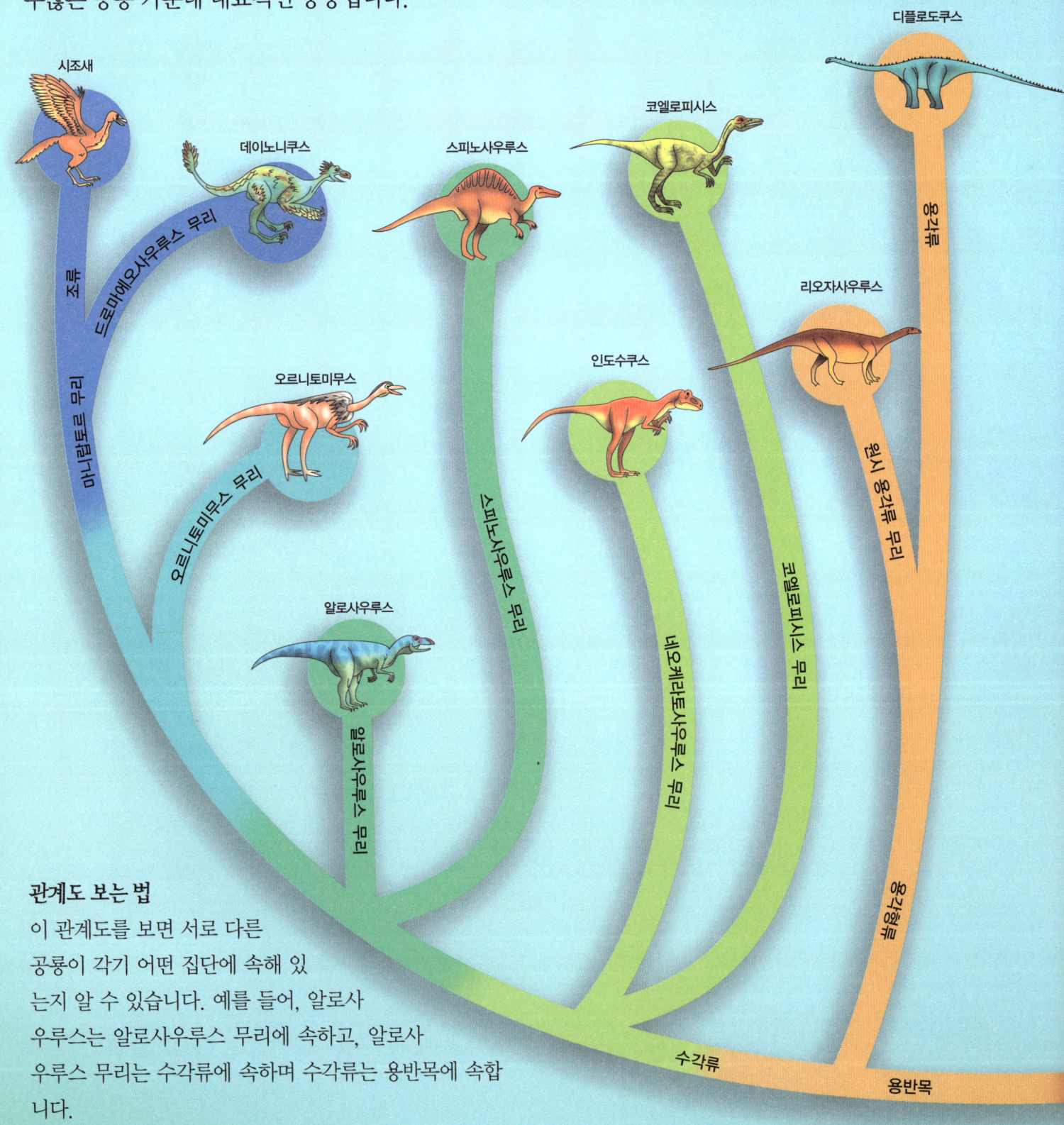

관계도 보는 법
이 관계도를 보면 서로 다른 공룡이 각기 어떤 집단에 속해 있는지 알 수 있습니다. 예를 들어, 알로사우루스는 알로사우루스 무리에 속하고, 알로사우루스 무리는 수각류에 속하며 수각류는 용반목에 속합니다.

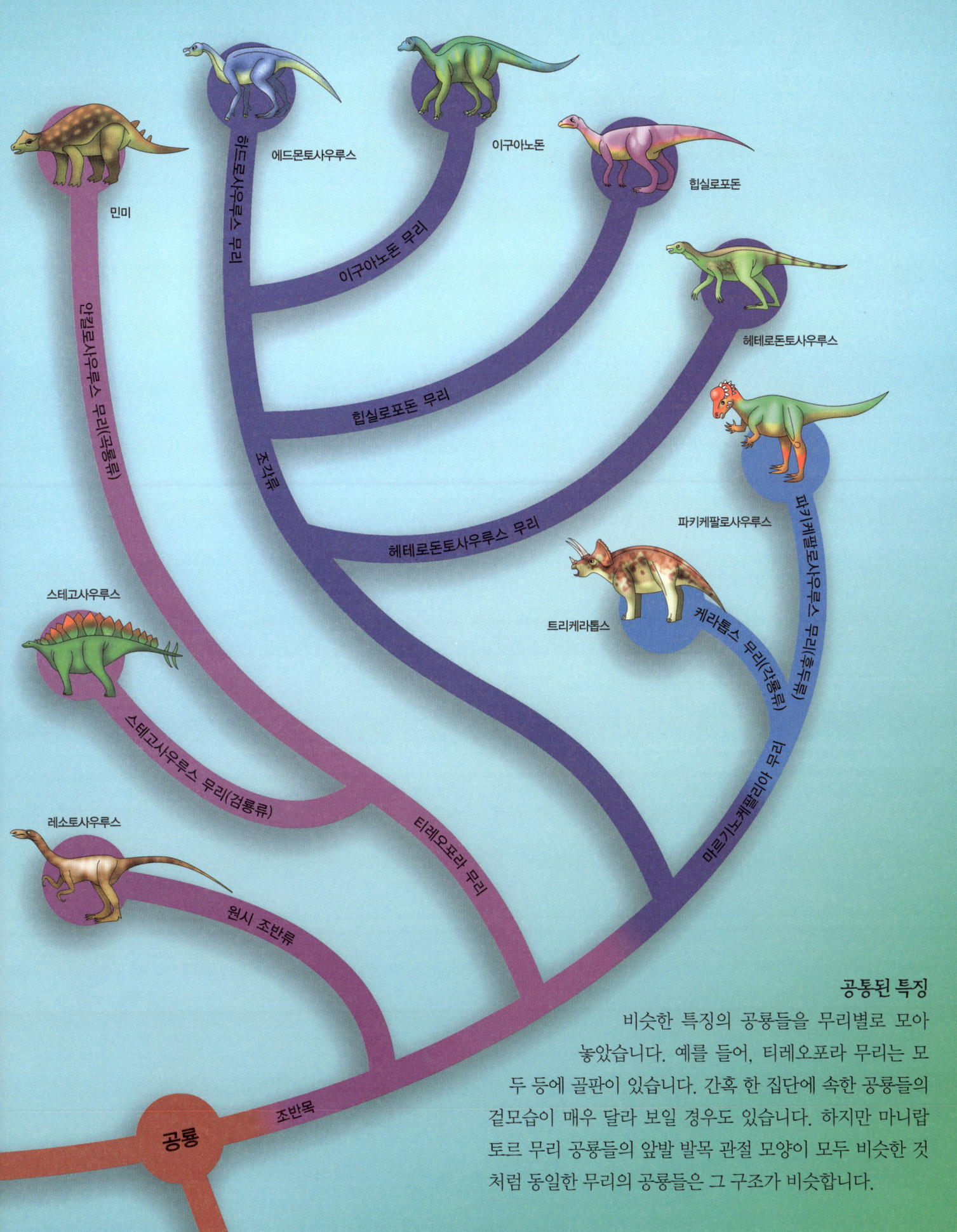

공통된 특징

비슷한 특징의 공룡들을 무리별로 모아 놓았습니다. 예를 들어, 티레오포라 무리는 모두 등에 골판이 있습니다. 간혹 한 집단에 속한 공룡들의 겉모습이 매우 달라 보일 경우도 있습니다. 하지만 마니랍토르 무리 공룡들의 앞발 발목 관절 모양이 모두 비슷한 것처럼 동일한 무리의 공룡들은 그 구조가 비슷합니다.

화석 속에 숨겨진 비밀을 알아보아요

어떤 공룡들은 죽은 뒤 지층 속에 묻힌 채 지금까지 남아 있기도 합니다. 우리는 이를 화석이라고 하는데, 이 화석을 자세히 살펴보면 수백만 년 전 지구 상에서 사라진 공룡에 대한 많은 정보를 얻을 수 있습니다.

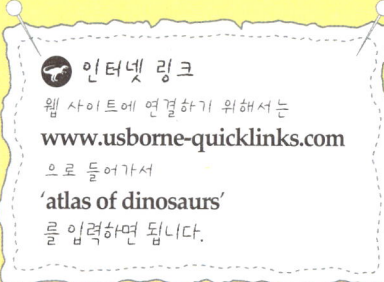

인터넷 링크
웹 사이트에 연결하기 위해서는
www.usborne-quicklinks.com
으로 들어가서
'atlas of dinosaurs'
를 입력하면 됩니다.

땅속에 묻힌 뼈

죽은 모든 동물들이 화석이 되는 것은 아닙니다. 왜냐하면 동물이 죽으면 보통 다른 동물들이 먹어치운 뒤 여기저기 흩어 놓아 거의 대부분이 썩어 버리기 때문입니다. 하지만 공룡은 그 수가 워낙 많았기 때문에 화석으로 남아 있습니다. 대부분의 화석은 동물이 물속이나 물 근처에서 죽은 뒤 빠른 시간 안에 진흙이나 모래 속에 묻혀 퇴적물로 남은 것입니다.

스테고사우루스는 목과 등, 꼬리를 따라 골판이 돋아 있었습니다. 이 골판 덕분에 스테고사우루스는 매우 위협적인 생김새를 하고 있었으며, 짝짓기를 할 때 상대방을 유인할 수 있었습니다.

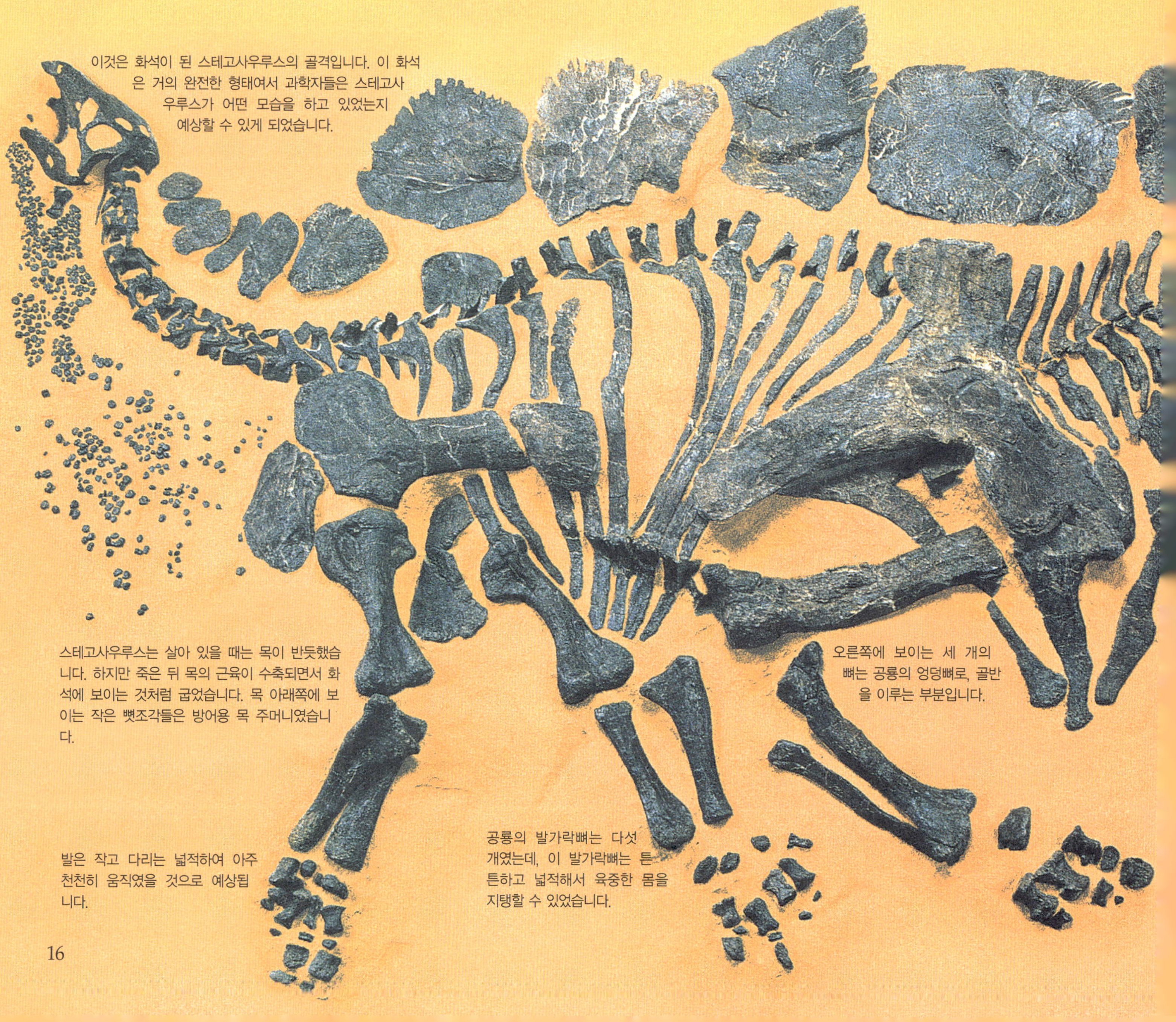

이것은 화석이 된 스테고사우루스의 골격입니다. 이 화석은 거의 완전한 형태여서 과학자들은 스테고사우루스가 어떤 모습을 하고 있었는지 예상할 수 있게 되었습니다.

스테고사우루스는 살아 있을 때는 목이 반듯했습니다. 하지만 죽은 뒤 목의 근육이 수축되면서 화석에 보이는 것처럼 굽었습니다. 목 아래쪽에 보이는 작은 뼛조각들은 방어용 목 주머니였습니다.

오른쪽에 보이는 세 개의 뼈는 공룡의 엉덩뼈로, 골반을 이루는 부분입니다.

발은 작고 다리는 넓적하여 아주 천천히 움직였을 것으로 예상됩니다.

공룡의 발가락뼈는 다섯 개였는데, 이 발가락뼈는 튼튼하고 넓적해서 육중한 몸을 지탱할 수 있었습니다.

화석의 형성 과정

수백만 년 동안 동물의 사체 위에 퇴적물이 층층이 쌓여 갔습니다. 이렇게 퇴적물이 쌓여 갈 때마다 그 무게로 인해 퇴적물은 서서히 암석으로 굳어 갔습니다. 이와 같은 과정을 거친 암석을 퇴적암이라고 합니다. 암석 속에 있는 화학 성분이 동물의 뼈와 이빨 속 작은 구멍으로 서서히 스며들고 점점 단단하게 굳어 화석이 되었습니다. 이처럼 이빨이나 뼈와 같이 동물의 몸 일부 또는 전부가 온전하게 간직된 화석을 체화석이라고 합니다.

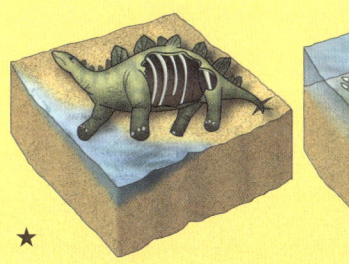

★

공룡이 물 근처에서 죽을 경우 살이 빠른 시간 안에 썩기 시작하면서 뼈만 남습니다.

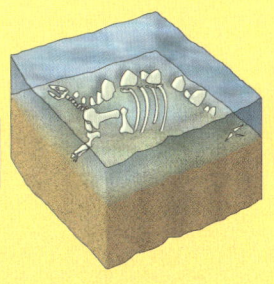

물의 수위가 올라가 결국 뼈는 물속에 잠깁니다. 그 위에 퇴적물이 쌓이면서 뼈는 한곳에 남습니다.

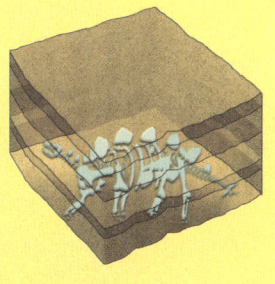

퇴적물과 뼈가 서서히 암석으로 굳어 그 사이에 남게 됩니다.

흔적 화석

과학자들은 화석이 된 발자국이나 물린 자국이 있는 나뭇잎, 심지어 공룡의 배설물까지도 발견했습니다. 이와 같이 공룡이 생활하던 흔적을 나타내는 화석을 흔적 화석이라고 합니다. 흔적 화석의 형성 과정은 체화석과는 전혀 다릅니다. 흔적 화석의 예로는 발자국 화석이 있는데, 이 발자국 화석은 동물이 부드러운 진흙 위를 밟고 지나간 뒤에 시간이 흐르면서 발자국이 점점 단단하게 굳어 형성된 것입니다.

공룡 미라

무척 드문 경우이기는 하지만 이따금씩 공룡의 살과 근육이 보존되어 발견되기도 합니다. 이것은 공룡의 사체가 고온 건조한 조건에서 급속도로 말라 형성된 것입니다. 이와 같은 과정을 미라화라고 합니다.

화석으로 알 수 있는 사실

화석을 연구하는 사람들을 고생물학자라고 합니다. 고생물학자들은 체화석을 통해 공룡의 생김새와 크기를 알 수 있습니다. 또한 발자국 화석을 보고 공룡이 어떻게 살았는지 추리할 수도 있습니다. 가령 비슷한 발자국이 수없이 찍혀 있을 경우 공룡이 무리를 지어 살았음을 예상할 수 있습니다.

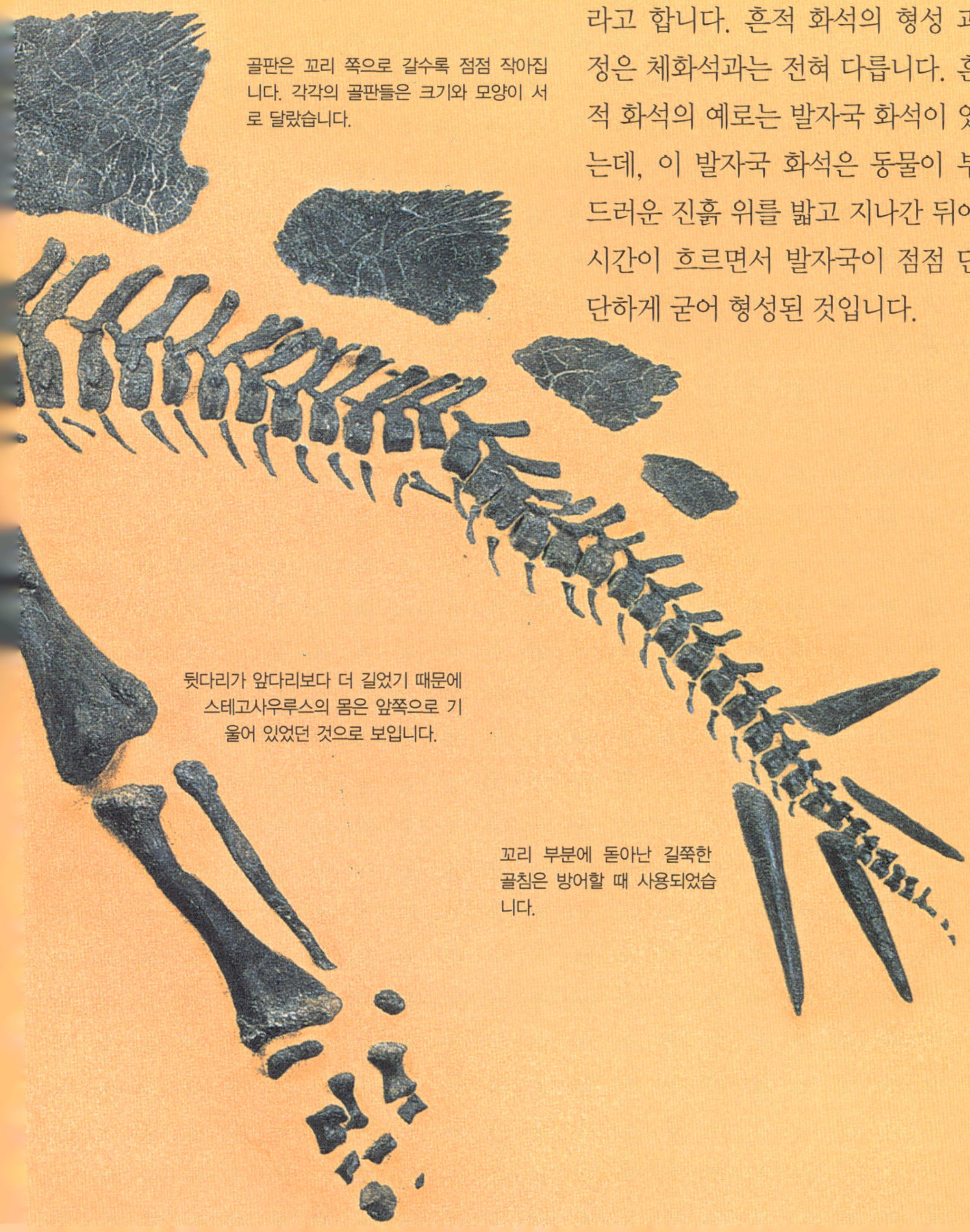

골판은 꼬리 쪽으로 갈수록 점점 작아집니다. 각각의 골판들은 크기와 모양이 서로 달랐습니다.

뒷다리가 앞다리보다 더 길었기 때문에 스테고사우루스의 몸은 앞쪽으로 기울어 있었던 것으로 보입니다.

꼬리 부분에 돋아난 길쭉한 골침은 방어할 때 사용되었습니다.

화석이 된 공룡 배설물 덩어리입니다. 배설물은 빨리 부패하기 때문에 쉽게 발견할 수 없습니다.

분화석이라고 부르는 배설물 화석을 보면 공룡이 무엇을 먹고 살았는지 알 수 있습니다. 초식 공룡의 분화석에는 식물질이 들어 있는 반면 육식 공룡의 분화석에는 부서진 뼛조각이 들어 있습니다.

공룡 화석을 찾아보아요

공룡 화석은 아주 우연히 발견되기도 하지만 대부분 고생물학자들의 조직적이고 체계적인 탐험을 통해 발견되는 경우가 많습니다. 이렇게 화석을 찾아 떠나는 원정길은 몇 년이 걸리기도 하고, 몹시 힘들고 위험한 상황 속에서 이루어지기도 합니다.

인터넷 링크
웹 사이트에 연결하기 위해서는
www.usborne-quicklinks.com
으로 들어가서
'atlas of dinosaurs'
를 입력하면 됩니다.

캐나다 앨버타주립공룡공원의 모습입니다. 광대하게 드러난 중생대 지층은 공룡을 찾기에 아주 좋은 장소입니다.

어디에서 찾을까?

화석은 퇴적암 속에서만 발견되기 때문에 고생물학자들은 공룡이 살았던 시대, 즉 중생대에 만들어진 퇴적암 속에서 공룡 화석을 찾습니다. 공룡은 주로 육지에서 살았지만 죽은 뒤 사체가 강물이나 홍수에 휩쓸려 바다로 간 경우도 있기 때문에 고생물학자들은 중생대에 바다였던 곳들을 찾아보기도 합니다.

화석 수집에 좋은 장소

중생대에 형성된 퇴적암의 상당 부분이 깊은 땅속에 묻혀 있습니다. 고생물학자들은 공룡 화석을 찾기 위해 강물이나 바닷물에 쓸려 암석이 닳고 닳아 중생대 암석층이 드러난 곳을 주로 찾아다닙니다. 또한 광물을 캐거나 도로를 건설하기 위해 지층을 깨뜨리는 과정에서 중생대 지층이 드러나는 경우도 있습니다.

사진 속 콘코랍토르 공룡 화석은 고비 사막에서 발견되었습니다. 사막의 강력한 바람이 지층을 지속적으로 깎아 결국 화석이 밖으로 드러난 것입니다.

최고의 장소

공룡 화석을 찾을 수 있는 최고의 장소는 커다란 지층이 끊임없이 침식된 곳입니다. 이러한 곳은 주로 외딴 사막 지역이나 척박한 바위 땅과 같은 불모지입니다. 불모지는 주로 좁고 가파른 계곡으로 이루어져 있고 식물이 거의 자라지 않기 때문에 지층 속에 박혀 있는 화석이 쉽게 눈에 띌 수 있습니다.

이 하드로사우루스 무리의 뼈는 북아메리카의 한 불모지 퇴적암층에 박힌 채 밖으로 드러나 있었습니다.

숨어 있는 화석

중생대 퇴적암층은 다른 지층 속이나 흙 속, 물속, 심지어 건물 아래에 깊이 묻혀 있기 때문에 과학자들이 모두 찾아다닌다는 것은 불가능한 일입니다. 결국 영영 발굴할 수 없는 공룡 화석이 아주 많다는 뜻입니다. 절벽 속에 묻혀 있는 화석은 지층이 모두 깎여 나간 뒤에야 발견할 수 있으며, 전쟁이나 정치적인 문제 혹은 혹독한 기후 환경으로 인해 접근할 수 없는 지역도 있습니다.

우연한 발견

간혹 농부나 도로, 철로 건설 현장의 인부들이 우연히 화석을 발견하기도 합니다. 최근 발견된 화석 중에는 아르헨티나 파타고니아의 한 농부가 발견해 눈길을 끈 것도 있습니다. 땅 위로 솟아 있는 나무토막 같은 것이었는데, 소식을 듣고 찾아온 과학자들이 살펴본 결과 가장 긴 공룡의 목뼈였습니다. 이 공룡은 지금도 연구 중으로, 아직 이름은 없습니다.

함께 공룡 화석을 발굴해 보아요

공룡 화석을 발굴하고 옮기고 깨끗이 처리하는 과정은 몹시 힘들고도 오랜 시간이 걸리는 작업입니다. 과학자들이 공룡 뼈를 처리하고 자세히 살펴보는 데는 짧게는 몇 달, 길게는 몇 년씩 걸리기도 합니다. 이런 과정이 모두 끝나기 전에는 새로 발견한 화석이 얼마나 중요한 의미를 갖는지 아무도 알 수 없습니다.

> 인터넷 링크
> 웹 사이트에 연결하기 위해서는
> www.usborne-quicklinks.com
> 으로 들어가서
> 'atlas of dinosaurs'
> 를 입력하면 됩니다.

화석의 발굴

화석이 발견되면 전문가들은 곡괭이와 삽, 망치, 붓 등을 이용해서 화석 주위의 암석과 흙을 아주 조심스럽게 치우기 시작합니다. 단단한 바윗덩어리는 전문적인 도구를 이용해 제거하기도 하고 심지어 폭파시키기도 합니다. 근처에 또 다른 공룡 화석이 묻혀 있을지도 모르기 때문에 화석 주변을 폭넓게 자세히 살펴보아야 합니다.

아래 사진은 아프리카에서 공룡 뼈를 발굴하고 있는 미국 고생물학자들의 모습입니다. 공룡 뼈를 발굴할 때는 망치와 삽, 끌 등의 도구를 이용합니다.

기록하기

전문가들이 화석을 모두 발굴한 뒤에는 각 화석들의 크기를 측정하고 사진을 찍고 그림을 그리고 분류하는 작업을 합니다. 이때 정확한 위치를 상세하게 기록해 두어야 합니다. 이처럼 상세하게 기록해야 나중에 골격을 재현할 때 보다 쉽게 작업할 수 있습니다.

고생물학자들은 체계적으로 깔끔하게 암석 조각 등을 떼어 냅니다. 그래야 화석 조각들이 서로 섞이는 것을 방지할 수 있습니다.

화석 옮기기

화석을 발굴한 곳에서 다른 곳으로 옮길 때에는 손상되는 것을 막기 위해 포장을 합니다. 작은 화석들은 종이로 감싼 뒤 봉투에 집어넣으면 되지만 큰 화석들은 석고로 감싸야 합니다. 화석 일부분이 암석 속에 박혀 빠지지 않을 때는 암석 표면까지 석고로 감쌉니다. 무거운 화석은 기중기를 이용해 옮기기도 합니다.

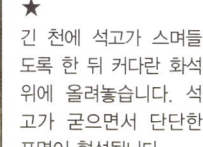

★
긴 천에 석고가 스며들도록 한 뒤 커다란 화석 위에 올려놓습니다. 석고가 굳으면서 단단한 표면이 형성됩니다.

화석 밑에 널빤지를 붙입니다. 그러면 아랫부분이 평평해져서 화석이 굴러떨어지는 것을 막을 수 있습니다.

한 고생물학자가 정교한 도구를 이용해 티라노사우루스의 뼈에서 암석을 떼어 내고 있습니다. 뒤쪽에 있는 것은 석고로 감싼 화석들입니다.

조심스럽게 처리하기

운반해 온 화석은 연구실에서 깨끗이 처리합니다. 우선 화석을 보호하기 위해 씌워 놓은 덮개나 석고를 제거합니다. 그리고 뼈 주변에 붙어 있는 암석 부스러기는 분사기를 이용해 날려 버리거나 약산성 용액 속에 넣어 녹여 냅니다. 그다음 과학자들은 아주 세밀한 부분까지 볼 수 있도록 돋보기나 현미경을 이용해 바늘이나 치과용 드릴 등으로 마지막 남은 암석의 흔적을 천천히 제거해 나갑니다. 마지막으로 뼈가 바스러지지 않도록 화학 용액을 이용해 강화 작업을 한 뒤 안전한 곳에 보관합니다.

이 화석지는 몹시 덥고 건조한 사하라 사막에 있습니다. 고생물학자들의 작업은 몇 시간 내지 며칠이 걸리기도 합니다.

화석 내부 들여다보기

두개골이나 부화하지 않은 알 등의 화석은 암석으로 가득 차 있는 경우가 있습니다. 이런 경우에는 화석 자체를 잘라 내지 않는 한 암석을 제거할 수 없습니다. 정교한 엑스선 스캐너를 이용하면 암석 안쪽의 화석이 어떤 형태로 되어 있는지 알아낼 수 있습니다. 과학자들은 첨단 장비를 이용해 두개골 안쪽의 뇌가 들어 있었던 공간의 크기를 알아볼 수도 있고, 아직 깨어나지 않은 알 속의 새끼가 어떤 자세를 취하고 있는지도 살펴볼 수 있습니다.

엑스선 스캐너를 이용하면 알 속을 들여다 볼 수 있습니다.

화석을 보면 알 수 있어요

간혹 고생물학자들이 새로 발견한 공룡 골격의 정체를 밝혀내려고 할 때 살펴볼 만한 단서가 너무 적을 경우가 있습니다. 이럴 경우에는 뼛조각을 샅샅이 살펴봐야 합니다. 하지만 뼛조각이 너무 적게 발견되었거나 다른 동물의 뼈와 뒤섞인 채 발견되었다면 작업 자체가 상당히 어려워질 수 있고 실수를 할 가능성도 높아집니다.

두개골의 생김새

공룡은 종류별로 머리의 생김새가 다릅니다. 그렇기 때문에 두개골 화석만 발견한다면 이 두개골의 생김새와 특징을 통해 어떤 공룡인지 알 수 있습니다. 예를 들어 스테고사우루스 무리의 머리는 길고 끝부분 쪽으로 갈수록 좁아집니다. 또한 파키케팔로사우루스 무리는 머리 위쪽이 아주 두툼한 돔 모양을 하고 있으며, 케라톱스 무리는 머리 뒤쪽에 프릴이 있습니다.

스테고사우루스는 머리 모양이 길고 좁으며 주둥이 끝은 이빨이 없이 부리로 이루어져 있습니다.

특징적인 뼈

만약 두개골이나 두개골의 어느 한 부분이 발견되지 않았다면 어떤 공룡인지 알아내기가 힘듭니다. 이럴 경우 고생물학자들은 특정 종류의 공룡에게만 나타나는 독특한 특징을 찾기 위해 다른 부분의 골격들을 샅샅이 살펴보아야 합니다. 이처럼 독특한 특징이 있는 뼈를 특징적인 뼈라고 합니다. 예를 들어 파키케팔로사우루스 무리의 척추뼈와 엉덩뼈를 연결해 주는 뼈는 길이가 아주 깁니다. 이렇게 길고 독특한 모양의 뼈는 파키케팔로사우루스 무리에게만 있었습니다.

 인터넷 링크

웹 사이트에 연결하기 위해서는
www.usborne-quicklinks.com
으로 들어가서
'atlas of dinosaurs'
를 입력하면 됩니다.

이빨의 형태로 짐작하기

공룡은 종류에 따라 이빨의 형태가 매우 다르기 때문에 이빨을 통해 어떤 공룡인지 알 수 있습니다. 예를 들어 용각류 공룡은 이빨이 숟가락이나 말뚝 모양을 하고 있으며, 수각류 공룡은 몹시 날카롭고 뾰족한 모양을 하고 있습니다.

공룡의 이빨은 먹이를 먹는 데 도움이 되도록 적응된 경우가 많습니다. 물론 이빨 화석만 보고 어떤 공룡인지 알아내는 것이 쉽지는 않지만 어떤 먹이를 먹고 살았는지는 짐작할 수 있습니다.

브라키오사우루스의 이빨은 끌 모양으로 생겨서 식물의 질긴 잎을 훑어 내기 좋았습니다.

스테고사우루스의 이빨은 작고 골이 패여 있어서 식물을 조각내 먹는 데 적합했습니다.

알로사우루스의 이빨은 날카롭고 가장자리가 톱니 모양처럼 생겨서 고기를 씹는 데 적합했습니다.

정체성에 대한 오해

간혹 새로운 공룡이 보고되었다가 여러 종류의 공룡 뼈가 뒤섞인 것으로 밝혀지는 경우도 있습니다.

실제로 1906년 골판이 돋아 있는 티라노사우루스 무리의 화석이 발견된 적이 있었습니다. 곧 새로운 종이 발견되었다는 발표가 이어졌고 이 공룡 화석을 통해 디나모사우루스 임페리오수스라는 이름도 붙었습니다. 하지만 훗날 고생물학자들은 이때 발견된 골판은 안킬로사우루스의 골판이었고, 이 공룡은 티라노사우루스 렉스였음이 밝혀졌습니다.

아르케오랍토르의 골격 위에 자외선을 비춘 모습입니다. 이렇게 자외선을 비추면 서로 다른 뼈를 쉽게 식별할 수 있습니다.

아르케오랍토르의 몸통은 새의 몸통처럼 생겼습니다.

이것이 꼬리뼈인데, 이 꼬리뼈는 미크랍토르라는 공룡의 꼬리뼈입니다.

천박한 속임수

가끔 새로운 공룡 화석이 발표된 뒤 속임수로 드러나는 경우도 있습니다. 1999년 새와 흡사한 공룡 화석이 발견되었습니다. 날개가 있고 파충류처럼 꼬리가 있는 이 화석에 곧 아르케오랍토르라는 이름이 붙었습니다. 하지만 미심쩍게 생각되었던 고생물학자들은 화석을 좀 더 자세히 살펴보았습니다. 그러던 중 골격 여기저기에서 미세한 틈을 발견하였고, 교묘하게 발라 놓은 석고의 흔적 또한 발견하였습니다. 결국 누군가가 공룡의 화석과 새의 뼈를 그럴듯하게 하나의 골격처럼 붙여 조작한 것임이 밝혀졌습니다.

23

공룡의 뼈를 맞추어 보아요

공룡이 살아 있을 당시의 모습을 그대로 재현해 내는 일은 고생물학자들에게 있어서 몹시 중요한 과정입니다. 가장 먼저 할 일은 공룡의 골격을 다시 맞추어 보는 작업입니다. 이 작업은 화석 속에 숨어 있는 증거들을 활용하고 오늘날 동물들과 비교하는 작업인데, 단순히 골격을 세우는 일에서 한발 더 나아간 일이기도 합니다.

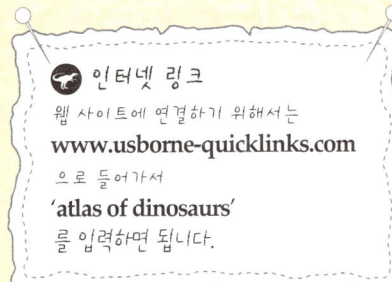

인터넷 링크
웹 사이트에 연결하기 위해서는
www.usborne-quicklinks.com
으로 들어가서
'atlas of dinosaurs'
를 입력하면 됩니다.

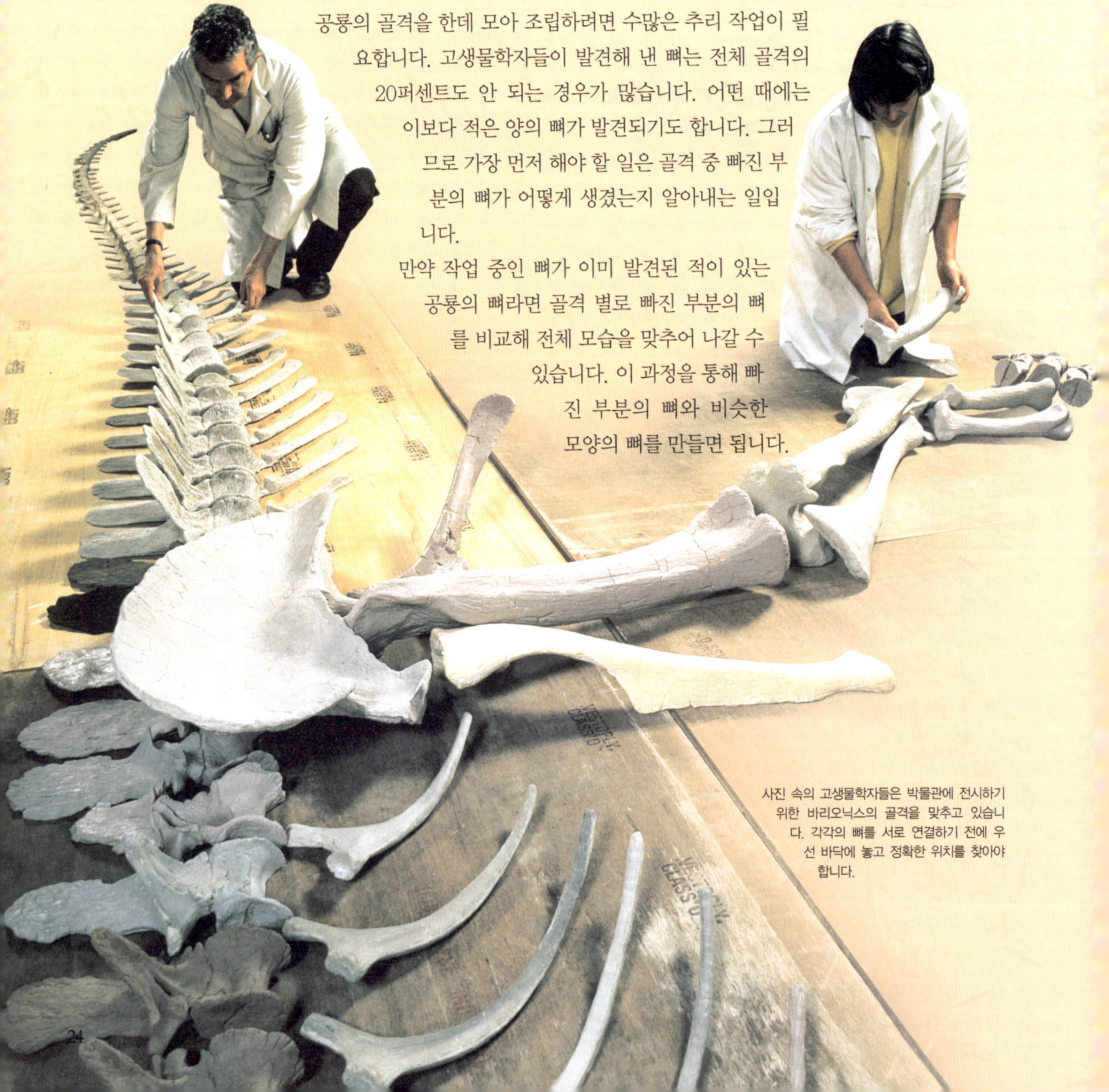

뼈 맞추기

공룡의 골격을 한데 모아 조립하려면 수많은 추리 작업이 필요합니다. 고생물학자들이 발견해 낸 뼈는 전체 골격의 20퍼센트도 안 되는 경우가 많습니다. 어떤 때에는 이보다 적은 양의 뼈가 발견되기도 합니다. 그러므로 가장 먼저 해야 할 일은 골격 중 빠진 부분의 뼈가 어떻게 생겼는지 알아내는 일입니다.

만약 작업 중인 뼈가 이미 발견된 적이 있는 공룡의 뼈라면 골격 별로 빠진 부분의 뼈를 비교해 전체 모습을 맞추어 나갈 수 있습니다. 이 과정을 통해 빠진 부분의 뼈와 비슷한 모양의 뼈를 만들면 됩니다.

사진 속의 고생물학자들은 박물관에 전시하기 위한 바리오닉스의 골격을 맞추고 있습니다. 각각의 뼈를 서로 연결하기 전에 우선 바닥에 놓고 정확한 위치를 찾아야 합니다.

위 사진은 화석이 발견되었을 때의 자세 그대로 화석이 된 바리오닉스를 재현해 놓은 것입니다. 고생물학자들이 기본 골격 위에 근육과 피부를 덧붙여 놓았습니다.

근육 붙이기

공룡의 뼈를 맞춘 뒤에는 그 위에 근육을 덧붙입니다. 이 과정을 거치면 공룡이 살아 있을 당시의 모습을 보다 현실감 있게 볼 수 있습니다. 이때 오늘날 동물들의 근육을 참고하기도 합니다. 가끔은 화석 뼈 위에 근육이 붙어 있었던 흔적이 남아 있는 경우도 있습니다. 이런 경우 고생물학자들은 근육의 크기와 생김새 등을 보다 정확히 알 수 있습니다.

피부와 깃털

몹시 드문 일이기는 하지만 공룡 화석 가운데 피부나 피부의 자국이 남아 있는 경우도 있습니다. 이런 경우라면 공룡의 피부가 어떤 질감이었는지 깃털은 있었는지 등을 알 수 있습니다. 그러나 피부의 색깔은 정확히 알 수 없기 때문에 과학자들은 공룡의 피부를 재현할 때 상상력을 발휘해야 합니다.

생김새의 변화

공룡에 관한 이런저런 가설은 새로운 증거가 발견될 때마다 끊임없이 바뀔 수밖에 없습니다. 예를 들어, 흔히 공룡의 콧구멍은 전체 주둥이의 위쪽에 있을 것이라고 생각했습니다. 하지만 새로운 연구 결과 여러 종류의 공룡이 주둥이와 좀 더 가까운 곳에 콧구멍이 있었다는 사실이 드러났습니다. 이와 같은 발견으로 인해 오늘날 과학자들은 공룡이 어떻게 숨을 쉬었고 어떻게 냄새를 맡았는지 보다 자세히 알 수 있게 되었습니다.

최근까지만 해도 과학자들은 티라노사우루스의 콧구멍이 위 그림과 같이 주둥이에서 좀 더 먼 쪽에 있다고 생각했습니다.

최근에는 티라노사우루스의 콧구멍이 주둥이 끝부분 중에서도 입에 훨씬 더 가까운 곳에 있을 것으로 생각하고 있습니다.

공룡을 되살릴 수 있을까요?

영화 '쥐라기 공원'을 보면 과학자들이 공룡을 복원하는 장면이 나옵니다. 그것은 과거 공룡의 일부분에 불과한 DNA라는 물질을 이용해 원래 공룡의 복제 공룡을 만들어 내는 장면이었습니다. 이런 일이 실제로도 가능할까요?

🦕 인터넷 링크
웹 사이트에 연결하기 위해서는
www.usborne-quicklinks.com
으로 들어가서
'atlas of dinosaurs'
를 입력하면 됩니다.

생명체의 설계도

DNA는 모든 생명체에서 발견되는 몹시 복잡한 화학 물질로, 마치 설계도나 계획표와 같습니다. 우리가 어떤 모습으로 자랄지, 앞으로 얼마나 클지, 심지어 개개인의 성격이 어떻게 될지 하는 것들이 DNA의 구성 성분 배열에 따라 달라집니다. 또한 DNA 안에는 과학자들이 동물을 재현해 내기 위해 필요로 하는 모든 정보가 담겨 있기도 합니다.

사진 속 벨로키랍토르는 영화 '쥐라기 공원'에서 옛 공룡의 DNA를 이용해 복제한 공룡입니다.

복제 양 돌리는 다 큰 동물의 DNA를 이용해 만든 최초의 포유류 복제 동물입니다.

어떻게 가능할까?

지금까지 과학자들은 양과 고양이, 생쥐, 돼지 등을 포함해 몇 가지 종류의 동물들을 성공적으로 본디의 것과 똑같이 만들어 냈습니다. 이러한 과정을 복제라고 하는데, 복제의 과정은 다음과 같습니다. 먼저 동물의 DNA를 추출해 난세포 속에 집어넣은 다음 난자를 적당한 어미의 몸속에 넣어 자리를 잡을 수 있도록 해 줍니다. 그러면 DNA는 어미 몸속에 있는 자궁에서 아기 동물로 자랍니다. 복제 동물인 이 새로운 동물은 원래 동물과 똑같은 복사본입니다.

옛 DNA

공룡을 복제하고자 할 때 과학자들이 맞닥뜨리는 가장 큰 문제는 공룡의 DNA를 어디에서 찾느냐 하는 것이었습니다. 지금까지 공룡 화석에 DNA가 포함되어 있는 경우는 단 한 차례도 없었습니다. 하지만 과학자들은 나뭇진의 화석 속에서 선사 시대의 흡혈 곤충을 발견했습니다. 이 곤충의 몸 안에 공룡의 피가 보존되어 있을 수도 있고 공룡의 DNA가 남아 있을 수도 있습니다.

DNA의 부패

지금까지 흡혈 곤충의 피 속에 공룡의 DNA가 발견된 적은 없었습니다. 그러나 과학자들은 만약 공룡의 DNA가 발견된다고 해도 이를 복제에 사용할 수는 없을 것이라고 생각합니다. 왜냐하면 오랜 시간이 흘러 DNA가 심하게 부패했을 가능성이 높기 때문입니다.

이 곤충은 수백만 년 전 나뭇진 속에 갇힌 채 화석이 되었습니다. 나뭇진이 단단하게 굳으면서 그 속의 곤충도 함께 굳어 버린 것입니다.

밀림의 공룡

과학자들은 공룡을 되살릴 방법을 영영 찾지 못할지도 모릅니다. 그렇다면 혹시 지금까지 살아남은 공룡은 없을까요? 아프리카 콩고의 밀림에 사는 사람들은 모켈레 므벰베라고 부르는 동물이 용각류 공룡처럼 생겼다고 주장합니다. 작은 코끼리만 한 크기의 동물이 식물을 먹으며 습지대에 살고 있는 걸 목격했다고 합니다. 커다란 미지의 동물이 사람들의 눈에 띄지 않고 깊은 밀림 속에서 살아가는 게 전혀 불가능한 일은 아닙니다. 그러나 이 사례를 연구한 과학자들은 모켈레 므벰베가 공룡이 아니라 코뿔소의 한 종류일 것이라고 추정하고 있습니다.

오른쪽 동물은 1994년 처음 세상에 알려진 나무캥거루 딩기소입니다. 이렇게 오래도록 사람들의 눈에 띄지 않고 살아간 동물이 있는 것으로 보아 공룡처럼 커다란 동물이 어디에선가 숨어서 살고 있을지도 모릅니다.

초식 공룡은 육식 공룡의 공격에 대비하기 위해 무리를 지어 다녔습니다.

공룡의 세계

공룡이 살던 시대의 이 세상은 어떤 모습이었을까요? 시간이 흐르면서 공룡은 어떻게 변화해 왔을까요? 공룡이 새와 어떤 관계가 있는지, 공룡의 멸종 뒤에는 어떤 수수께끼가 숨어 있는지 함께 알아보기로 합시다.

지구는 어떤 모습이었을까요?

공룡이 살던 시대의 지구는 지금의 모습과 매우 달랐습니다. 새로운 대양이 형성되었고, 대륙의 위치도 변화해 갔으며, 새로운 산맥도 등장했습니다. 이것은 지구 표면을 이루고 있는 판이라는 거대한 암석층이 움직이면서 생겨난 결과입니다.

대륙의 이동

지구의 내부는 지각, 맨틀, 핵 등으로 이루어져 있습니다. 지각을 구성하는 판들은 맨틀 위쪽을 덮고 있는데, 맨틀의 일부분은 액체 상태로 되어 있습니다. 이 부분이 끊임없이 움직이면서 판을 함께 끌고 다닙니다. 판은 1년에 약 5센티미터씩 움직입니다. 한 번 판이 움직였을 때는 얼마 안 되는 움직임이지만, 수백만 년 동안 이러한 움직임이 계속되어 서로 멀리 떨어지게 되었습니다. 공룡이 처음 등장했을 당시 대륙의 위치는 지금과 많은 차이가 있있습니다.

이 그림을 통해 지구의 판들이 어떻게 서로 맞물려 있었는지 알 수 있습니다. 판 아래에는 맨틀이 숨어 있습니다.

움직이는 산맥

공룡이 살던 시대에는 아직 형성되지 않은 산맥도 있었습니다. 히말라야 산맥은 공룡이 멸종되고 나서 약 500만 년 뒤에 인도와 아시아를 이루고 있는 거대한 두 개의 판이 서로 충돌하면서 형성되었습니다. 지각이 뒤틀리고 구부러지면서 세계에서 가장 높은 산맥이 만들어진 것입니다. 이처럼 두 개의 판이 충돌하면서 만들어진 산맥을 습곡 산맥이라고 합니다.

이 산맥은 히말라야 산맥의 일부분입니다. 히말라야 산맥은 오늘날 인도와 중국 사이에 있습니다.

대양의 변화

판이 이동하면서 대양의 크기와 형태 역시 변화하였습니다. 두 개의 판이 해저에서 서로 충돌하면 한쪽 판이 다른 쪽 판을 아래로 눌러 맨틀 속으로 밀어 넣어 녹여 버립니다. 또 다른 지역에서는 판이 서로 떨어지며 멀리 이동하기도 합니다. 이때 마그마가 분출하면서 벌어진 틈을 메우면 바다가 넓어집니다.

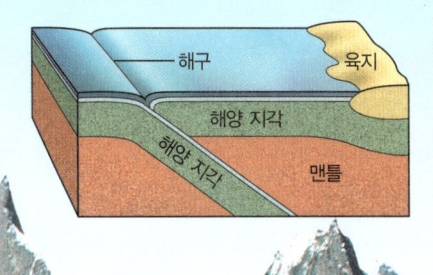

두 개의 판이 해저에서 충돌했을 때의 모습을 그려 놓은 것입니다. 이 판들이 충돌할 경우 해구가 형성됩니다.

화석상 증거

화석을 통해 대륙들이 어떻게 이동했는지 알 수 있습니다. 고생물학자들은 간혹 오늘날 거대한 바다를 사이에 두고 서로 떨어져 있는 대륙에서 같은 형태의 동물 화석을 발견하기도 합니다. 이것은 동물이 살아 있을 당시 두 대륙이 하나로 연결되어 있었음을 의미하는 것입니다.

오른쪽 사진은 힙실로포돈의 화석입니다. 이 화석은 북아메리카와 유럽에서 발견되고 있는데, 이것은 한때 북아메리카와 유럽이 서로 붙어 있었다는 증거가 됩니다.

중생대의 세계 지도를 살펴보아요

각 지도를 통해 중생대의 해양과 대륙의 위치를 파악할 수 있습니다. 트라이아스기부터 백악기 말까지 시간의 흐름에 따라 대륙의 모습이 점점 오늘날과 비슷해지는 것을 확인할 수 있습니다.

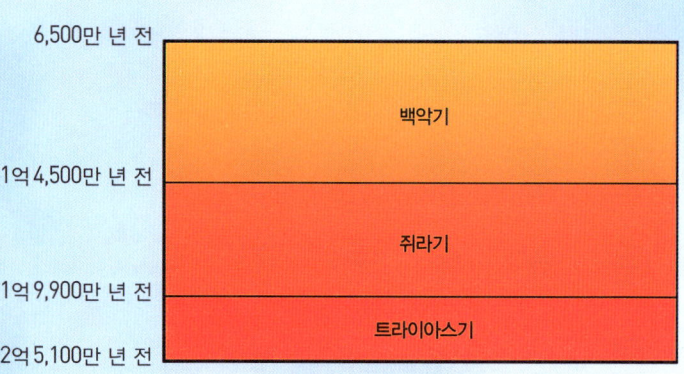

위 그림은 중생대의 연대표입니다. 왼쪽의 숫자를 보면 각 시기가 얼마 동안 이어졌는지 알 수 있습니다.

초대륙

트라이아스기가 시작될 무렵 대부분의 대륙들은 판게아라고 부르는 거대한 하나의 대륙으로 붙어 있었습니다. 판게아 주변은 거대한 판탈라사 해가 둘러싸고 있었고 이 판탈라사 해는 지구 표면의 약 3분의 2를 차지하고 있었습니다. 중국과 동남아시아 일부분만 판게아와 떨어져 있었습니다.

트라이아스기가 시작될 무렵 판게아의 모습입니다. 흰색 선은 오늘날 대륙을 구성하고 있는 땅덩어리들을 표시한 것입니다. 오늘날 대륙 가운데 일부는 바다로 덮여 있었기 때문에 일부 흰색 선이 바다 위에도 표시되어 있습니다.

분리되기 시작하는 대륙

트라이아스기가 끝나 갈 때까지도 대부분의 대륙은 판게아를 형성하고 있었습니다. 그러나 아프리카와 북아메리카, 유럽의 일부분이 서서히 떨어져 나가기 시작했습니다. 북아프리카와 북아메리카 동부 해안이 서로 떨어지기 시작하면서 북대서양이 형성되었습니다.

북아메리카와 유럽 사이의 일부 지역에서 지각이 붕괴하기 시작하면서 해저 산맥인 열곡이 형성되었습니다.

점점 멀어지는 대륙

쥐라기 동안 판게아가 두 부분으로 갈라지면서 북반구의 로라시아 대륙과 남반구의 곤드와나 대륙이 형성되었습니다. 해수면이 점점 높아지면서 바닷물이 대륙 내부로 흘러 들어왔습니다. 그 결과 북대서양이 점점 넓어졌고, 북아메리카와 아프리카가 점점 멀어졌습니다.

오랜 쥐라기 동안 유럽은 여러 개의 섬으로 갈라져 있었습니다.

완전히 분리된 대륙

백악기 전기에 이르자 바닷물의 수위가 높아져 각 대륙들은 점점 더 멀어져 갔습니다. 남극과 오스트레일리아가 아프리카와 남아메리카로부터 더 멀리 떨어지게 되었고, 대서양은 계속해서 넓어졌습니다.

인도가 아프리카와 남극, 오스트레일리아로부터 점점 더 멀어졌습니다.

해수면의 상승

백악기 말에 이르자 해수면은 오늘날보다 훨씬 더 높아졌습니다. 내륙의 바다가 북아메리카를 동쪽과 서쪽으로 나누었고, 유럽의 상당 부분이 물속에 잠겼습니다. 북아프리카의 내륙까지 흘러 들어간 바닷물도 있었습니다. 결과적으로 주요 대륙 사이에 바다가 놓이게 되었습니다.

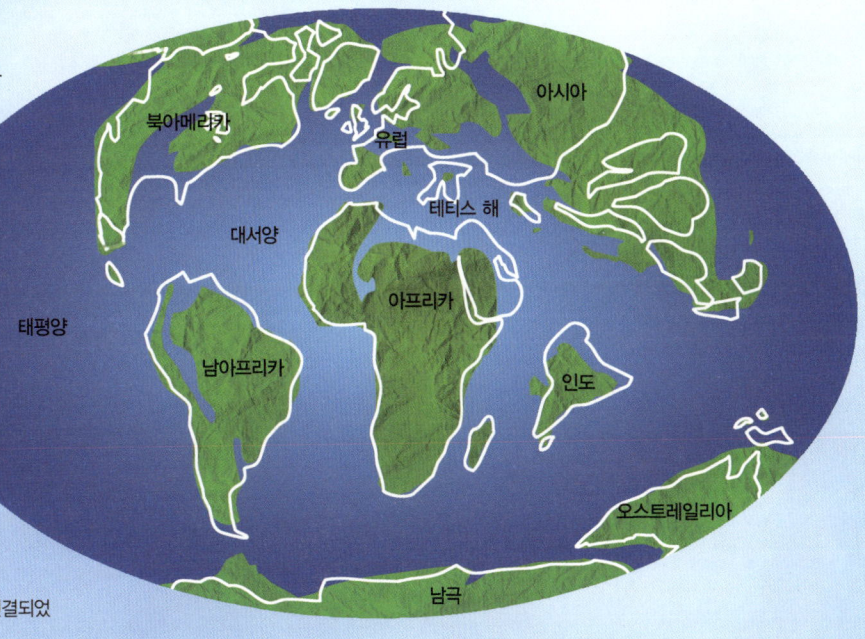

백악기 동안 북아메리카와 아시아 사이는 이따금씩 육지로 연결되었습니다.

트라이아스기의 세계

트라이아스기의 동물과 식물은 오늘날과 매우 다른 모습을 하고 있었습니다. 파충류가 땅과 하늘을 모두 지배하고 있었고 풀이나 꽃을 피우는 식물은 없었습니다. 공룡이 처음 등장한 것도 바로 이 시기였습니다.

하늘을 날아다닌 파충류 익룡은 트라이아스기에 처음 등장했습니다.

뜨겁고 건조한 날씨

지구 중 적도 부근은 직접적으로 햇볕을 가장 많이 받기 때문에 가장 뜨거운 곳입니다. 공룡이 처음 나타났을 때 판게아는 적도에 걸쳐져 있었습니다. 즉 판게아 대부분의 지역이 태양빛을 곧바로 받아 지금보다 훨씬 더 뜨거웠던 것입니다. 판게아 중심부를 따라 광대한 사막이 펼쳐져 있었고 극지방에는 얼음이 없었습니다.

바닷가에 사는 공룡들

바다에서 가까운 곳이 내륙 지역보다 더 온화하고 습도도 높습니다. 판게아는 매우 컸기 때문에 넓은 내륙 지역은 해안으로부터 멀리 떨어져 있었습니다. 이러한 내륙 지역에는 비가 거의 내리지 않았습니다. 트라이아스기의 화석들을 보면 대부분의 공룡이 판게아의 해안 가까운 곳이나 잡목이 우거진 곳에서 살았음을 알 수 있습니다. 하지만 내륙에서 산 공룡이 전혀 없었던 것은 아닙니다.

여기에 나와 있는 그림은 호수 가장자리에 동물들이 모여 있는 트라이아스기 후기의 전형적인 풍경을 묘사한 것입니다.

일반적으로 습한 지역에서는 속새류 식물이 자라고 있었습니다.

포스토수쿠스는 몸집이 커다랗고 악어와 비슷하게 생긴 공룡으로, 혼자서 사냥을 했습니다.

트라이아스기의 파충류

트라이아스기 육지에는 공룡, 악어처럼 생긴 원시 파충류, 그리고 익룡 등 세 종류의 파충류 집단이 있었습니다. 원시 파충류는 몸집이 크고 육중한 동물로, 네 다리로 걸어 다녔고 트라이아스기 후기에 가장 보편적인 육상 동물이었습니다. 공룡은 육상 동물 가운데 5퍼센트 정도밖에 안 되었습니다.

변화의 시기

최초의 공룡은 몸집이 작았고 몇 배나 더 큰 원시 파충류의 먹잇감이 되기도 했습니다. 하지만 트라이아스기가 끝나갈 무렵 공룡의 몸집이 점점 커지기 시작했습니다. 결국 원시 파충류가 멸종의 길을 걷게 되었고, 공룡의 시대가 시작되었습니다.

트라이아스기에는 소철 나무가 많았습니다.

플라테오사우루스 무리는 먹이를 먹을 때 뒷다리로 서서 먹었습니다. 이때 보다 안정감 있게 서 있기 위해 꼬리를 이용했습니다.

플라테오사우루스 무리는 길이가 7미터까지 자라는 초식 공룡이었습니다.

코엘로피시스는 작은 포식자였습니다. 보다 큰 포식자들에게 대항하기 위해 무리를 이루어 살았습니다.

인터넷 링크

웹 사이트에 연결하기 위해서는 www.usborne-quicklinks.com 으로 들어가서 'atlas of dinosaurs' 를 입력하면 됩니다.

쥐라기의 세계

쥐라기에 이르러 공룡은 지구 전역으로 퍼져 나갔습니다. 이 시기에 최초의 조류도 등장했지만 하늘을 날아다니는 것은 대부분 파충류였습니다. 강에는 악어류나 수장룡과 같은 파충류가 가득했고, 바다에는 돌고래처럼 생긴 어룡류와 상어류, 수장룡류가 헤엄쳐 다녔습니다.

따뜻하고 습한 기후

쥐라기에 이르러 판게아가 갈라지기 시작하면서 대륙 사이에 거대한 바다가 형성되었습니다. 해수면은 점점 높아졌고 대륙 곳곳으로 물이 넘쳐흘러 들어왔습니다. 이 시기의 기후는 트라이아스기보다는 서늘했지만 오늘날보다는 훨씬 따뜻했습니다. 이처럼 따뜻하고 습한 기후에서 트라이아스기 동안 사막이었던 곳이 무성한 초목들로 가득하게 되었으며 지구의 상당 부분이 거대한 숲으로 뒤덮이게 되었습니다.

쥐라기 후기에 살았던 프테로닥틸루스는 물고기를 먹고 살았습니다. 몸의 크기는 다양한데, 작은 것은 비둘기 정도 되었으며 큰 것은 2미터가량 되었습니다.

후아양고사우루스는 약 4미터까지 자란 공룡으로서, 양치류와 어린 소철류의 잎처럼 낮게 자라는 식물을 먹고 살았습니다.

거대한 공룡

쥐라기에는 새롭고 기이한 종류의 초식 공룡들이 번성했습니다. 쥐라기의 대표적인 초식 공룡으로는 스테고사우루스 무리와 안킬로사우루스 무리 등이 있었는데, 이 공룡들의 몸에는 보호용 골판과 골침이 있었습니다. 가장 놀라운 공룡은 역사상 가장 커다란 육상 동물로 기록된 목이 긴 용각류 공룡입니다.

쥐라기의 킬러

쥐라기의 수각류 공룡은 몸집이 거대한 경우가 많았습니다. 어떤 공룡은 12미터까지 자랐는데, 가장 커다란 용각류 공룡까지 잡아먹을 정도였습니다. 몸집이 작은 수각류 공룡도 많았지만 화석으로 남아 있는 경우는 거의 없습니다. 그 이유는 수각류 공룡의 뼈는 속이 비어 있어 쉽게 부서졌기 때문입니다.

아프로베나토르는 쥐라기 중기에 살았던 공룡입니다. 두개골은 길쭉하며 무시무시한 이빨이 나 있었고, 팔은 짧고 각각의 손에는 세 개의 손가락이 있었습니다.

백악기의 세계

백악기에 이르러 공룡은 전 세계 곳곳에 퍼져 살게 되었습니다. 새로운 종이 상당수 발달했고, 오늘날까지 살아남은 동물과 식물 가운데 많은 종류가 이 시기에 처음으로 등장했습니다. 그중에는 많은 종류의 포유류와 곤충류, 조류 등이 포함되어 있었습니다.

백악기에 이르자 다양한 종류의 새들이 나타났고 세계 곳곳으로 퍼져 나갔습니다. 왼쪽에 있는 라호나비스는 두 번째 발가락에 날카로운 발톱이 달린 원시적인 새였습니다.

백악기 후기 마다가스카르 북서쪽의 풍경입니다. 이 시기 남반구의 대륙에는 다양한 종류의 공룡들이 살고 있었습니다.

아벨리사우루스 무리인 마중가톨루스는 거대한 수각류 공룡입니다. 용각류 공룡을 비롯한 대형 초식 공룡들을 잡아먹었습니다.

최초의 꽃식물은 곤충을 유인하기 위해 밝은 빛깔을 띠고 있었을 것으로 예상됩니다.

최초의 꽃

쥐라기와 백악기에 일어난 가장 큰 변화는 바로 꽃을 피우는 식물이 등장했다는 것입니다. 백악기 전기에 이르렀을 때 꽃식물은 세계 전역에서 모습을 드러냈고 여러 가지 종으로 발달해 나갔습니다. 꽃식물을 먹고 사는 꿀벌과 말벌, 나비 등도 이때 처음으로 등장했습니다.

다른 종류의 공룡들

백악기 후기에는 그 어느 때보다 많은 종류의 공룡들이 살고 있었습니다. 특히 북아메리카에서는 새로운 형태의 조각류 공룡들이 등장했고, 그 외의 다른 곳에서는 초식 공룡 중 커다란 용각류 공룡들이 가장 많았습니다. 수각류 공룡 역시 다양하게 분포되어 있었는데, 그중에는 남쪽 대륙의 뿔 달린 아벨리사우루스 무리와 북쪽 대륙의 거대한 티라노사우루스 무리가 포함되어 있었습니다.

기후의 변화

백악기의 기후는 따뜻했고, 건기와 우기로 나뉘어 있었습니다. 열대의 바다가 북쪽으로 폭넓게 뻗어 있었으며, 기온은 얼음이 얼 정도까지는 내려가지 않았습니다. 그러다가 백악기 말에 이르자 극심한 기후 변화가 시작되었습니다. 해수면이 급격히 낮아질 정도로 기온이 변화했으며 세계 일부 지역에서는 화산 활동이 빈번하게 일어났습니다. 이러한 변화로 인해 공룡이 멸종되었을 것으로 예상됩니다.

> **인터넷 링크**
> 웹 사이트에 연결하기 위해서는
> **www.usborne-quicklinks.com**
> 으로 들어가서
> **'atlas of dinosaurs'**
> 를 입력하면 됩니다.

공룡은 어떻게 진화했을까요?

대부분의 과학자들은 생물이 시간의 흐름에 따라 점차 변화해 왔다고 믿고 있습니다. 이를 진화론이라고 합니다. 과학자들은 이 진화론을 통해 공룡이 어디에서 생겨났으며 왜 진화의 단계를 거쳐 발달해 왔는지를 설명하고자 합니다.

화석 기록

지금까지 발견된 화석들을 통틀어 화석 기록이라고 합니다. 이 화석 기록을 통해 우리는 식물과 동물이 시간의 흐름에 따라 어떻게 변화해 왔는지를 알 수 있습니다. 화석 기록을 통해 약 35억 년 전에 존재했던 박테리아가 최초의 생물이라는 사실을 알아냈습니다. 그 후 수많은 시간이 흐른 뒤 이 생물은 점차 최초의 식물과 동물로 발달했습니다.

5억 년 전, 최초의 어류가 진화했습니다. 몸통은 두툼한 피부로 덮여 있었고 턱이 없었습니다. 이 시기에는 육상 동물은 없었습니다.

3억 7,500만 년 전 물에 사는 생물 일부가 포식자를 피해 육지로 이동했을 것으로 추정되는데 이 동물들이 최초의 양서류일 것으로 예상하고 있습니다.

3억 년 전, 최초의 파충류가 등장했습니다. 파충류는 태양으로부터 몸을 보호하기 위해 점점 피부가 건조해지고 비늘로 뒤덮여 감으로써 육상 생활에 적응했습니다.

★

약 2억 4,000만 년 전, 일부 파충류의 다리가 몸통 바로 아래쪽으로 옮겨 가면서 진화했습니다. 이들이 최초의 공룡이 되었습니다.

아래 사진은 삼엽충의 화석입니다. 삼엽충은 골격을 갖춘 최초의 동물 중 하나로, 약 5억 5,000만 년 전의 화석입니다.

> 🦖 **인터넷 링크**
> 웹 사이트에 연결하기 위해서는
> **www.usborne-quicklinks.com**
> 으로 들어가서
> **'atlas of dinosaurs'**
> 를 입력하면 됩니다.

변화하는 세계

환경이 변화하면 생물 역시 시간의 흐름에 따라 점점 변화합니다. 이와 같은 변화에 적응한 동물은 살아남았지만 적응하지 못한 동물은 멸종했습니다. 살아남은 동물은 생존에 필요한 특성들을 자손에게 물려주는데, 이를 자연 선택이라고 합니다. 오늘날의 동물들을 통해 이와 같은 사실을 확인할 수 있습니다. 예를 들어, 추운 기후에서 살아가는 많은 동물들은 몸을 따뜻하게 하기 위해 피부에 두꺼운 털을 진화시켜 환경에 적응해 나갔습니다.

북극곰은 몹시 추운 북극에 살고 있는데, 얼음물 속에서도 살아남기 위해 두꺼운 털을 진화시켰습니다.

생김새와 크기

대륙의 이동은 공룡의 진화에도 영향을 끼쳤습니다. 트라이아스기에 대륙이 커다란 초대륙 판게아로 합해져 있을 동안 전 세계의 공룡은 비슷한 생김새를 하고 있었습니다. 그러나 대륙이 갈라지면서 공룡 역시 점점 새로운 환경에 적응하기 위해 각기 다른 생김새와 크기로 변화해 갔습니다.

특징의 진화

어떤 공룡은 같은 환경 속에서 살아가는 다른 동물들에 대한 반응으로 일부 특성을 진화시키기도 했습니다. 예를 들어, 안킬로사우루스 무리는 육식 공룡에 대항하기 위해 골판과 골침을 진화시켜 나갔습니다. 또 과학자들은 공룡이 번식에 도움이 되는 방향으로 일부 특성을 진화시켰다고 생각하기도 합니다. 펜타케라톱스나 카스모사우루스와 같이 뿔이 있는 공룡은 짝을 유인하기 위해 머리 위의 뿔을 진화시켰습니다.

안킬로사우루스 무리 공룡인 가스토니아의 화석 골격을 보면 방어를 위한 골판과 골침을 확인할 수 있습니다. 어떤 골침은 길이가 무려 1미터에 달하기도 했습니다.

백악기 말기의 대량 멸종

백악기 말기에 이르자 지구 상에서 생명체의 대량 멸종 사건이 일어났습니다. 2미터가 넘는 모든 육상 동물들이 멸종했고 해양 생물의 70퍼센트가 사라졌습니다. 이 멸종 사건 때 공룡도 모두 사라졌습니다. 어떻게 이런 일이 일어났는지 밝혀내기 위해 과학자들은 지금도 연구하고 있습니다.

중생대의 미스터리
6,500만 년 전 지구에 무슨 일이 일어났는지 정확히 알 수 있는 증거는 거의 남아 있지 않습니다. 대부분의 과학자들은 지구와 소행성이 충돌하여 공룡이 멸종했다고 생각하고 있지만, 한편에서는 기후 변화나 화산 활동으로 인해 공룡이 멸종했다고 주장하기도 합니다.

멸종의 증거
대량 멸종 사건의 원인에 대해 더 많은 사실을 밝혀내기 위해 과학자들은 6,500만 년 전인 백악기 말부터 제3기가 시작된 시기 사이에 형성된 암석층을 살펴보고 있습니다. 백악기를 뜻하는 'K'와 제3기를 뜻하는 'T'를 따서 이 시기 암석층을 'K-T 경계층'이라고 부릅니다.

> 인터넷 링크
> 웹 사이트에 연결하기 위해서는
> www.usborne-quicklinks.com
> 으로 들어가서
> 'atlas of dinosaurs'
> 를 입력하면 됩니다.

하와이의 화산에서 분출한 용암은 아주 먼 곳까지 흘러갔습니다. 백악기 말에도 이와 같이 용암이 분출하여 광범위하게 퍼져 나갔을 것으로 짐작됩니다.

용암 홍수

백악기 말에는 전 세계적으로 화산 활동이 활발하게 일어났습니다. 인도에서도 거대한 화산들이 홍수처럼 용암을 뿜어냈습니다. 이 용암이 단단하게 암석으로 굳어 오늘날 데칸 트랩이라고 부르는 용암 대지인 K-T 경계층을 형성하고 있습니다.

데칸 트랩은 인도 서부 지역에 널리 분포해 있는데, 그 넓이는 50만 제곱킬로미터에 이릅니다.(붉은색으로 표시된 곳)

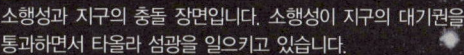

소행성과 지구의 충돌 장면입니다. 소행성이 지구의 대기권을 통과하면서 타올라 섬광을 일으키고 있습니다.

화산에 의한 죽음

용암 홍수가 터졌을 때 공룡 서식지가 파괴되었으며 많은 공룡들이 죽었습니다. 하지만 이보다 더욱 위험한 것은 맹독성의 화산 가스였습니다. 화산 가스는 알 속에서 자라고 있는 새끼 공룡에게까지 영향을 미칠 정도로 독했습니다. 또한 화산 가스는 기후까지도 변화시켰습니다. 과학자들 중 화산 가스의 영향으로 기후가 지나치게 따뜻해지거나 극도로 추워져 일부 공룡은 살아남지 못했을 것으로 여기고 있습니다.

재앙과도 같은 충격

공룡이 멸종할 무렵 너비 10킬로미터에 달하는 거대한 소행성이 지구와 충돌했습니다. 과학자들은 멕시코의 칙술루브에서 거대한 운석 구덩이를 발견했습니다. 소행성과 지구가 충돌했다는 결정적인 증거는 세계 전역의 K-T 경계층에서 확인되는 이리듐이라는 금속 입자입니다. 이리듐은 지구 상에서는 매우 희귀한 원소이지만 소행성에서는 흔하게 발견되는 물질입니다.

죽음의 충돌

거대한 소행성과 지구의 충돌은 모든 공룡들이 죽을 만큼 치명적이었을 것으로 예상됩니다. 이 충돌로 인해 지구 표면에 용해된 부스러기들이 흩어졌고 큰 화재가 발생했습니다. 또한 연쇄적인 대지진과 화산 분출의 가능성도 있습니다. 먼지구름이 햇빛을 가리면서 지구가 암흑 속에 빠졌고 모든 것이 얼어붙을 만큼 혹독한 추위가 몇 년 동안 지속되었을 수도 있습니다.

살아남은 동물들

1980년에 일어난 세인트헬렌스 화산의 폭발로 인해 황폐화된 모습입니다. K-T 경계기의 대량 멸종 사건에서 살아남은 동물들도 이와 비슷한 모습의 세계에서 살아갔을 것으로 예상됩니다.

K-T 경계기에 일어난 대량 멸종 사건으로 지구 상의 모든 생물이 멸종한 것은 아닙니다. 공룡은 모두 멸종했지만 작은 도마뱀류, 조류, 곤충류, 포유류, 뱀류 등은 살아남았습니다. 과학자들은 왜 어떤 동물은 살아남고 또 어떤 동물은 멸종했는지 그 정확한 이유를 아직 밝혀내지 못하고 있습니다.

중생대에 살았던 동물들	K-T 경계기	살아남은 동물들
공룡	→	
익룡	→	
수장룡	→	
암모나이트	→	
포유류		→
악어류		→
도마뱀류와 뱀류		→
거북류		→
양서류		→
상어류와 어류		→
곤충류		→
조류		→

위 표는 중생대 말에 이르러 멸종한 동물과 살아남은 동물을 나타낸 것입니다.

몸집이 작은 생존자들

과학자들은 몸집이 작은 동물들이 살아남은 이유 중 하나가 먹이를 먹는 습관 때문이라고 생각하고 있습니다. 몸집이 작은 동물들은 다양한 먹이를 먹었지만 몸집이 큰 동물들은 한 가지 특정 먹이만을 먹었습니다. 특정 먹이가 멸종할 경우 그 동물을 먹고 사는 동물 역시 멸종의 위기에 처할 수 밖에 없습니다.

중생대의 포유류는 곤충류와 견과류, 씨앗 등과 같은 다양한 먹이를 먹고 살았습니다. 이러한 식 습관 덕분에 멸종의 위기에서 무사할 수 있었습니다.

몸집이 큰 육식 공룡은 오직 초식 공룡만 먹고 살았습니다. 먹이가 사라지자 곧 육식 공룡도 멸종되었습니다.

새로운 생물

지구 상에서 대량 멸종 사건이 일어난 뒤에는 언제나 폭발적인 진화가 잇따랐습니다. 중생대의 바로 앞 시기였던 페름기 역시 모든 종의 95퍼센트가 사라진 대량 멸종 사건으로 막을 내렸습니다. 이 멸종 사건의 뒤를 이어 곧 공룡의 진화가 시작되었습니다. 공룡이 모두 사라지고 나자 다른 동물 집단이 차지할 수 있는 빈자리가 생긴 것이었습니다. 곧 포유류와 조류가 전 세계적으로 퍼져 나갔고 수많은 종으로 발달했습니다.

중생대의 포유류

메가조스트로돈은 약 1억 8,000만 년 전에 살았던 전형적인 초기 포유류입니다. 길이가 불과 10센티미터밖에 되지 않았으며, 곤충을 먹고 살았을 것으로 추정됩니다.

포유류는 공룡에 비하면 그 크기가 무척이나 작았습니다. 최초의 포유류는 몸집이 작고 주로 밤에 활동했기 때문에 살아남을 수 있었습니다. 공룡과 달리 포유류는 중생대 동안 거의 변함 없이 1억 년 넘게 아주 작은 몸집을 유지하고 있었습니다.

포유류의 성장

공룡이 멸종한 뒤 포유류는 점점 거의 모든 서식지에서 살아가는 방향으로 진화했습니다. 곤충을 먹는 한 포유류 집단은 길쭉한 손가락 사이에 날개 같은 피부막을 발달시킨 박쥐로 진화했습니다. 어떤 육상 포유류는 다시 넓은 바다로 돌아가 물속 생활에 적당한 유선형 체형으로 발달시켰습니다. 포유류는 또한 다양한 먹이를 먹는 방향으로 발전하기도 했습니다. 일부는 여전히 곤충을 먹고 살았지만 또 다른 포유류는 식물이나 다른 동물을 먹는 쪽으로 적응해 나갔습니다.

인류

영장류라고 부르는 한 포유류 집단이 나무 위에서 살아가고 있었습니다. 수백만 년에 걸쳐 영장류는 유인원으로 진화했고, 이어 다시 인류로 진화했습니다. 현생 인류가 나타난 것은 약 230만 년 정도 되었습니다. 1억 7,500만 년 동안 지구에서 살았던 공룡과 비교해 보면 인류의 등장 시기는 매우 늦은 편입니다.

이 아기 침팬지는 적응력이 뛰어난 손과 발을 이용해 나뭇가지 사이에서 움직이고 있습니다. 침팬지는 약 3,000만 년 전 지구 상에 처음 등장한 유인원 중 하나입니다.

인터넷 링크
웹 사이트에 연결하기 위해서는
www.usborne-quicklinks.com
으로 들어가서
'atlas of dinosaurs'
를 입력하면 됩니다.

공룡이 조류로 진화했어요

가장 오래된 것으로 알려진 조류의 골격과 작은 수각류 공룡의 골격을 서로 비교해 본 결과 과학자들은 조류가 공룡의 직접적인 후손임을 알아냈습니다. 조류와 공룡은 공통된 특징이 무척이나 많아 여러 과학자들은 새를 '조류 공룡'이라고 부르기도 합니다.

공통된 특징

과학자들은 공룡인 드로마에오사우루스 무리가 조류로 진화했다고 예상하고 있습니다. 드로마에오사우루스 무리 역시 조류와 같이 뼈 속이 비어 있고 앞다리가 긴 깃털로 덮여 있습니다. 또한 발목 관절도 비슷하다는 공통점이 있습니다. 드로마에오사우루스의 경우 이 발목 관절을 이용해 발을 안쪽으로 접을 수 있고 이 때문에 발 위의 깃털을 보호할 수 있습니다. 새 역시 날갯짓을 할 때 비슷하게 안쪽으로 접습니다.

아래 그림은 연속적인 작은 변화를 통해 공룡이 어떻게 조류로 진화해 갔는지를 보여 주는 그림입니다.

★ 드로마에오사우루스는 몸통 위에 깃털이 덮여 있었습니다. 특히 앞발 위의 깃털이 무척 길었습니다.

깃털 달린 발 부분이 날개로 발달했습니다. 초기 새들은 공룡처럼 이빨이 있었고 몸이 무거웠지만 대부분 날 수 있었습니다.

오늘날 조류는 이빨이 없습니다. 몸도 훨씬 가벼워져 더 잘 날 수 있는 방향으로 진화해 갔습니다.

시조새의 화석입니다. 약 1억 5,000만 년 전의 화석으로 독일의 졸른호펜에서 발견되었습니다.

초기의 조류

가장 오래된 새는 쥐라기 후기에 등장한 시조새입니다. 과학자들은 시조새를 공룡과 조류의 중간 단계로 보고 있습니다. 시조새는 공룡처럼 뼈로 이루어진 꼬리가 매우 길었고 이빨은 날카로웠으며 길쭉한 발가락에 굽은 발톱이 달려 있었습니다. 그러나 깃털은 오늘날 새의 깃털에 더 가까웠고, 비행을 할 수 있을 정도로 발달해 있었습니다.

빠진 꼬리

가장 오래된 새의 일종으로 알려진 백악기 중국의 콘푸시우스오르니스의 화석을 보면 중생대의 새가 어떻게 오늘날과 같이 진화했는지 알 수 있습니다. 콘푸시우스오르니스의 날개 위에는 발톱이 있었고 부채꼴 꽁지 깃털은 없었습니다. 하지만 큼직한 발가락을 이용해 나뭇가지 위에 서 있는 것이 가능했을 뿐만 아니라, 이빨은 없었고 부리가 있었습니다.

나는 법을 배우는 새

새가 어떻게 하늘로 날아오를 수 있었는지 아직까지 확실히 밝혀지지 않았습니다. 새가 나무 사이를 활공하기 위해 날개를 진화시켰다가 날개를 퍼덕거렸다고도 하고, 새가 달려가다가 먹이를 잡기 위해 뛰어오르는 과정에서 나는 법을 배웠다고도 합니다. 최근에는 새가 경사면을 오르기 위해 날갯짓을 하다가 처음으로 날아올랐다는 주장이 제기되기도 했습니다.

수컷 콘푸시우스오르니스는 두 개의 길쭉한 꽁지 깃털로 짝을 유인했을 것으로 짐작됩니다.

성공적인 종

오늘날 약 9천 종에 달하는 수십억 마리의 새가 지구 상에 살아가고 있습니다. 조류는 동물 가운데에서도 가장 수가 많고 다양한 집단 중 하나입니다. 이러한 새들이 작은 수각류 공룡의 직계 후손이라는 사실이 놀라울 따름입니다.

초기 새들은 곤충을 잡아먹기 위해 뛰어오르는 과정 속에서 바람을 타고 공중으로 날아올랐을 것으로 생각됩니다.

> 🦖 인터넷 링크
> 웹 사이트에 연결하기 위해서는
> **www.usborne-quicklinks.com**
> 으로 들어가서
> **'atlas of dinosaurs'**
> 를 입력하면 됩니다.

사진은 호아친의 새끼입니다. 시조새나 콘푸시우스오르니스와 같이 호아친의 새끼 역시 날개에 발톱이 있습니다. 오늘날 새 가운데 날개 위에 발톱이 남아 있는 유일한 종류입니다.

새들은 가파른 경사면을 올라갈 때 스스로 날개를 퍼덕거립니다. 초기 새들 역시 이러한 행동을 하다가 나는 법을 터득했을 것으로 추측됩니다.

미국 유타 주의 캐니언랜즈국립공원입니다. 수백만 년 동안 수많은 강이 계곡을 통과해 지나가면서 경이로운 형태의 암석을 조각해 냈고, 그 결과 중생대 암석층이 광범위하게 드러났습니다.

대륙별 공룡

이번 장에서는 전 세계적으로
공룡이 발견된 장소들을 살펴볼 것입니다.
각 대륙별로 중요한 공룡 화석지를 살펴보고
가장 놀랍고도 유명한 화석들에 대해서도 알아봅시다.

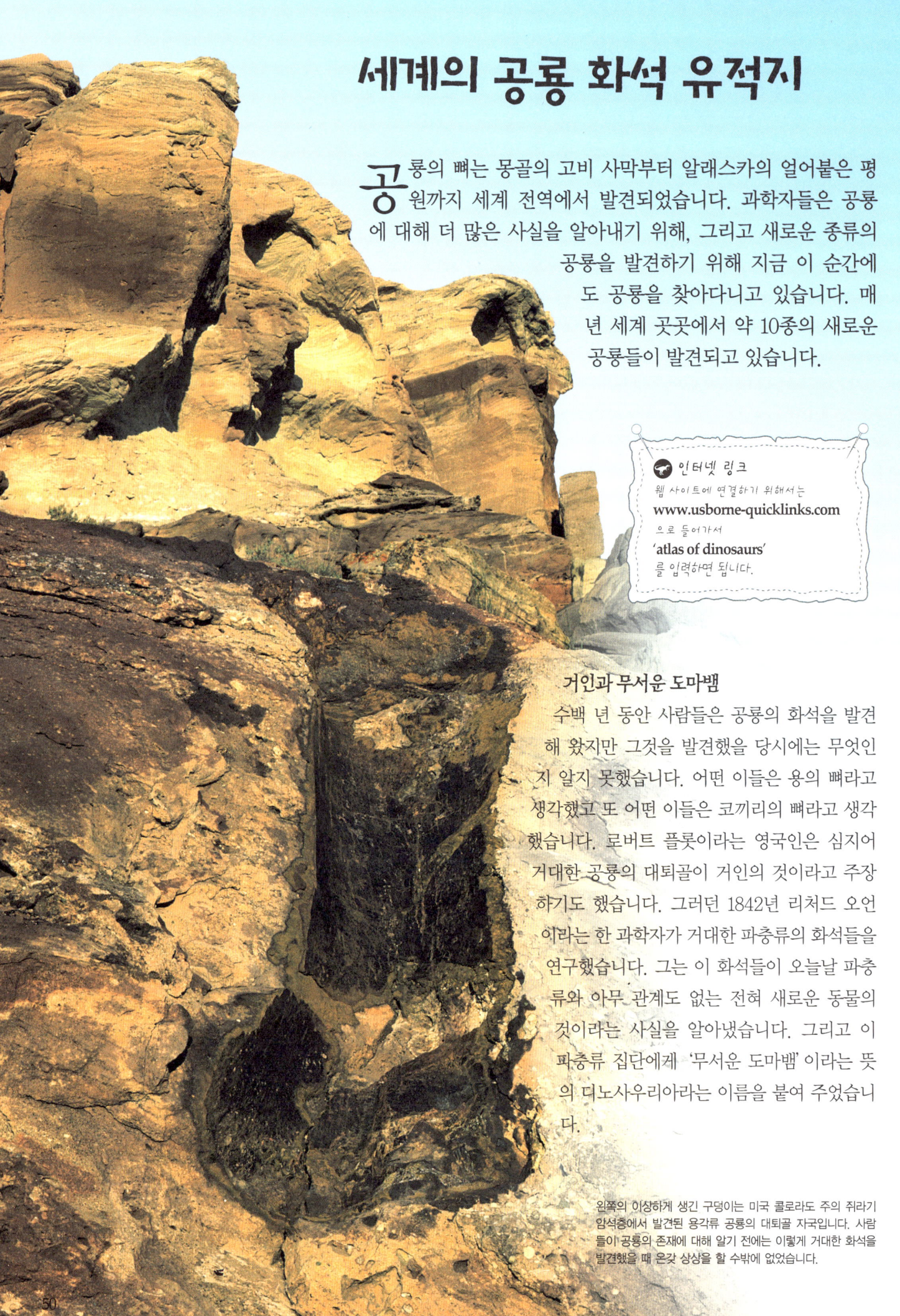

세계의 공룡 화석 유적지

공룡의 뼈는 몽골의 고비 사막부터 알래스카의 얼어붙은 평원까지 세계 전역에서 발견되었습니다. 과학자들은 공룡에 대해 더 많은 사실을 알아내기 위해, 그리고 새로운 종류의 공룡을 발견하기 위해 지금 이 순간에도 공룡을 찾아다니고 있습니다. 매년 세계 곳곳에서 약 10종의 새로운 공룡들이 발견되고 있습니다.

> **인터넷 링크**
> 웹 사이트에 연결하기 위해서는
> **www.usborne-quicklinks.com**
> 으로 들어가서
> 'atlas of dinosaurs'
> 를 입력하면 됩니다.

거인과 무서운 도마뱀

수백 년 동안 사람들은 공룡의 화석을 발견해 왔지만 그것을 발견했을 당시에는 무엇인지 알지 못했습니다. 어떤 이들은 용의 뼈라고 생각했고 또 어떤 이들은 코끼리의 뼈라고 생각했습니다. 로버트 플롯이라는 영국인은 심지어 거대한 공룡의 대퇴골이 거인의 것이라고 주장하기도 했습니다. 그러던 1842년 리처드 오언이라는 한 과학자가 거대한 파충류의 화석들을 연구했습니다. 그는 이 화석들이 오늘날 파충류와 아무 관계도 없는 전혀 새로운 동물의 것이라는 사실을 알아냈습니다. 그리고 이 파충류 집단에게 '무서운 도마뱀'이라는 뜻의 디노사우리아라는 이름을 붙여 주었습니다.

왼쪽의 이상하게 생긴 구덩이는 미국 콜로라도 주의 쥐라기 암석층에서 발견된 용각류 공룡의 대퇴골 자국입니다. 사람들이 공룡의 존재에 대해 알기 전에는 이렇게 거대한 화석을 발견했을 때 온갖 상상을 할 수밖에 없었습니다.

전 세계의 공룡들

처음에 사람들은 주로 북아메리카 서부 지역에서 공룡을 찾아다녔습니다. 이곳은 세계적으로 공룡 화석이 가장 많이 발견된 곳이었습니다. 그러나 오늘날 과학자들은 좀 더 남쪽에 있는 아르헨티나 마다가스카르와 같은 곳에서 더 많은 시간과 비용을 들여 공룡을 찾아다니고 있습니다. 1980년대에는 남극과 같은 지구 최남단 지역에서도 공룡 화석이 발견되었습니다. 현재 공룡은 지구 상의 모든 대륙에서 발견되고 있습니다.

지도 상에 붉은 네모 모양으로 표시된 지역은 세계적으로 널리 알려진 공룡이 발견된 주요 화석지로 세계적으로 널리 알려진 곳입니다.

이 인공위성 사진은 우주에서 촬영한 고비 사막의 모습입니다. 고생물학자들은 인공위성 사진을 통해 이 지역의 정확한 모습을 살펴볼 수 있습니다.

같은 지역의 사진을 암석과 식물의 종류에 따라 각기 다른 색깔로 표시해 놓은 것입니다. 보라색 부분은 공룡 화석이 존재할 가능성이 있는 지역을 표시해 놓은 것입니다.

하늘에서 공룡 찾기

기술이 발달하면서 고생물학자들은 공룡이 어디에 있는지 정밀하게 예측할 수 있게 되었습니다. 인공위성 사진을 활용하면 공룡 화석이 발견될 가능성이 높은 지역을 정확히 표시할 수 있고, 인공위성의 열 감지 장치를 이용하면 땅 표면을 종류별로 분류할 수 있습니다. 공룡 화석이 발견될 만한 퇴적암층을 골라내면 되는데, 이때 위성사진 위에 각기 다른 암석층을 종류별로 표시하면 쉽게 식별할 수 있습니다.

새로운 공룡의 이름 짓기

새로운 공룡이 발견되면 발견자나 정체를 확인한 고생물학자가 공룡의 이름을 짓습니다. 이때 이름은 대부분 라틴 어와 그리스 어로 짓습니다. 간혹 화석에 특징이 있을 경우 그 특징에 따라 이름을 붙이기도 합니다. 스테고사우루스의 경우가 이 같은 경우인데, 스테고사우루스는 판 도마뱀이라는 뜻입니다. 등이 판으로 덮여 있어서 이 같은 이름이 붙었습니다. 또 발견된 장소나 인물의 이름을 따서 이름을 짓는 경우도 있습니다. 하지만 과학자가 자기 이름을 따서 짓지는 않습니다. 공룡의 이름에 어떤 의미가 담겨 있는지는 책 뒤쪽의 '대륙별 공룡 가이드'에서 살펴볼 수 있습니다.

생김새가 특이한 인시시보사우루스는 2002년 중국에서 발견되었습니다. '앞니 도마뱀'이라는 뜻의 인시시보사우루스는 입 앞쪽에 있는 특이한 모양의 이빨 때문에 이와 같은 이름을 얻었습니다.

가장 오래된 공룡 화석이 발견된 남아메리카

남아메리카의 흥미로운 공룡 화석은 주로 아르헨티나에서 발견되었습니다. 지금까지 발견된 공룡 화석 가운데 가장 오래된 것도 이곳에서 발견되었습니다.

작은 시작

남아메리카에서 발견된 트라이아스기의 공룡을 통해 과학자들은 초기 공룡의 생김새가 어떠했는지를 짐작할 수 있습니다. 예를 들어 스타우리코사우루스와 피사노사우루스는 둘 다 몸집이 작고 재빨랐으며 두 다리로 걸어 다녔습니다.

점점 커지는 공룡

최초의 큰 공룡은 원시 용각류입니다. 트라이아스기 말에 남아메리카에 나타났고, 세계 여러 지역에서 화석이 발견되었습니다. 리오자사우루스는 10미터에 달하는 아르헨티나의 원시 용각류로, 당시에는 가장 커다란 공룡 중 하나였습니다.

지도 위에 공룡이 발견된 곳을 표시해 놓았습니다. 검은색 네모로 표시된 곳은 남아메리카의 주요 공룡 화석지입니다.

리오자사우루스는 머리가 작고 몸집이 큰 초식 공룡으로, 약 2억 1,000만 년 전에 살았습니다.

과학자들이 세계에서 가장 큰 공룡 중 일부를 발견한 중요한 지역입니다.(56~57쪽 참고)

가장 이른 시기에 살았던 공룡 중 일부가 발견된 곳입니다.(54~55쪽 참고)

희귀한 화석

다른 대륙에 비해 남아메리카에서는 쥐라기 공룡 화석이 발견되는 경우가 드물었습니다. 그나마 지금까지 발견된 쥐라기 공룡 화석은 모두 아르헨티나에서 발견되었습니다. 그중에는 가장 커다란 용각류 파타고사우루스와 볼케이메리아가 있고, 이들을 잡아먹고 살았던 수각류 피아트니츠키사우루스도 있습니다. 그러나 고생물학자들이 남아메리카에서 공룡을 찾아다니기 시작한 것이 얼마 안 되었기 때문에 앞으로 더 많은 공룡들이 발견될 것으로 보입니다.

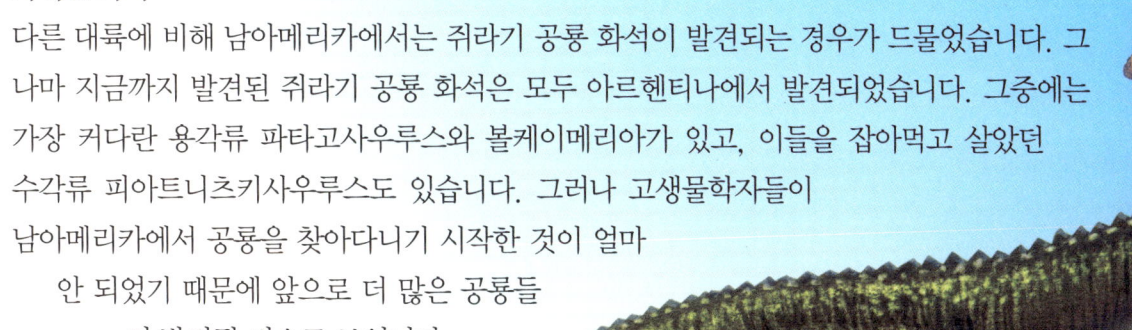

파타고사우루스는 강력한 앞다리로 발 차기를 해 공격자들로부터 스스로를 보호했을 것으로 보입니다.

피아트니츠키사우루스는 파타고사우루스의 3분의 1밖에 되지 않았지만 자신보다 훨씬 더 큰 동물을 공격할 수도 있었습니다.

이리타토르는 주둥이가 길고 납작하여 물고기를 잡아먹는 데 적합했습니다. 이 공룡은 이빨이 날카로워 먹잇감을 놓치는 법이 없었습니다.

곤드와나의 공룡

처음 과학자들은 곤드와나가 백악기 전기에 갈라졌다고 생각했습니다. 그러나 오늘날 백악기 중반까지도 남아메리카와 아프리카가 붙어 있었다는 사실이 밝혀졌습니다. 1996년 브라질에서 백악기 중기의 스피노사우루스 무리 공룡인 이리타토르가 발견되었습니다. 백악기 중기의 스피노사우루스 무리 공룡이 아프리카에서도 발견되고 있는데, 이로 보아 당시 두 대륙은 하나로 연결되어 있었고 스피노사우루스 무리가 널리 퍼져 살았음을 알 수 있습니다.

 인터넷 링크

웹 사이트에 연결하기 위해서는
www.usborne-quicklinks.com
으로 들어가서
'atlas of dinosaurs'
를 입력하면 됩니다.

아르헨티나에 있는 달의 계곡

아르헨티나에 있는 달의 계곡은 거친 바위와 깊은 계곡으로 이루어진 낯선 풍경이 달과 닮았다고 해서 붙은 이름입니다. 이곳에서 가장 오래전 공룡 화석인 헤레라사우루스와 피사노사우루스, 에오랍토르의 화석이 발견되었는데, 이 공룡들은 모두 약 2억 2,500만 년 전에 살았던 것으로 추측됩니다.

트라이아스기의 화석

달의 계곡에서 발견된 화석은 대부분 공룡이 아니라 당시 지배적인 포식자였던 악어처럼 생긴 조룡입니다. 이 중 가장 몸집이 큰 사우로수쿠스는 턱과 이빨이 거대했고 7미터까지 자랐던 사나운 포식자였습니다. 사우로수쿠스는 몸집이 육중하고 다리가 짧아 공룡보다 느릿느릿 걸어 다녔습니다.

풍경의 변화

오늘날 달의 계곡은 식물이 거의 자라지 않는 무척이나 건조하고 황량한 곳입니다. 그러나 약 2억 2,500만 년 전에는 많은 물이 흐르는 큰 강이 있었고 비가 자주 왔으며 간혹 강물이 주변 육지로 넘쳐흐르기도 했습니다. 높이가 40미터에 달하는 거대한 나무 기둥 화석이 발견된 점으로 미루어 보아 당시 이곳은 울창한 숲이었을 것으로 예상됩니다.

붉은색으로 표시되어 있는 달의 계곡은 아르헨티나 북서부에 있습니다. 이곳의 면적은 250제곱킬로미터에 이릅니다.

오늘날 달의 계곡 전경입니다. 후두라고 부르는 기이한 형상의 바위는 계곡으로 부는 강력한 바람 때문에 생긴 것입니다.

아래 그림처럼 사우로수쿠스는 몸집에 비해 다리가 무척 짧았습니다.

아주 작은 공룡

달의 계곡에서 발견된 화석 중 가장 작은 공룡은 길이가 1미터밖에 되지 않는 육식 공룡 에오랍토르입니다. 에오랍토르는 포식자였지만 크기가 작아서 주로 다른 동물을 피해 가며 살았을 것으로 생각됩니다. 작은 파충류와 곤충은 물론 식물도 먹고 살았습니다. 입 뒤쪽에 있는 날카로운 이빨로는 고기를 찢어 먹었고 앞쪽에 있는 둥근 모양의 이빨로는 잎을 뜯어 먹고 살았습니다.

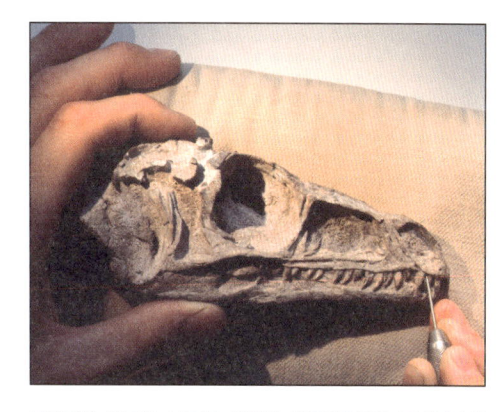

과학자가 정교한 도구를 이용해 에오랍토르의 두개골에서 암석 조각을 제거하고 있습니다. 에오랍토르의 작은 두개골은 바스러지기 쉬우므로 조심해서 다루어야 합니다.

사냥을 위한 체형

헤레라사우루스는 당시로서는 가장 큰 육식 공룡 중 하나였습니다. 또한 무시무시한 포식자였는데, 날카로운 발톱과 위턱에 돋아난 길쭉한 이빨 등으로 적을 위협하기도 했습니다. 또한 뒷다리가 길어서 빨리 달릴 수도 있었습니다. 헤레라사우루스는 초식 공룡인 피사노사우루스와 에오랍토르, 기타 파충류 등을 먹고 살았을 것으로 짐작됩니다.

🦖 **인터넷 링크**

웹 사이트에 연결하기 위해서는
www.usborne-quicklinks.com
으로 들어가서
'atlas of dinosaurs'
를 입력하면 됩니다.

헤레라사우루스는 두 다리로 걸어 다녔기 때문에 앞발의 날카로운 발톱으로 먹잇감을 꼭 움켜쥘 수 있었습니다.

거대한 동물들의 땅, 네퀸

아르헨티나 남서쪽의 네퀸에서 역사상 가장 커다란 공룡 화석 중 일부가 발견되었습니다. 이 가운데에는 용각류 공룡인 티타노사우루스와 가장 맹렬한 포식자 중 하나인 기가노토사우루스 등의 화석이 포함되어 있습니다.

강에서 사막으로

오늘날 네퀸 지역은 상당 부분이 사막으로 이루어져 있지만 백악기 후기에는 넓은 강과 건조하고 툭 터져 있는 목지가 펼쳐져 있었습니다. 거대한 초식 공룡인 티타노사우루스 무리가 먹고 살 수 있을 정도로 식물이 풍성하게 자라고 있었던 것으로 보입니다.

거대한 티타노사우루스 무리

가장 큰 티타노사우루스 무리 공룡인 아르젠티노사우루스는 전체 공룡 가운데에서도 가장 몸집이 큰 공룡에 속했습니다. 아르젠티노사우루스의 키는 5층 건물 높이 정도 되었습니다. 다른 티타노사우루스 무리 공룡과 마찬가지로 아르젠티노사우루스도 등 위에 골질의 피부 돌기가 붙어 있었습니다. 이 혹같이 생긴 돌기는 작은 완두콩 크기부터 사람 주먹 크기까지 매우 다양했습니다. 이 돌기는 다른 공룡이 공격할 때 보호해 주는 역할을 했습니다.

아르젠티노사우루스를 공격할 만큼 몸집이 큰 공룡은 거의 없었습니다. 아르젠티노사우루스를 먹이로 삼은 주요 포식자는 당시 이 지역에서 가장 큰 수각류 공룡인 기가노토사우루스였던 것으로 보입니다.

무시무시한 발톱

1998년 네퀸에서 거대한 발톱이 발견되었습니다. 이 발톱은 당시까지 전혀 발견된 적이 없는 새로운 공룡의 것이 었는데, 과학자들은 이 공룡에게 메가랍토르 라는 이름을 붙여 주었습니다. 과학자들은 메가랍토르가 민첩했으며, 길쭉한 발톱을 이용해 먹잇감의 몸을 찢을 정도로 치명적인 포식자였을 것으로 추정하고 있습니다. 발톱의 길이 로 볼 때 메가랍토르의 전체 길이는 8미터가 넘었 을 것으로 추정하고 있습니다.

메가랍토르는 민첩하고 무시무시한 발톱으로 무장하고 있었기 때문에 다른 공룡을 쉽게 잡아먹을 수 있었습니다. 가장 치명적인 무기는 두 번째 발가락 위에 있는 긴 발톱이었는데, 이 발톱의 길이는 무려 35센티미터에 달했습니다.

거대한 육식 공룡

기가노토사우루스는 가장 큰 육상 포식자 중 하나였습니다. 몸길이는 약 12.5미터, 키는 4미터에 달했으며, 백악기 아프리카와 남아메리카에 살았던 가장 사나운 육식 공룡 집단 중 하나인 카르카로돈토사우루스 무리에 속합니다.

치명적인 이빨

기가노토사우루스의 골격 대부분은 두개골과 이빨이 포함된 상태로 발견되었습니다. 이빨은 크고 칼날같이 날카로워 살을 가늘게 자르는 데 적합했습니다. 기가노토사우루스는 먹잇감을 공격할 때 피를 흘려 죽을 때까지 반복적으로 물어 뜯었던 것으로 생각됩니다.

과학자들은 기가노토사우루스가 무리를 이루어 살았을 것으로 생각하고 있습니다.

인터넷 링크

웹 사이트에 연결하기 위해서는
www.usborne-quicklinks.com
으로 들어가서
'atlas of dinosaurs'
를 입력하면 됩니다.

가장 많은 공룡 화석이 발견된 북아메리카

북아메리카는 공룡 화석 수집가들에게는 꿈과 같은 지역입니다. 왜냐하면 세계에서 가장 많은 공룡 화석이 발견되었기 때문입니다. 트리케라톱스나 스테고사우루스와 같이 유명한 공룡 화석이 북아메리카 이외의 지역에서 발견된 경우는 거의 없었습니다.

넓어지는 바다

백악기 북아메리카는 얕은 바다로 형성되어 있었는데, 바다가 점점 넓어지면서 대륙을 동쪽과 서쪽으로 나누었습니다. 동쪽은 여전히 유럽에 연결되어 있었지만, 서쪽은 섬이 되어 그 지역만의 고유한 공룡들이 살고 있었습니다. 세계의 다른 지역을 장악하고 있었던 용각류 공룡 대신 북아메리카 서쪽에는 상당수의 하드로사우루스 무리와 티라노사우루스 무리, 케라톱스 무리가 살고 있었습니다.

아시아의 친척들

북아메리카의 서쪽은 섬이었지만 어느 시기에는 육교로 동아시아와 연결되어 있었던 것으로 추정됩니다. 해수면이 낮아지면서 육교가 드러날 때마다 공룡들이 이곳을 건너 이동했습니다. 그래서 동아시아의 일부 공룡들은 북아메리카의 공룡들과 무척 닮았습니다.

사우롤로푸스는 아시아와 북아메리카 양쪽에 모두 살고 있었습니다. 오른쪽 그림은 아메리카의 사우롤로푸스(오른쪽)와 아시아의 친척 사우롤로푸스(왼쪽)의 모습입니다. 서로 비슷하지만 아시아의 사우롤로푸스의 볏이 좀 더 길었습니다.

이곳에서 수백 점의 백악기 화석이 발견되었습니다.(62~63쪽 참고)

백악기 후기 공룡의 상당수가 이곳에서 발견되었습니다.(64~65쪽 참고)

쥐라기 공룡 화석지에 관한 사항은 60~61쪽을 참고하기 바랍니다.

위에 보이는 북아메리카 지도에는 중요한 공룡 화석지 세 곳과 각 지역에서 발견된 공룡들이 표시되어 있습니다. 대부분의 공룡 화석은 대륙 서쪽의 광대한 육지 지역에서 발견되었습니다.

원시적인 포식자

1947년 뉴멕시코 주 북부의 고스트랜치에서 작업 중이던 고생물학자들은 보존 상태가 좋은 백여 구의 코엘로피시스 골격을 발견했습니다. 이 골격들을 살펴본 결과 코엘로피시스는 다 자랐을 경우 길이가 3미터를 넘지 않는 비교적 작은 몸집의 수각류 공룡임을 알 수 있었습니다. 코엘로피시스의 골격은 지금까지 발견된 수각류 공룡 가운데 가장 원시적인 형태의 골격입니다.

고스트랜치에서 발견된 코엘로피시스의 골격입니다. 늑골 근처에서 새끼 코엘로피시스의 뼈가 발견된 점으로 미루어 보아 처음에는 자기 새끼를 먹었던 것으로 추측됩니다. 그러나 새롭게 연구를 한 결과 어미 공룡이 새끼 공룡 위에 포개져 있었던 것으로 드러났습니다.

살상 병기

가장 거대한 육식 공룡 중 하나인 티라노사우루스는 7,000만 년 전에서 6,500만 년 전 사이 북아메리카에 살고 있었습니다. 이 공룡은 뛰어난 시력과 청력을 이용해 먹잇감을 쫓아다녔으며 몸집이 육중했습니다. 또한 강력한 뒷다리를 이용해 짧은 거리는 아주 빠른 속도로 달릴 수 있었습니다. 그러나 짧은 앞다리는 어디에 쓰였는지 밝혀지지 않아 여전히 수수께끼로 남아 있습니다. 먹이를 입까지 옮기기에도 너무 짧았고, 근육질이었지만 싸움을 할 때 사용했다고 보기에도 너무 작았습니다.

인터넷 링크

웹 사이트에 연결하기 위해서는 www.usborne-quicklinks.com 으로 들어가서 'atlas of dinosaurs' 를 입력하면 됩니다.

과학자들은 티라노사우루스의 두개골에서 다른 티라노사우루스의 이빨 자국을 발견했습니다. 이로 미루어 보아 서로 싸울 때 상대방의 목이나 머리를 공격했을 것으로 보고 있습니다.

쥐라기의 공룡 화석

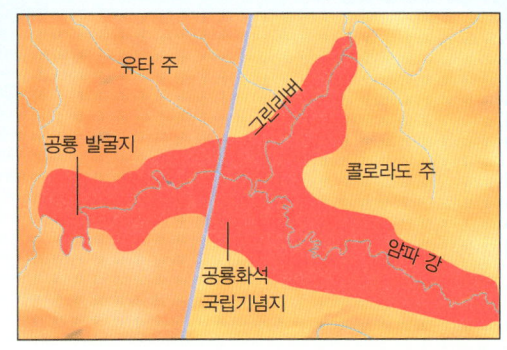

붉은색으로 표시된 공룡화석국립기념지는 면적이 총 800제곱킬로미터에 달합니다. 이곳에는 수많은 공룡 화석이 발견된 커다란 공룡 발굴지가 있습니다.

미국 콜로라도 주와 유타 주에 걸쳐 있는 공룡화석국립기념지는 세계에서 쥐라기 후기 화석이 가장 다양하게 발견된 곳입니다. 수백 점에 달하는 용각류 공룡의 뼈가 발견되었고 여러 점의 스테고사우루스 화석과 보존 상태가 좋은 수각류 골격을 포함해 다수의 화석이 발견되었습니다.

수중 무덤

오늘날 공룡화석국립기념지는 쥐라기 동안에는 강이 많아 물을 마시러 온 공룡들로 북적였습니다. 지형이 평평해 비가 오면 강물이 넘쳐흘렀습니다. 홍수가 날 때마다 물에 빠져 죽은 공룡들이 강물을 따라 휩쓸려 다니다가 물의 흐름이 완만해지는 굽이에 가라앉았습니다. 이후 퇴적물 속에 묻힌 공룡은 서서히 화석이 되었습니다. 고생물학자들은 오늘날에도 기념지 안의 공룡 발굴지에서 수많은 공룡 뼈를 발굴하고 있습니다. 이곳에 가 보면 가파른 암석면에 1,500점 이상의 공룡 뼈가 박혀 있는 화석 벽을 볼 수 있습니다. 이곳을 찾는 관광객들은 화석 벽을 보고 감탄을 하곤 합니다.

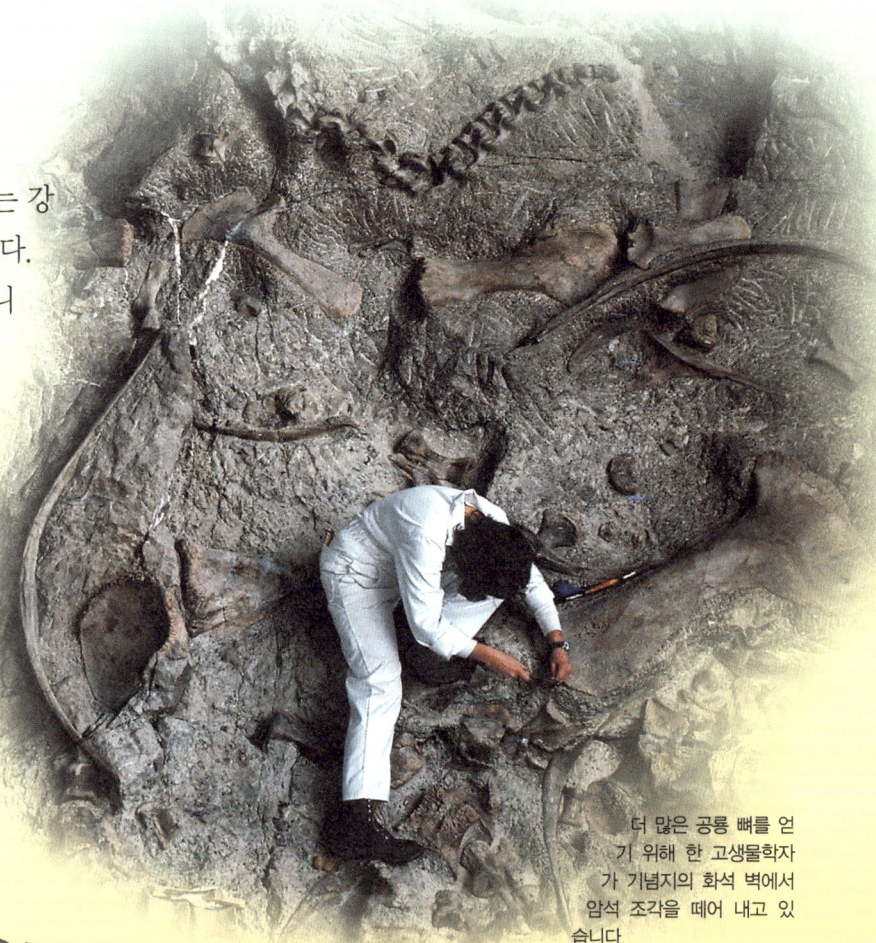

더 많은 공룡 뼈를 얻기 위해 한 고생물학자가 기념지의 화석 벽에서 암석 조각을 떼어 내고 있습니다.

디플로도쿠스의 꼬리뼈 가운데 일부는 아랫면이 납작한 모양을 하고 있습니다. 이로 보아 공룡이 간혹 꼬리를 땅에 대고 몸을 뒤로 기댔다는 사실을 알 수 있습니다.

높은 나뭇가지에 있는 잎을 따 먹기 위해 디플로도쿠스가 긴 꼬리로 몸을 지탱하고 선 모습입니다.

꼬리가 긴 거대 공룡

공룡화석국립기념지에서 발견된 용각류 공룡은 아파토사우루스, 바로사우루스, 카마라사우루스, 디플로도쿠스 등 총 네 종류입니다. 그중 디플로도쿠스는 지금까지 발견된 공룡 중에서 가장 몸길이가 긴 종류 중 하나입니다. 꼬리 길이만 무려 14미터나 됩니다. 커다란 꼬리뼈는 속이 비어 있어 상대적으로 가볍습니다. 그래서 디플로도쿠스는 걸을 때 꼬리를 위로 세우고 다녔습니다. 이와 같은 사실은 발자국 화석을 살펴본 결과 발자국만 있고 꼬리가 끌린 자국이 없어 추론해 낸 것입니다.

쥐라기의 포식자

쥐라기 후기 북아메리카에서 가장 흔한 육식 공룡은 알로사우루스였습니다. 70여 개의 날카로운 톱니 모양 이빨이 있는 거의 완벽한 모양을 한 알로사우루스의 두개골이 기념지에서 발견되었는데, 이 이빨을 이용해 쉽게 살을 찢을 수 있었습니다. 두개골에는 커다란 턱 근육의 흔적이 남아 있어서 입을 무척 크게 벌릴 수 있었다는 것도 알 수 있습니다. 또한 수많은 거대 용각류의 뼈에서 알로사우루스가 문 흔적이 발견되었습니다. 이를 통해 사나운 알로사우루스가 자기보다 열 배나 큰 공룡을 공격했다는 것도 알 수 있습니다.

알로사우루스는 스테고사우루스처럼 커다란 초식 공룡을 공격하기도 했습니다. 스테고사우루스는 골침이 달린 꼬리를 휘둘러 방어했지만 알로사우루스를 이기기는 힘들었을 것으로 보입니다.

단단한 스테고사우루스

스테고사우루스는 스테고사우루스 무리 중 몸집이 가장 크고 쥐라기 동안 북아메리카에서 흔히 볼 수 있었던 초식 공룡입니다. 목과 등, 꼬리를 따라 큰 골판이 두 줄로 돋아 있었는데, 피부로 덮여 있는 이 골판 속에는 혈관이 가득했습니다. 이 골판은 공룡의 체온을 조절하는 역할도 했던 것으로 보입니다.

스테고사우루스는 몸을 따뜻하게 하기 위해 넓고 납작한 골판을 직접 햇볕에 노출시켜 그 열기를 흡수했습니다.

뜨거운 골판

스테고사우루스는 몸을 따뜻하게 하기 위해 골판을 태양 쪽으로 향한 채 가만히 서 있었습니다. 태양에서 나온 열기가 골판 속을 흐르는 피를 따뜻하게 해 주면 그 따뜻해진 피는 온몸으로 퍼져 나갔습니다. 지나치게 따뜻해진 몸을 식히고 싶을 때는 그늘에 서 있으면 됩니다. 스테고사우루스의 피가 골판 쪽으로 몰리면 골판은 밝은 붉은빛을 띠었습니다. 붉은 골판으로 적에게 위협을 주었으며, 짝을 유인할 때도 유용하게 쓰였습니다.

디플로도쿠스의 목은 길이가 8미터에 달했습니다. 보통은 수평인 채로 들고 다녔지만, 높은 나뭇가지 위에 있는 잎을 따 먹을 때는 위로 세울 수도 있었습니다.

인터넷 링크

웹 사이트에 연결하기 위해서는
www.usborne-quicklinks.com
으로 들어가서
'atlas of dinosaurs'
를 입력하면 됩니다.

캐나다의 공룡 공원

캐나다의 앨버타 주 남쪽에 있는 앨버타주립공룡공원에는 세계적으로 가장 중요한 화석지들이 있습니다. 공원의 고생물학자들은 보존 상태가 좋은 300개 이상의 백악기 후기 공룡 골격을 발견했습니다.

앨버타주립공룡공원에는 바위투성이의 메마른 땅이 광활하게 펼쳐져 있습니다. 심한 침식 현상으로 인해 아래 사진에서와 같이 수많은 후두가 만들어졌습니다.

공룡의 고향

백악기에 앨버타 주 남쪽은 울창한 숲이 었습니다. 이곳에는 많은 초식 공룡이 살았는데, 이 초식 공룡을 먹고 사는 포식자 공룡 역시 많이 살았습니다. 공룡 공원에서 최소 35종 이상의 공룡이 발견되었는데, 다수의 케라톱스 무리, 하드로사우루스 무리, 티라노사우루스 무리도 포함되어 있었습니다.

죽음의 발길

공원에서 발견된 화석 중 가장 인상적인 것은 거대한 센트로사우루스 무리의 뼈가 포함되어 있는 화석층입니다. 과학자들은 수만 마리의 센트로사우루스가 무리 지어 이동하던 중 갑자기 불어난 강물에 잠겨 죽었을 것으로 추측하고 있습니다. 또한 부러지고 바스러진 뼈가 많았는데, 이는 서로 발에 걸려 넘어지며 밟고 밟히는 과정에서 생긴 것으로 보입니다.

로키 산맥 근처에 있는 앨버타주립공룡공원은 그 면적이 73제곱킬로미터에 달합니다.

센트로사우루스 무리가 강을 건너고 있는 장면입니다. 센트로사우루스는 여름철이면 무리를 이루어 북쪽으로 이동했을 것으로 생각됩니다.

파라사우롤로푸스(왼쪽)나 코리토사우루스(오른쪽)와 같은 하드로사우루스 무리는 앨버타에 살았습니다. 종이 다를 경우 먹이가 달랐기 때문에 별다른 먹이 경쟁 없이 살 수 있었습니다.

신호음을 내는 하드로사우루스 무리

하드로사우루스 무리는 백악기 북아메리카에 흔했던 공룡으로, 앨버타주립공룡공원에서 다섯 종 이상 발견되었습니다. 일부 하드로사우루스 무리의 머리 위에는 속이 빈 골질의 볏이 달려 있었는데, 이 볏 속에 공기를 불어 넣어 큰 공명음을 냈을 것으로 보입니다. 하드로사우루스 무리는 위험에 처했을 때 이처럼 공명음을 내 주변의 공룡에게 알렸습니다.

무시무시한 포식자

7,500만 년 전에서 7,000만 년 전 사이 북아메리카에서 살았던 육식 공룡 알베르토사우루스는 티라노사우루스보다 약간 작았습니다. 최초의 알베르토사우루스 화석인 두개골이 앨버타에서 발견되었기 때문에 이곳의 지명을 따 이름을 지었습니다. 과학자들은 이후 알베르토사우루스의 골격 몇 개를 더 발견했습니다. 이 공룡은 무리를 지어 함께 돌아다니며 사냥했던 것으로 보입니다.

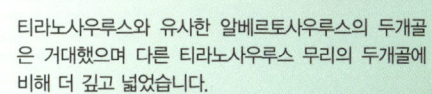

티라노사우루스와 유사한 알베르토사우루스의 두개골은 거대했으며 다른 티라노사우루스 무리의 두개골에 비해 더 깊고 넓었습니다.

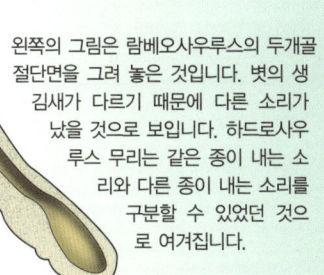

왼쪽의 그림은 파라사우롤로푸스의 두개골 절단면을 그려 놓은 것입니다. 비어 있는 볏 속에서 공기가 오갔는데, 콧구멍을 통해 볏 속으로 공기를 불어 넣으면 소리가 났습니다.

왼쪽의 그림은 람베오사우루스의 두개골 절단면을 그려 놓은 것입니다. 볏의 생김새가 다르기 때문에 다른 소리가 났을 것으로 보입니다. 하드로사우루스 무리는 같은 종이 내는 소리와 다른 종이 내는 소리를 구분할 수 있었던 것으로 여겨집니다.

> 🦖 **인터넷 링크**
> 웹 사이트에 연결하기 위해서는
> **www.usborne-quicklinks.com**
> 으로 들어가서
> **'atlas of dinosaurs'**
> 를 입력하면 됩니다.

헬 크리크의 공룡

헬 크리크는 미국 몬태나 주의 로키 산맥 동쪽에 있습니다. 지면이 침식되면서 백악기 후기의 암석층이 드러났는데, 이곳에 최후의 공룡들이 화석으로 보존되어 있었습니다.

헬 크리크는 미국과 캐나다의 국경 근처인 몬태나 주 동부의 건조 지역에 있습니다.

백악기의 평원

7,000만 년 전부터 6,500만 년 전까지 헬 크리크에는 많은 공룡들이 살고 있었습니다. 당시 이곳은 넓고 낮은 평원이었으며, 수많은 강이 평원을 가로질러 흐르고 있었습니다. 기후는 온화했고 비가 많이 내려 초식 공룡의 먹이인 식물이 풍성하게 자라고 있었습니다.

돌진용 머리

파키케팔로사우루스 무리와 같이 머리가 두툼한 뼈로 된 공룡들은 백악기 후기 북아메리카에 살고 있었습니다. 그 중 가장 몸집이 큰 공룡은 파키케팔로사우루스였는데, 머리 윗부분의 두께가 25센티미터나 되었습니다. 수컷 무리는 단단한 머리를 이용해 싸워 암컷을 차지했던 것으로 보입니다. 머리로 싸울 경우 그 충격으로 척추가 상할 수 있기 때문에 등과 꼬리를 뻣뻣하게 세운 채 싸웠습니다.

사진 속 파키케팔로사우루스의 두개골은 돔 모양의 머리 윗부분 둘레에 뼈로 된 골침이 돋아 있었습니다. 이 골침은 적을 위협할 때나 짝을 유인할 때 사용했던 것으로 보입니다.

파키케팔로사우루스는 싸울 때 머리로 상대의 몸을 가격하며 싸웠습니다. 한때 과학자들은 파키케팔로사우루스가 박치기를 하며 싸웠을 것으로 생각했지만, 만약 머리끼리 직접 부딪쳤다면 아마 두 파키케팔로사우루스의 두개골은 산산조각 나고 말았을 것입니다.

헬 크리크의 제왕

1902년 헬 크리크에서 처음으로 티라노사우루스의 골격이 발견되었는데, 그 후 더 많은 화석이 근처에서 발견되었습니다. 티라노사우루스는 헬 크리크에서 산 공룡 중 가장 큰 수각류였기 때문에 이곳에서 살았던 수많은 초식 공룡을 먹고 살았을 것으로 보입니다. 하드로사우루스 무리와 케라톱스 무리를 비롯해 수많은 공룡의 뼈에서 티라노사우루스의 이빨 자국이 발견되었습니다.

세 뿔 달린 머리

케라톱스 무리 가운데 가장 몸집이 큰 트리케라톱스는 백악기 후기 북아메리카에서 흔히 볼 수 있는 공룡이었습니다. 트리케라톱스라는 이름은 '세 뿔 달린 얼굴' 이라는 뜻으로, 두 개의 길쭉한 뿔은 이마에 돋아나 있고, 나머지 짧은 한 개의 뿔은 코에 돋아나 있습니다. 트리케라톱스는 이 뿔들을 이용해 오늘날의 코뿔소처럼 적을 향해 돌진했을 것으로 생각됩니다. 또한 머리를 들었을 때 목을 보호해 주는 단단한 프릴 장식도 있었습니다. 머리를 낮추었을 때 이 프릴이 반듯이 서기 때문에 짝을 유인하기 위한 과시용 장식이었을 가능성도 있습니다.

티라노사우루스는 먹이를 잡은 뒤 먹기 전에 살덩어리와 뼈를 발라냈습니다. 이빨이 무척이나 강력해 살과 뼈를 한꺼번에 씹어 삼킬 수도 있었습니다.

트리케라톱스의 머리는 전체 몸길이의 3분의 1 가량을 차지할 정도로 컸습니다. 각 뿔은 살아 있을 당시에는 두꺼운 각질층으로 덮여 있었기 때문에 골격 상태일 때보다 더욱 길었습니다.

인터넷 링크

웹 사이트에 연결하기 위해서는
www.usborne-quicklinks.com
으로 들어가서
'atlas of dinosaurs'
를 입력하면 됩니다.

아프리카의 공룡

거대한 대륙 아프리카에서 놀라운 공룡 화석들이 발견되었습니다. 남아프리카에서는 5,000만 년 동안의 화석 기록이 거의 빈틈없이 발견되었습니다. 동아프리카에는 화려한 쥐라기 공룡 화석지가 있습니다. 최근에는 북아프리카의 사막 지역과 마다가스카르에서도 경이로운 화석들이 발견되었습니다.

공룡의 조상

최근 마다가스카르에서 공룡 화석이 발견되자 수많은 고생물학자들이 이곳으로 몰려왔습니다. 1990년대에는 가장 오래된 공룡의 턱뼈 두 개가 발견되기도 했습니다. 이 공룡은 약 2억 3,000만 년 전에 살았던 원시 용각류였습니다. 하지만 이 원시 용각류 공룡들은 아직 이름을 짓지 않아 이름이 없습니다.

이상한 돛

북아프리카에서 발견된 공룡 중 상당수의 등에는 신경배 돌기가 돋아 있었습니다. 이 신경배 돌기는 돛 모양의 피부를 지탱하고 있었습니다. 과학자들은 지금까지도 이것이 어떤 용도로 사용되었는지 정확히 알아내지 못했습니다. 짝을 유인하거나 보다 위협적으로 보이기 위한 장치였을 가능성도 있습니다. 일부 과학자들은 이것이 스테고사우루스의 골판처럼 공룡의 몸을 적당한 온도로 덥히기 위해 사용되었을 것이라고 주장하기도 합니다.

중생대 잔디 깎기 기계

북아메리카에서 발견된 공룡 중 가장 특이한 공룡이 바로 니제르사우루스입니다. 니제르사우루스는 약 1억 년 전에서 9,000만 년 전까지 살았던 용각류 공룡입니다. 몸 길이가 15미터나 되었으며, 넓적한 턱에는 자그마치 600개에 달하는 바늘 같은 이빨이 촘촘히 돋아나 있었습니다. 니제르사우루스는 마치 잔디 깎기 기계처럼 땅 위에서 목을 흔들고 이빨로 식물을 뜯으며 먹이를 먹었던 것으로 보입니다. 거의 완전한 니제르사우루스의 골격이 발견되었습니다.

★ 니제르사우루스의 입은 지금까지 발견된 공룡의 입 중에서 가장 넓적합니다. 턱이 얼굴보다 훨씬 더 넓을 정도였습니다.

★ 수컷 오우라노사우루스는 암컷 오우라노사우루스보다 화려한 빛을 내는 골침으로 짝을 유인했을 것으로 예상됩니다.

슈퍼 악어

사르코수쿠스라는 거대한 악어가 니제르사우루스와 같은 시대, 같은 지역에서 살고 있었습니다. 사르코수쿠스는 오늘날 악어류보다 몸집이 두 배나 컸고, 몸무게는 열 배나 무거웠습니다. 머리 위에 있는 눈을 위아래로 움직일 수 있어서 물속에 가만히 숨어서 지나가는 동물들을 주시했습니다. 사르코수쿠스는 공룡과 커다란 동물들을 잡아먹고 살았을 것으로 예상됩니다.

인터넷 링크
웹 사이트에 연결하기 위해서는
www.usborne-quicklinks.com
으로 들어가서
'atlas of dinosaurs'
를 입력하면 됩니다.

사르코수쿠스는 강기슭에서 기다리고 있다가 니제르사우루스처럼 강으로 물을 마시러 온 동물들을 재빨리 공격해 잡아먹었습니다.

사막에 살고 있어요

카루 분지는 산으로 둘러싸인 광대한 저지대입니다. 면적은 남아프리카의 3분의 2를 차지할 만큼 넓습니다. 쥐라기 전기에 이곳에는 광활한 사막이 펼쳐져 있었고, 공룡들은 뜨겁고 건조한 조건에서 살아남아야 했습니다.

카루 분지

카루 분지는 약 2억 4,000만 전에서 1억 9,000만 년 전 사이에 형성된 두꺼운 퇴적암층으로 이루어져 있습니다. 각 층을 구성하는 암석의 종류를 살펴보면 당시 기후가 어떠했는지를 알 수 있습니다. 쥐라기에 형성된 지층이 바람에 실려 온 작은 모래 입자로 이루어져 있는 것을 보면 쥐라기 전기 이 지역의 공룡들은 사막에서 살고 있었음을 알 수 있습니다.

태양을 피해서

카루 분지에서 발견된 공룡들은 모두 몸집이 비교적 작았습니다. 몸집이 작을수록 뜨거운 햇볕을 피해 숨기가 쉬웠기 때문에 사막 조건에서 살아가기에는 작은 몸집이 더 유리했습니다. 카루 분지에서 발견된 가장 작은 공룡은 레소토사우루스로, 크기가 오늘날의 칠면조 정도밖에 되지 않았습니다.

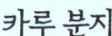

남부 아프리카에 있는 카루 분지가 붉은색으로 표시되어 있습니다. 검은 점선으로 표시된 지역 안에서 공룡이 발견되었습니다.

인터넷 링크

웹 사이트에 연결하기 위해서는
www.usborne-quicklinks.com
으로 들어가서
'atlas of dinosaurs'
를 입력하면 됩니다.

레소토사우루스는 볏 달린 수각류 공룡 신타르수스와 같은 포식자의 공격에 대비하기 위해 무리를 이루어 살았을 것으로 보입니다.

아래 사진은 카루 분지의 모습입니다. 오늘날 이곳은 풀과 관목으로 덮여 있습니다.

굴을 파는 공룡

헤테로돈토사우루스는 연중 가장 뜨거운 시기에는 굴을 파고 들어가 잠을 잤을 것으로 예상됩니다.
★

헤테로돈토사우루스는 카루 분지에서 발견된 작고 민첩한 공룡입니다. 물어 먹고 찢어 먹고 갈아 먹는 등 각기 다른 용도로 쓰이는 세 종류의 이빨이 있었습니다. 앞발과 뒷발의 발가락에 매우 길고 날카롭고 강력한 발톱이 있어서 굴을 만들기에 좋았습니다. 오늘날 사막에서 살아가는 수많은 동물들처럼 헤테로돈토사우루스 역시 모래 속에 굴을 만들고 들어가 뜨거운 태양 빛을 피했을 것으로 생각됩니다.

카루 분지의 왕

몸길이가 약 4미터에 달하는 원시 용각류 공룡 마소스폰딜루스는 카루 분지에서 발견된 공룡 중 가장 몸집이 큰 공룡입니다. 하지만 몸집이 큰 것은 목과 꼬리가 길기 때문입니다. 정작 몸통은 작은 조랑말 정도밖에 되지 않았습니다. 마소스폰딜루스는 앞발과 뒷발이 특히 큼지막해서 땅속의 식물과 뿌리를 캐고 지하수를 파내기에 좋았을 것으로 추정됩니다.

카루 분지의 틈

한때 카루 분지는 아프리카 판과 남극 판 사이에 걸쳐져 있었습니다. 그러다가 1억 9,000만 년 전 판게아가 갈라지기 시작하면서 두 판이 서로 떨어졌고 카루 분지에 틈이 생기기 시작했습니다. 이 틈을 뚫고 뜨거운 용암이 솟구쳐 올라 200만 제곱킬로미터에 달하는 지역을 뒤덮었습니다. 대부분의 공룡들과 동물들은 이 용암 홍수를 피해 다른 지역으로 달아났습니다. 동물들은 그 후로도 오랫동안 용암 홍수에 파괴된 서식지 카루 분지에서 살 수 없었습니다.

마소스폰딜루스는 발톱이 엄청나게 커서 땅속에 있는 질긴 뿌리를 쉽게 캐낼 수 있었습니다.

최대 규모의 원정대

역사상 가장 큰 규모의 공룡 원정대가 동아프리카에 있는 탄자니아의 외딴 언덕, 텐다구루로 떠났습니다. 원정대 활동은 1909년부터 1913년까지 계속되었는데, 자그마치 900여 명에 이르는 인원이 참가했습니다. 이 원정에서 모두 쥐라기 후기에 속하는 열 종류의 공룡이 발견되었습니다.

텐다구루는 탄자니아 남쪽에 있습니다. 이곳에서 발견된 모든 공룡 뼈는 가장 가까운 항구인 린디로 옮겨진 뒤 독일로 운송되었습니다.

수백 톤의 공룡 뼈

텐다구루 원정대는 독일의 과학자들로 구성되었습니다. 이들은 지역 주민들을 고용해 텐다구루 전역에서 공룡 뼈를 발굴했으며, 지역 주민들은 발굴한 뼈를 싣고 나흘 동안 걸어서 근처의 항구로 운반했습니다. 이곳에 도착한 공룡 뼈는 배에 실려 독일로 옮겨졌습니다. 4년 동안 자그마치 250톤의 뼈가 출토되었고, 사람들은 텐다구루에서 항구까지 5,000번가량을 오갔습니다.

비슷한 화석 유적지

텐다구루에서 발견된 각기 다른 종류의 공룡들은 북아메리카 유타 주의 공룡화석국립기념지에서도 발견되었습니다. 아프리카와 북아메리카는 쥐라기 후기에는 하나로 연결되어 있었기 때문에 공룡들은 양 대륙 사이를 얼마든지 오갈 수 있었습니다. 수각류 공룡인 알로사우루스와 케라토사우루스는 양쪽 지역에서 모두 발견되었습니다. 텐다구루에서는 케라토사우루스의 이빨이 소량 발견되었지만 그 크기를 보면 케라토사우루스 중에서도 가장 몸집이 큰 종의 이빨임을 알 수 있습니다.

수컷 케라토사우루스는 머리에 날카로운 뿔이 돋아 있었습니다. 위 그림은 경쟁 관계에 있는 두 마리의 수컷이 뿔을 이용해 서로의 몸을 받으며 싸우고 있는 장면입니다.

인터넷 링크

웹 사이트에 연결하기 위해서는 www.usborne-quicklinks.com 으로 들어가서 'atlas of dinosaurs' 를 입력하면 됩니다.

물에 빠져 죽은 공룡

스테고사우루스 무리인 센트로사우루스의 뼈가 텐다구루에서 다량 발견되었습니다. 예전에 강바닥이었던 곳에서 70마리가 넘는 센트로사우루스의 대퇴골이 한꺼번에 발견된 점으로 미루어 보아 공룡 무리가 홍수에 휩쓸려 온 것으로 보입니다. 이 공룡은 골침이 많이 달린 스테고사우루스 무리 공룡으로 꼬리 골침이 일곱 개나 되고 어깨 위에도 골침이 여러 쌍 박혀 있었습니다. 짐작컨대 꼬리 골침은 케라토사우루스 같은 대형 수각류 공룡이 공격할 때 방어용으로 썼던 것으로 보입니다.

가장 키가 큰 공룡

이곳에서 바로사우루스, 디크레오사우루스, 자넨스키아, 텐다구리아, 브라키오사우루스 등 다섯 종류의 용각류 공룡이 발견되었는데, 이 중 가장 키가 큰 공룡은 브라키오사우루스였습니다. 다른 용각류 공룡과 달리 브라키오사우루스의 앞다리는 뒷다리보다 훨씬 길었습니다. 덕분에 높은 곳에 있는 나뭇잎을 따 먹을 수 있었습니다.

브라키오사우루스는 한입에 많은 나뭇잎을 먹을 수 있었습니다. 입이 커서 사람도 한꺼번에 꿀꺽 삼킬 수 있을 정도였습니다.

어마어마한 골격

몇몇 브라키오사우루스의 잔해가 텐다구루에서 발견되었습니다. 과학자들은 각기 다른 곳에서 나온 뼈들을 조합해 하나의 골격을 조립해 냈습니다. 현재 이 골격은 독일 베를린의 훔볼트박물관에 전시되어 있습니다. 길이 25미터, 높이 12미터의 이 골격은 세계에서 가장 크고 완벽한 공룡 골격입니다.

공룡 화석이 사라졌어요

위 이집트 지도에는 백악기 후기의 공룡이 다수 발견된 바하리야 오아시스가 표시되어 있습니다.

1900년대 초반 독일의 고생물학자 에른스트 스트로머는 이집트의 사하라 사막에서 많은 공룡 뼈를 발견했습니다. 이 화석은 독일로 운반된 뒤 박물관에 보관되었습니다. 1944년 제2차 세계 대전 당시 폭격으로 박물관이 파괴되었는데, 이때 스트로머가 발견한 화석도 모두 사라졌습니다.

사라진 뼈

스트로머는 수각류 스피노사우루스와 바하리아사우루스, 카르카로돈토사우루스, 그리고 티타노사우루스 무리인 아이깁토사우루스를 발견했습니다. 화석이 파괴된 뒤 과학자들은 이 공룡들에 대한 모든 것을 스트로머가 남긴 세밀한 설명 자료에 의존하게 되었습니다.

주둥이가 긴 스피노사우루스 무리

스피노사우루스는 스피노사우루스 무리 공룡 가운데 가장 먼저 발견되었습니다. 오늘날의 악어와 비슷하게 주둥이가 길고, 반듯하고 좁은 이빨이 돋아 있었습니다. 악어처럼 스피노사우루스 역시 다양한 먹이를 먹고 살았습니다. 다른 공룡뿐만 아니라 물고기도 잡아먹었습니다. 스피노사우루스는 수각류 공룡 가운데 가장 몸집이 큰 공룡에 속합니다. 다 자라면 몸길이는 15미터에 달했고, 등에 거대한 돌기가 달려 있어 원래 몸집보다 훨씬 더 커 보였습니다.

스피노사우루스는 물속에 주둥이를 집어넣은 채 물고기를 잡아먹었습니다. 이때 콧구멍은 주둥이 뒤쪽에 있었기 때문에 코로 숨을 쉴 수 있었습니다.

상어 이빨 공룡

스트로머는 카르카로돈토사우루스가 무척 거대한 공룡이었으며 상어처럼 커다란 세모꼴 이빨이 있다는 사실만 알고 있었습니다. 그러던 1995년 모로코에서 거대한 두개골이 발견되었습니다. 이 두개골을 통해 카르카로돈토사우루스는 육식 공룡 가운데 크기가 가장 큰 공룡 중 하나이며, 남아메리카의 기가노토사우루스와 가까운 관계임을 확실히 알 수 있게 되었습니다. 이 두 종은 남아메리카와 아프리카가 하나로 붙어 있을 당시 살았던 동일 조상의 후손으로 보이는데, 대륙이 갈라지면서 서로 다른 모습으로 발달해 갔습니다.

위 카르카로돈토사우루스의 두개골은 길이가 1.5미터에 달합니다. 카르카로돈토사우루스는 무척 날카롭고 강력한 이빨로 무장하고 있어서 다른 동물의 살을 쉽게 잘라 낼 수 있었을 것으로 보고 있습니다.

습지대 사하라

2000년 한 고생물학자 팀이 스트로머의 공룡 화석 발견지를 다시 발굴하기 위해 바하리야 오아시스로 떠났습니다. 스트로머는 지도를 남기지 않았기 때문에 고생물학자들은 스트로머가 설명해 놓은 풍경과 일치하는 장소를 찾아내야 했습니다. 오늘날 바하리야 오아시스는 덥고 건조한 곳에 있지만, 암석층을 살펴본 결과 백악기 후기에 이 지역은 습지대였음이 밝혀졌습니다. 거북류와 악어류, 어류를 비롯해 아주 다양한 거대 동물들이 이곳에 살고 있었습니다.

새로운 발견

원정대는 또한 새로운 티타노사우루스 무리 공룡인 파랄리티탄도 발견했습니다. 1916년 이후 이집트에서 발견된 최초의 새로운 공룡이자 지금까지 발견된 화석 중 두 번째로 큰 공룡이기도 합니다. 또한 근처에서 수각류의 이빨도 발견되었습니다. 이 수각류 공룡은 파랄리티탄의 유해를 먹어 치우는 시체 청소부였거나 파랄리티탄을 직접 공격해 죽인 공룡이었을지도 모릅니다.

파랄리티탄의 앞다리 뼈는 너무 무거워 원정대원 일곱 명이 겨우 들 수 있을 정도였습니다.

> **인터넷 링크**
> 웹 사이트에 연결하기 위해서는
> www.usborne-quicklinks.com
> 으로 들어가서
> **'atlas of dinosaurs'**
> 를 입력하면 됩니다.

유럽은 발굴 작업이 어려워요

유럽 전역에 걸쳐 공룡이 살았을 가능성이 많습니다. 하지만 유럽 국가의 상당수가 인구 밀도가 높아 화석을 찾기 위해 땅을 파헤친다는 것은 거의 불가능한 일입니다. 그럼에도 불구하고 유럽은 공룡 화석 발굴과 연구의 역사가 매우 깁니다.

인터넷 링크

웹 사이트에 연결하기 위해서는
www.usborne-quicklinks.com
으로 들어가서
'atlas of dinosaurs'
를 입력하면 됩니다.

열대 습지

초기 중생대 유럽은 고온 건조했습니다. 그러나 백악기에 이르러 점차 열대 기후로 변해 갔고, 강과 습지, 울창한 숲이 등장했습니다. 당시 유럽의 풍경은 오늘날 수많은 파충류가 살고 있는 미국 플로리다 주의 습지대 에버글레이즈와 무척 비슷했을 것으로 추정됩니다. 백악기 유럽에는 안킬로사우루스 무리, 하드로사우루스 무리, 용각류를 비롯해 다양한 종류의 공룡들이 살고 있었습니다.

아래 그림은 플라테오사우루스 무리가 물을 마시기 위해 강으로 뛰어들고 있는 모습을 그린 것입니다. 많은 플라테오사우루스 무리가 독일과 프랑스, 스위스에서 발견되었습니다.

유럽 공룡

유럽에서 가장 흔히 볼 수 있는 공룡은 트라이아스기 후기의 목이 긴 원시 용각류 공룡 플라테오사우루스였습니다. 플라테오사우루스의 골격은 유럽 대륙 전역의 50여 곳에서 발견되고 있습니다. 가장 규모가 큰 화석지는 독일의 트로싱겐으로, 보존 상태가 매우 좋은 수백 구의 골격이 발견되었습니다.

공룡은 주로 유럽 중서부 지역에서 발견되었습니다. 특히 영국 남부 지역에는 공룡 잔해가 많이 남아 있습니다. 78~79쪽에 이와 관련된 내용이 있으니 참고하기 바랍니다.

벨기에의 베르니사르트에서 다량의 이구아노돈 골격이 발견되었습니다. 이에 관련된 사항은 76~77쪽을 참고하기 바랍니다.

와이트 섬에서 발견된 공룡에 대한 내용은 80~81쪽에 있습니다.

유럽 북부와 동부에서는 공룡 화석이 거의 발견되지 않았습니다. 이는 중생대 암석층이 노출되지 않았기 때문이기도 하고, 이 지역의 공룡 연구가 매우 제한적이기 때문이기도 합니다.

악명 높은 바리랍토르

최근까지만 해도 과학자들은 육식 공룡인 드로마에오사우루스 무리는 유럽에 살지 않았을 것으로 생각했습니다. 하지만 현재 몇몇 드로마에오사우루스 무리의 파편이 발견되었습니다. 그중에는 1998년 프랑스에서 발견된 백악기 후기의 드로마에오사우루스 무리인 바리랍토르가 있었습니다. 바리랍토르는 앞다리가 강력하고 이빨이 날카로우며 다른 드로마에오사우루스 무리처럼 발가락의 발톱이 길고 굽어 있습니다.

바리랍토르는 위 그림처럼 무리를 이루어 먹잇감을 공격했습니다. 먹잇감 위로 뛰어올라 긴 발톱으로 살갗을 갈기갈기 찢곤 했습니다.

작고 민첩한 공룡

콤프소그나투스는 쥐라기 후기의 아주 작은 수각류 공룡입니다. 지금까지 겨우 두 개의 골격만 발견되었는데, 모두 유럽에서 발견되었습니다. 그중 하나는 1859년 독일의 졸른호펜에서 발견되었는데, 보존 상태가 완벽에 가까웠습니다. 심지어 마지막으로 먹은 도마뱀까지 흉곽 안에 화석으로 남아 있었습니다.

독일의 졸른호펜에서 발견된 이 콤프소그나투스의 골격은 거의 완벽한 상태로 보존되어 있었습니다. 목은 등 쪽으로 굽어 있고, 긴 꼬리와 뒷다리는 왼쪽에 있습니다.

이구아노돈 광산

유럽에서 발견된 공룡 화석 중 가장 중요한 의미를 갖는 발견물은 30개가 넘는 완벽한 이구아노돈 골격이었습니다. 이 골격들은 벨기에의 한 석탄 광산에서 발견되었는데, 덕분에 이구아노돈은 세계에서 가장 많이 연구된 공룡 중 하나가 되었습니다.

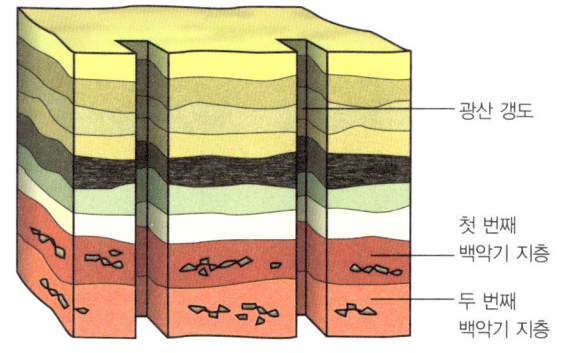

위 그림은 베르니사르트 광산의 모습을 그려 놓은 것입니다. 이구아노돈의 골격은 땅속 깊은 곳에 있는 백악기 전기의 지층 두 곳에서 발견되었습니다.

운 좋은 발견

이구아노돈 화석은 1878년 우연히 발견되었습니다. 벨기에 서부의 한 석탄 광산에서 광부들이 땅을 파 내려가다가 수십 개의 뼈를 발견한 것이었습니다. 과학자들은 이 뼈들이 이구아노돈의 것임을 식별해 냈습니다. 대대적인 발굴 작업 결과 네 무리의 이구아노돈이 발견되었습니다. 훨씬 더 많은 골격을 발굴할 수 있었지만 자금 부족으로 1920년대에 발굴 작업이 중단되었고 몇 년 뒤 광산 전체가 물속에 잠기고 말았습니다.

크고 작은 공룡들

광산에서 발견된 대부분의 이구아노돈 골격은 새로운 종의 것이었습니다. 과학자들은 이 공룡에게 이구아노돈 베르니사르텐시스라는 이름을 붙여 주었습니다. 이 이름은 인근 마을인 베르니사르트에서 따온 이름입니다. 초식 공룡이었던 이구아노돈은 약 9미터까지 자랐습니다. 그러나 그 가운데 두 종은 좀 더 작고 날씬한 이구아노돈 아테르피엘덴시스 종이었습니다. 이 종은 이미 유럽에서 소량 발견된 종이었습니다.

이구아노돈이 살던 곳에 훗날 베르니사르트 광산이 건설되었습니다. 이구아노돈은 큰 무리를 이루어 살며 함께 이동했습니다.

생김새의 재발견

벨기에에서 발견된 이구아노돈은 공룡의 생김새에 관한 과학자들의 시각을 크게 바꾸어 놓았습니다. 골격 자체가 완벽에 가까웠을 뿐만 아니라 뼈들이 서로 관절로 연결되어 있어 원래의 조합 상태를 쉽게 알아볼 수 있었기 때문입니다. 과거에는 이구아노돈에 관한 정보가 많지 않았기 때문에 과학자들은 주둥이 위에 뿔이 달린 땅딸막한 동물로 재현했습니다. 하지만 새롭게 골격들이 발견된 뒤 이구아노돈을 재현했을 때는 보다 날씬하고 길쭉한 모습을 하고 있었으며, 주둥이 위의 뿔이라고 생각했던 것도 사실은 엄지발가락에 달린 가시 발톱이었다는 것도 알 수 있게 되었습니다.

이 이구아노돈 모형은 1854년 제작된 것입니다. 당시 과학자들은 이구아노돈을 비롯한 공룡들이 일반적으로 몸집이 크고 땅딸막했을 것이라고 생각했습니다.

인터넷 링크
웹 사이트에 연결하기 위해서는
www.usborne-quicklinks.com
으로 들어가서
"atlas of dinosaurs"
를 입력하면 됩니다.

새끼 이구아노돈은 다 자랄 때까지 어미와 함께 무리 속에서 살았을 것으로 예상됩니다. 또한 어른 공룡들이 새끼 공룡들을 돌봐 주고 안전하게 지켜 주었던 것으로 보입니다.

부러진 꼬리

벨기에에서 발견된 골격을 참고하여 과학자들은 이구아노돈이 꼬리를 땅 위에 똑바로 내려놓은 자세로 재현해 냈습니다. 그러나 새로운 연구 결과 이 자세 역시 정확하지 않은 것으로 드러났습니다. 현대에 와서는 이구아노돈이 등을 수평으로 하고 꼬리도 반듯이 들고 있었다는 것이 밝혀졌습니다. 이구아노돈은 평상시에는 네 다리로 걸어 다녔지만 근육질의 뒷다리만 이용해서도 달릴 수 있었던 것으로 생각됩니다.

20세기 초반에 재현한 이구아노돈의 모습은 마치 거대한 캥거루와 비슷합니다. 하지만 현대의 과학자들은 이 자세 역시 부정확하며, 꼬리가 부러지지 않고서는 이런 자세로 서 있을 수 없다는 것도 알게 되었습니다.

영국 도싯의 해안선입니다. 바람과 바닷물, 비에 침식되어 아치형 바위와 같은 독특한 자연풍광이 형성되었을 뿐만 아니라 쥐라기와 백악기의 지층이 대규모로 드러나기도 했습니다.

영국의 공룡 화석

영국에서도 많은 공룡 화석이 발견되었습니다. 특히 쥐라기와 백악기의 지층이 폭넓게 노출된 남부 지역에서 많이 발견되었습니다. 이 화석들은 다른 유럽 국가에서도 발견되고 있는데, 이는 중생대 동안 영국이 유럽과 이어져 있었음을 의미하는 것입니다.

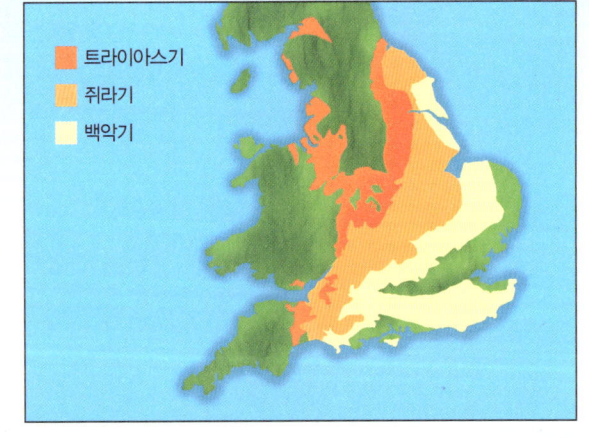

위 지도는 영국에서 발견된 중생대 암석층을 표시한 것입니다. 윌든 층이라고 불리는 백악기 암석층 지대는 유럽 본토까지 뻗어 있습니다.

거대한 메갈로사우루스

영국에서 발견된 최초의 공룡 중 하나가 바로 쥐라기 중기의 커다란 수각류 공룡 메갈로사우루스입니다. 이 공룡은 1824년 몇 개의 뼈가 발견된 뒤 명명되었는데, 이 중에는 이빨이 그대로 박혀 있는 아래턱도 있었습니다. 이후 이 공룡의 것으로 추정되는 화석들이 많이 발견되었지만 결국 다른 공룡의 것으로 밝혀졌습니다. 지금까지 발견된 메갈로사우루스의 뼈는 극소수에 불과하며, 두 다리로 걸었음을 보여 주는 발자국 화석이 발견되기도 했습니다.

메갈로사우루스의 턱뼈에 길쭉한 이빨이 그대로 보존되어 있습니다. 각 이빨 아랫부분에 새로운 이빨이 보이는데, 낡은 이빨이 다 빠지면 새 이빨이 다시 돋아났던 것으로 추정됩니다.

보호용 돌기

1858년 거의 완벽에 가까운 스켈리도사우루스의 골격이 영국 서남부 도싯의 쥐라기 전기 지층에서 발견되었습니다. 이 공룡은 몸집이 작았으며, 목부터 꼬리까지 골질의 돌기가 있어 몸을 보호해 주었습니다. 최근 연구 결과 이 공룡은 원시 안킬로사우루스 무리로 밝혀졌습니다. 최초의 스켈리도사우루스가 발견된 뒤 또 다른 골격과 파편들이 같은 장소에서 발굴되었습니다. 화석들은 모두 해양 암석층에서 발굴되었는데, 이로 보아 공룡들이 죽은 뒤 강에서 바다까지 휩쓸려 간 것으로 생각됩니다.

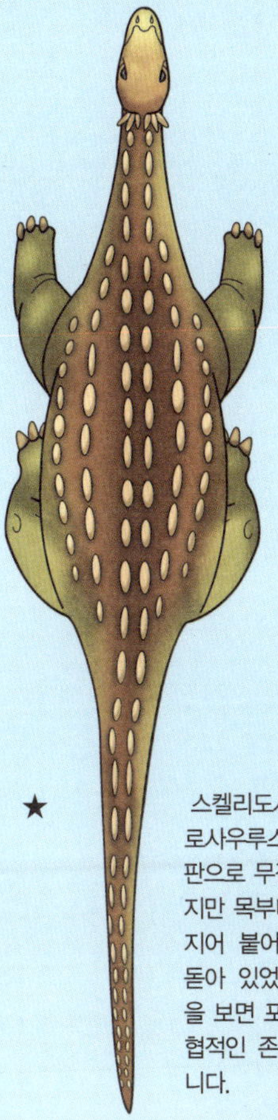

> **인터넷 링크**
> 웹 사이트에 연결하기 위해서는
> **www.usborne-quicklinks.com**
> 으로 들어가서
> **'atlas of dinosaurs'**
> 를 입력하면 됩니다.

★ 스켈리도사우루스는 다른 안킬로사우루스 무리처럼 묵직한 골판으로 무장을 하고 있지는 않았지만 목부터 꼬리까지 돌기가 줄지어 붙어 있었고 목에 골침이 돋아 있었습니다. 이와 같은 것을 보면 포식자들에게 여전히 위협적인 존재였던 것으로 생각됩니다.

거대한 발톱

1983년 아마추어 고생물학자가 영국 동남부에 있는 서리 지역의 진흙 구덩이에서 거대한 발톱 화석 하나를 발견했습니다. 이것은 백악기 전기 공룡의 것으로 밝혀졌고, 과학자들은 이 공룡에게 '무거운 발톱'이라는 뜻의 바리오닉스라는 이름을 붙여 주었습니다. 훗날 동일한 골격이 더 발견되었는데, 그중에는 작은 발톱들도 있었습니다. 이 공룡은 스피노사우루스 무리에 속하며, 거대한 발톱으로 물속에 있는 물고기를 낚아챘던 것으로 보입니다. 과학자들은 바리오닉스의 앞발에 발톱이 세 개씩 있었으며, 그중 하나는 무척 컸을 것으로 예상하고 있습니다.

바리오닉스는 거대하고 굽은 앞쪽 엄지발가락으로 물고기를 꿰찔러 잡아먹었던 것으로 보입니다. 근육질의 앞다리는 큰 물고기를 잡기에 좋았습니다.

공룡 섬, 와이트

와이트 섬은 영국 남쪽에 있는 작은 섬입니다. 공룡이 살던 당시에는 영국 본토의 일부분이었지만, 약 만 년 전 해수면이 상승하면서 섬이 되었습니다. 이곳에서 유럽의 다른 어느 지역보다 많은 공룡 화석이 발견되고 있습니다.

와이트 섬 서쪽 해안에 있는 앨럼 만입니다. 침식되면서 백악기 후기의 암석층이 드러났습니다.

여기저기 널려 있는 화석

와이트 섬은 화석을 발굴하기에 아주 좋은 장소입니다. 왜냐하면 해안선이 비바람과 바닷물에 끊임없이 깎여 나가고 있기 때문입니다. 매년 수천 점의 화석이 외부로 드러나고 있지만 상당수가 바닷물에 휩쓸려 가기 때문에 고생물학자들이 화석을 수거해 갈 기회는 많지 않습니다. 이 섬에서 백악기 전기의 공룡 화석이 많이 발견되었는데, 그 가운데 이구아노돈과 힙실로포돈의 것이 가장 많았습니다. 지금까지 발견된 가장 큰 공룡은 머리부터 꼬리까지 약 15미터에 달하는 브라키오사우루스 무리였습니다.

수천 개의 골격

와이트 섬 서쪽 해안에는 5천 개에 달하는 힙실로포돈 무리의 골격이 포함되어 있는 거대한 화석 층이 있습니다. 이 공룡은 뒷발로 걸었던 작은 조각류 공룡으로, 백악기 전기 유럽에서 흔히 볼 수 있었습니다. 처음에는 힙실로포돈의 발가락 하나가 뒤쪽을 향하고 있는 모습으로 재현되었습니다. 이런 생김새 때문에 과학자들은 힙실로포돈이 오늘날의 새처럼 발가락으로 나뭇가지를 붙들고 나무 위에서 살았을 것으로 생각했습니다. 그러나 오늘날 발가락이 모두 앞쪽을 향하고 있었던 것으로 밝혀져 매우 빨리 달릴 수 있었을 것으로 보입니다.

와이트 섬 지도에서 동부와 서부 해안에 붉은색으로 표시되어 있는 지역은 특히 많은 공룡 화석이 발견된 곳입니다. 이곳에서 발견된 공룡 중에는 새로운 이름을 얻은 종류도 있습니다.

힙실로포돈은 매우 민첩하고 날쌘 공룡이었습니다. 건강한 어른 공룡은 네오베나토르 같은 커다란 포식자보다 빨리 달릴 수 있었던 것으로 생각됩니다.

섬의 포식자

1978년 와이트 섬의 고생물학자들은 커다란 육식 공룡의 골격을 발견했을 때 네오베나토르라는 이름을 붙여 주었습니다. 이 공룡은 알로사우루스와 비슷했는데, 이 지역의 주요 포식자 중 하나로 추정되었습니다. 몰래 숨어 있다가 이구아노돈과 힙실로포돈, 심지어 커다란 용각류 공룡까지 공격해 잡아먹었던 것으로 보입니다.

네오베나토르는 민첩하고 사나운 공룡이었습니다. 다른 공룡을 공격할 때는 커다란 발톱과 날카로운 이빨을 이용했습니다.

새로운 발견

와이트 섬에서 가장 최근에 발견된 공룡의 골격은 에오티라누스의 골격이었습니다. 에오티라누스라는 명칭은 2001년에 붙었습니다. 이 공룡은 티라노사우루스의 작은 조상입니다. 골격은 반도 발견되지 않았지만 다리가 길고 가늘어 빠른 움직임을 보였을 것으로 생각됩니다. 골격이 완전히 형성되지 않은 점으로 미루어 보아 새끼 공룡이 죽어 화석이 된 것으로 보입니다.

★ 에오티라누스는 티라노사우루스보다 앞다리가 더 길고 두개골은 몸통에 비해 작았습니다.

★ 티라노사우루스는 에오티라누스보다 훨씬 컸지만 정강뼈와 발뼈의 길이는 비슷했습니다.

> 🦖 **인터넷 링크**
> 웹 사이트에 연결하기 위해서는
> **www.usborne-quicklinks.com**
> 으로 들어가서
> **'atlas of dinosaurs'**
> 를 입력하면 됩니다.

최초의 공룡 화석 발견지, 아시아

최초의 공룡 화석은 아시아에서 발견되었습니다. 기원후 265년 중국의 문헌을 보면 '용의 뼈'가 나타났다는 기록이 있는데, 과학자들은 이 용의 뼈가 공룡 화석을 의미하는 것이라고 생각하고 있습니다. 지금까지 알려진 공룡의 4분의 1이 아시아에서 발견되었는데, 대부분은 중국과 몽골에서 발견되었습니다.

이 지도에는 중국의 랴오닝 성과 몽골의 고비 사막 등 아시아에서 가장 중요한 공룡 화석지 두 곳이 표시되어 있습니다. 그 밖에 아시아의 주요 공룡 발견지도 살펴볼 수 있습니다.

쓰촨 성의 용각류

중국 최초의 용각류 공룡은 1913년 쓰촨 성에서 발견되었습니다. 이곳은 현재 세계에서 쥐라기 중기 공룡 화석이 가장 많이 발견된 곳으로 유명합니다. 쓰촨 성의 공룡으로는 스테고사우루스 무리 공룡인 후아양고사우루스, 꼬리 끝에 곤봉이 달린 용각류 공룡 슈노사우루스, 다른 공룡보다 목이 더 긴 용각류 공룡 마멘키사우루스 등이 있습니다.

아시아에서 발견된 나머지 공룡들을 모두 합한 것보다 더 많은 공룡이 이곳에서 발견되었습니다.(86~89쪽 참고)

슈노사우루스는 자신을 공격하는 수각류에 대항하기 위해 꼬리 곤봉을 이용해 방어했습니다.

인도의 공룡

중생대 동안 인도는 곤드와나의 일부를 차지하며 다른 아시아 지역과는 떨어져 있었습니다. 그렇기 때문에 인도의 공룡은 아시아의 공룡보다는 오히려 곤드와나 대륙의 공룡과 더 비슷했습니다. 예를 들어 수각류 공룡인 아벨리사우루스 무리는 인도와 아프리카, 남아메리카에서는 발견되었지만 다른 아시아 지역에서는 발견되지 않았습니다.

거대한 발톱

아시아에서 주로 발견되고 있는 테리지노사우루스 무리는 특이하게 생긴 공룡 중 하나입니다. 테리지노사우루스는 마치 거대한 새처럼 생겼습니다. 몸길이는 약 10미터까지 자랐고 몸에 깃털이 있었으며 이빨은 없고 주둥이 끝에 부리가 있었습니다. 테리지노사우루스 무리 가운데 가장 몸집이 큰 테리지노사우루스는 양 앞발에 70센티미터에 달하는 거대한 발톱이 있었습니다. 과학자들은 테리지노사우루스가 이 거대한 발톱을 이용해 먹이를 잡아먹었을 것으로 예상하고 있습니다.

테리지노사우루스는 긴 발톱을 이용해 나뭇가지를 입 가까운 곳으로 끌어당겨 날카로운 부리로 나뭇잎을 뜯어 먹었던 것으로 보입니다.

알샤사우루스
알렉트로사우루스
친타오사우루스
일본
후쿠이랍토르
랴오닝 성
이곳에서 깃털 달린 놀라운 공룡 화석이 발견되었습니다.(84~85쪽 참고)
와키노사우루스
탕바요사우루스
라오스
이사노사우루스
태국
말레이시아

깃털 달린 공룡

지도 상 검은 점선 안쪽이 중국의 랴오닝 성입니다. 붉은 네모로 표시된 곳은 깃털 달린 공룡이 발견된 화석지입니다.

1990년대 중국 북부의 랴오닝 성에서 공룡 화석이 잇달아 발견되면서 그동안 공룡에 대해 품고 있었던 사람들의 생각에 커다란 변화가 생기기 시작했습니다. 과학자들이 깃털로 덮인 작은 수각류 공룡의 화석을 발견한 것입니다. 이 화석들을 통해 조류가 공룡의 직계 후손이라는 사실이 증명된 것입니다.

화산재 속에 묻힌 공룡

랴오닝 화석이 만들어진 백악기 전기에 랴오닝 성 지역은 여러 생물이 번성하던 숲 지역이었습니다. 근처의 여러 화산에서 주기적으로 독성이 강한 기체와 재가 공기 중으로 분출되어 인근 지역에 있던 동물들이 죽기도 했습니다. 이때 죽은 동물들이 간혹 미세한 화산재 속에 묻혀 놀라울 정도로 보존 상태가 좋은 화석으로 남아 있기도 합니다.

최초의 깃털

1996년 발견된 시노사우롭테릭스의 화석은 몸의 일부분이 깃털로 덮여 있는 흔적을 보인 최초의 공룡 화석입니다. 과학자들은 부드러운 솜털 같은 깃털이 몸을 따뜻하게 해 주었을 것으로 생각하고 있습니다. 날카로운 이빨, 발톱 달린 뒷발, 짧고 단단한 앞발 등 다른 모든 면에 있어서는 전형적인 수각류 공룡의 모습을 하고 있었습니다.

오른쪽 사진은 시노사우롭테릭스의 화석입니다. 몸 주변에 난 깃털의 윤곽이 보입니다.

짧은 앞발

1997년 발견된 카우딥테릭스는 랴오닝 성에서 발견된 세 번째 깃털 달린 공룡입니다. 시노사우롭테릭스보다 훨씬 더 새와 비슷했습니다. 화석을 보면 짧은 솜털 같은 깃털이 몸통을 덮고 있었다는 것을 알 수 있으며, 꼬리와 앞발에는 더 길고 빳빳한 깃털이 덮여 있었습니다. 하지만 앞발을 이용해 날 수는 없었습니다.

카우딥테릭스는 오늘날의 조류처럼 짝짓기를 할 때 상대방을 유인할 목적으로 깃털을 과시했을 것으로 생각됩니다.

나무를 타는 공룡

미크로랍토르는 랴오닝 성에서 가장 최근에 발견된 깃털 달린 공룡입니다. 딱따구리나 다람쥐같이 나무를 타는 동물처럼 발톱이 뾰족하고 굽은 모양을 하고 있었습니다. 과학자들은 미크로랍토르가 상당 시간을 나무 위에서 보냈을 것으로 생각하고 있습니다. 대부분의 새들처럼 미크로랍토르 역시 뒷발의 발톱이 앞뒤로 뾰족하게 나 있어서 나뭇가지를 단단히 붙들고 서 있을 수 있었던 것으로 보입니다. 이와 같은 이유로 이 공룡 역시 나뭇가지 위에서 편안하게 서 있을 수 있었습니다.

미크로랍토르는 앞다리와 뒷다리에 난 깃털이 유난히 길어서 마치 날개가 네 개인 것처럼 보입니다. 이러한 모양의 앞다리 깃털과 뒷다리 깃털 덕분에 나뭇가지 사이를 쉽게 활공하고 다녔을 것으로 생각됩니다.

> **인터넷 링크**
> 웹 사이트에 연결하기 위해서는
> **www.usborne-quicklinks.com**
> 으로 들어가서
> **'atlas of dinosaurs'**
> 를 입력하면 됩니다.

나는 공룡

2000년 데이브라는 별명이 붙은 공룡 화석이 발견되면서 새에 가까운 공룡이 처음 생각했던 것보다 훨씬 더 많은 깃털로 덮여 있었음을 알게 되었습니다. 데이브의 깃털은 앞다리와 뒷다리, 주둥이 윗부분과 꼬리 끝 등에 잔뜩 있었습니다. 한 과학자는 데이브가 날갯짓을 하여 날았다는 주장도 했습니다.

공룡의 꽁지깃

랴오닝 성에서 발견된 화석 중 눈길을 끄는 것은 깃털 달린 공룡뿐만이 아닙니다. 프시타코사우루스라는 뿔 달린 공룡 화석을 통해 처음으로 일부 공룡의 꽁지에 꽁지깃이 있었음을 알 수 있게 되었습니다. 꽁지깃은 동물의 꼬리에서 자라나는 긴 털과 비슷했습니다. 과학자들은 이 공룡이 꽁지깃을 이용해 짝짓기 상대를 유인했을 것으로 생각하고 있습니다.

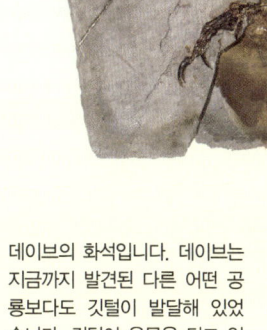

데이브의 화석입니다. 데이브는 지금까지 발견된 다른 어떤 공룡보다도 깃털이 발달해 있었습니다. 깃털이 온몸을 덮고 있는 것을 볼 수 있습니다.

사막에서 발견된 화석

몽골의 고비 사막에는 백악기 후기 화석이 놀라울 정도로 다양하게 보존되어 있습니다. 그러나 이곳은 공룡 화석을 발굴하기에 가장 어려운 장소이기도 합니다. 왜냐하면 영국 국토 면적의 두 배에 달하는 넓은 지역이 사막으로 뒤덮여 있을 뿐만 아니라, 도로도 거의 없고 또한 갑작스러운 기후 변화가 자주 일어나기 때문입니다.

다양한 공룡의 발견

백악기 후기 동안 고비 사막은 모래 언덕과 습지대, 강으로 덮여 있었습니다. 많은 식물이 자라고 있었기 때문에 다양한 종류의 공룡과 도마뱀, 초기 포유류가 살고 있었습니다. 수많은 종류의 수각류 공룡이 이곳에서 발견되었으며, 용각류 공룡과 하드로사우루스 무리, 파키케팔로사우루스 무리, 안킬로사우루스 무리도 발견되었습니다.

플레이밍 절벽

1922년 로이 채프먼 앤드루스가 이끄는 미국의 원정대가 초기 인류의 화석을 찾기 위해 고비 사막으로 향했습니다. 그러나 원정대는 길을 잃고 말았습니다. 길을 찾아 헤매다가 불타는 절벽이라는 뜻의 플레이밍 절벽에 도착했습니다. 한 절벽 가장자리에서 원정대의 사진 작가가 케라톱스 무리인 프로토케라톱스의 두개골에 발이 걸려 넘어졌습니다. 당시 원정대에는 이 화석을 발굴할 시간이 없었습니다. 그래서 1년 뒤 다시 그 현장을 찾아가 최초의 공룡 둥지를 발견했습니다. (96~97쪽 참고)

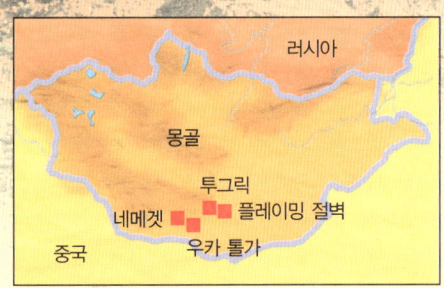

위 몽골 지도에는 고비 사막에서 가장 많은 공룡 화석이 발견된 장소가 표시되어 있습니다.

사막에 갇힌 공룡

앤드루스 일행은 공룡을 찾기 위해 플레이밍 절벽을 세 차례 더 방문했습니다. 하지만 1930년과 1990년 사이에는 정치적인 이유로 미국인의 몽골 입국이 금지되었습니다. 그 사이 러시아와 폴란드, 몽골의 원정대가 이 지역을 탐사했고, 훨씬 더 많은 공룡 화석을 발굴했습니다. 한 원정대는 피나코사우루스 새끼의 화석 다섯 개를 발견하기도 했습니다. 과학자들은 이 어린 공룡들이 모래 폭풍을 피하기 위해 함께 웅크려 있다가 묻혔을 것으로 추정하고 있습니다.

사막의 모래 폭풍은 공룡들, 특히 그림 속에 있는 피나코사우루스의 새끼처럼 어린 공룡들에게는 몹시 위험한 존재였습니다. 폭풍이 불어오면 공룡들은 모래 언덕 아래쪽에 숨어 서로의 몸을 끌어안은 채 피신해 있었습니다.

고비 사막 북쪽의 커다란 계곡을 감싸고 있는 플레이밍 절벽입니다. 이 절벽의 길이는 5킬로미터 정도 되고, 붉은 사암으로 이루어져 있습니다.

죽음으로 끝난 싸움

폴란드와 몽골의 연합 원정대가 투그릭 지역으로 탐사를 떠났다가 한데 얽혀 있는 두 마리의 공룡 골격을 발견했습니다. 드로마에오사우루스류 공룡인 벨로키랍토르의 앞발이 프로토케라톱스의 두개골을 꼭 붙잡고 있는 모습으로 미루어 보아 이 두 공룡은 서로 싸우고 있는 상태에서 죽음을 맞은 것으로 보입니다. 이런 이유로 이 화석을 '싸우는 공룡들' 이라고 부릅니다. 과학자들은 모래 언덕이 무너지면서 두 공룡이 한데 묻혀 죽은 것으로 생각하고 있습니다.

★ 이 그림은 벨로키랍토르의 발을 그려 놓은 것입니다. 두 번째 발가락의 발톱은 180도 회전할 수 있었습니다.

죽음의 발톱

벨로키랍토르는 작지만 치명적인 포식자였습니다. 매우 민첩한 벨로키랍토르의 두 번째 발가락에 있는 발톱은 놀라울 정도로 날카롭고 유연했습니다. 이 발톱은 항상 위로 들려 있었기 때문에 언제나 사용할 수 있었습니다. 이러한 가설의 증거가 '싸우는 공룡들' 이라는 화석에서 발견되었습니다. 벨로키랍토르의 두 번째 발가락의 발톱이 마치 갈고리처럼 프로토케라톱스의 가슴을 관통하여 걸려 있는 모습으로 발견된 것입니다.

벨로키랍토르와 프로토케라톱스는 비교적 동등하게 맞붙어 싸우고 있었습니다. 벨로키랍토르는 프로토케라톱스의 피부를 뚫고 베어 버릴 수 있을 만큼 날카로운 발톱을 갖고 있었지만 프로토케라톱스의 부리 역시 심각한 부상을 입힐 수 있을 정도로 위협적이었습니다.

🦖 **인터넷 링크**
웹 사이트에 연결하기 위해서는
www.usborne-quicklinks.com
으로 들어가서
'atlas of dinosaurs'
를 입력하면 됩니다.

네메겟 분지에서 발견된 화석

고비 사막에서 발견된 가장 놀라운 화석 중 일부는 네메겟 분지에서 출토되었습니다. 이 분지는 사막 남쪽에 있으며 약 4,840제곱킬로미터에 달하는 계곡 지역입니다. 1948년 최초로 네메겟 분지를 탐사한 원정대가 엄청난 수의 화석을 발견했는데, 오늘날에도 여전히 화석이 발견되고 있습니다.

갈리미무스는 워낙 빠른 공룡이었기 때문에 타르보사우루스는 갈리미무스를 잡기 위해 몰래 숨어 있었던 것으로 생각됩니다.

불필요한 앞다리

네메겟 분지에서 발견된 공룡 중 가장 유명한 공룡은 티라노사우루스와 닮은 타르보사우루스입니다. 어떤 과학자들은 두 공룡을 같은 종류로 분류하기도 합니다. 이 공룡은 이빨과 턱이 매우 크지만 큰 몸집에 비해 앞다리는 매우 작았습니다. 짧은 거리는 매우 빨리 달릴 수 있었지만 달리다가 넘어질 경우 앞다리가 너무 짧아 머리와 몸을 보호할 수 없어서 크게 다치는 경우도 있었습니다.

타조 공룡

네메겟 분지에서 가장 흔한 공룡은 오르니토미무스 무리인 갈리미무스입니다. 타조와 비슷하게 생긴 오르니토미무스는 타조보다 두 배 정도 컸습니다. 가장 빠른 공룡 중 하나였던 갈리미무스는 시속 50킬로미터로 달릴 수 있었습니다. 포식자 공룡에게 공격받을 경우 잽싸게 달아났지만, 다리가 튼튼하여 강력한 발차기로 방어할 수 있었습니다.

무서운 손

1965년 네메겟 분지에서 2.4미터에 달하는 한 쌍의 길쭉한 앞다리가 발견되었습니다. 과학자들은 처음 보는 이 공룡의 이름을 '무서운 손' 이라는 뜻의 데이노케이루스라고 지었습니다. 과학자들은 데이노케이루스의 앞다리 모양이 오르니토미무스 무리와 비슷하여 가까운 친척이라고 생각했습니다. 모양은 비슷했지만 크기는 거의 네 배에 달했습니다. 오르니토미무스 무리처럼 데이노케이루스 역시 작은 동물과 식물을 먹고 살았을 것으로 생각됩니다.

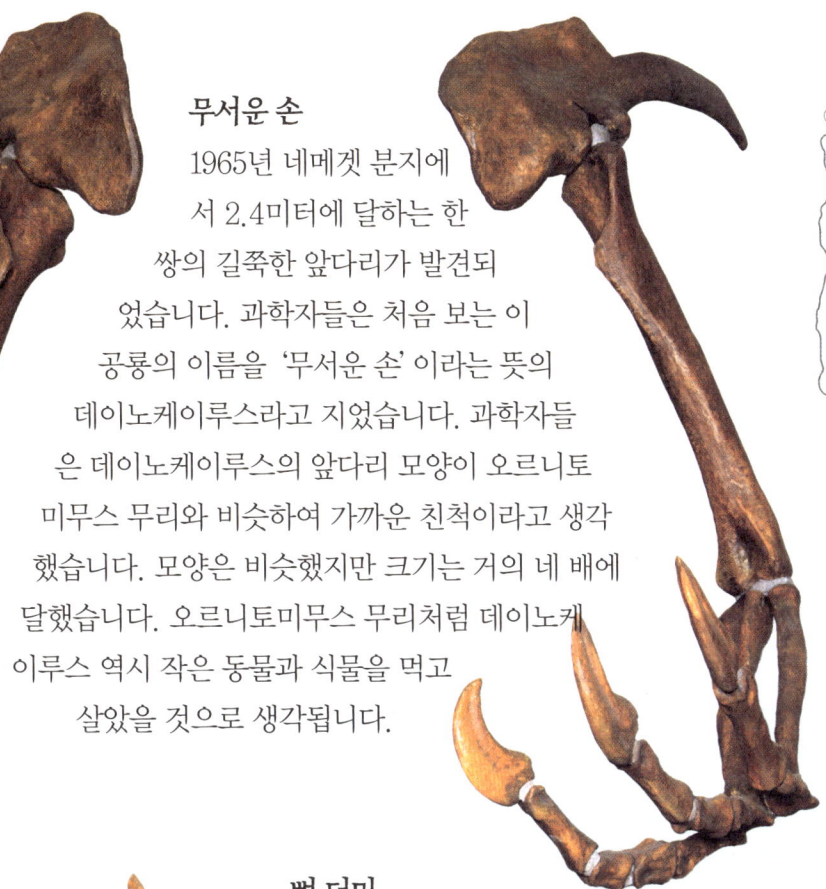

데이노케이루스의 앞다리 모습입니다. 과학자들은 처음에 데이노케이루스가 무시무시한 포식자였을 것으로 생각했지만, 현재는 이 날카로운 발톱으로 나뭇가지를 잡아당겨 나뭇잎을 뜯어 먹었을 것으로 생각하고 있습니다.

인터넷 링크

웹 사이트에 연결하기 위해서는
www.usborne-quicklinks.com
으로 들어가서
'atlas of dinosaurs'
를 입력하면 됩니다.

뼈 더미

1993년 과학자들은 네메겟 분지 내의 새로운 장소인 우카 톨가를 발견했습니다. 이곳은 면적이 겨우 50제곱킬로미터밖에 되지 않았지만 100개가 넘는 공룡 화석이 발견되었습니다. 이곳은 세계에서 중생대 포유류 화석이 가장 많이 발견된 곳이기도 합니다. 우카 톨가에서는 세계 다른 모든 지역에서 발견된 화석을 합한 것보다 더 많은 백악기 포유류의 두개골이 발견되었습니다.

한 개의 발톱

우카 톨가에서 발견된 가장 특이한 형태의 화석은 모노니쿠스의 화석입니다. '한 개의 발톱' 이라는 뜻의 모노니쿠스는 짧은 앞다리 양쪽에 한 개의 크고 단단한 발톱이 있었습니다. 앞다리는 너무 짧아 제 얼굴에도 닿지 않았지만 매우 튼튼했습니다. 발톱을 이용해 개미굴을 파헤쳐 흰개미와 같은 곤충을 먹고 살았을 것으로 보입니다.

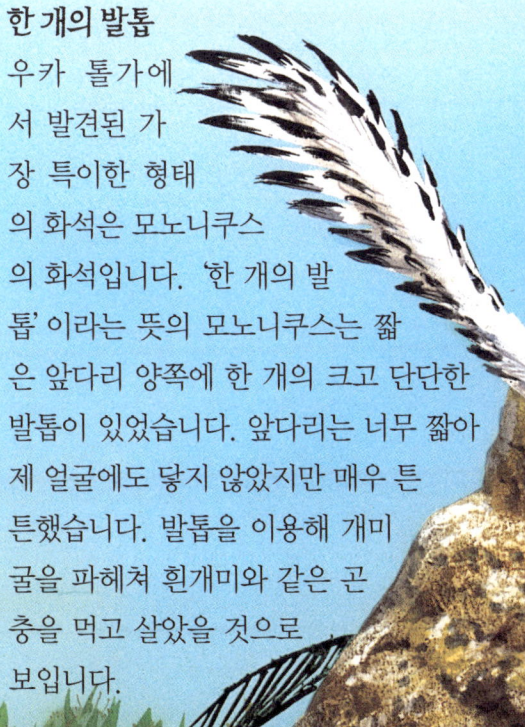

모노니쿠스는 발톱을 이용해 개미굴에 구멍을 낸 뒤 날카로운 부리로 흰개미를 잡아먹었을 것으로 생각됩니다.

오스트랄라시아에서 발견된 화석

오스트레일리아, 태즈메이니아, 뉴질랜드 및 인근 남태평양 제도를 통틀어 이르는 오스트랄라시아에서 발견된 공룡은 거의 없으며, 그나마 발견된 공룡들도 대부분 지난 20년 동안 발견된 것들입니다. 1979년 뉴질랜드에서 처음으로 공룡 뼈가 발견되었습니다. 뉴질랜드에서 발견된 대부분의 공룡 화석은 고생물학자인 조앤 위펜이 발견한 것입니다.

지금까지 파푸아 뉴기니에서는 공룡 화석이 발견된 적이 없었습니다. 그 이유는 중생대 동안 물속에 잠겨 있었기 때문입니다.

오스트랄라시아의 공룡 화석 대부분은 오스트레일리아 동부의 세 곳, 즉 빅토리아 주 남부와 뉴사우스웨일스의 라이트닝 리지, 퀸즐랜드 중부에서 발견되었습니다.

극지방의 공룡

중생대 대부분의 기간 동안 오스트레일리아와 뉴질랜드는 남극과 이어져 거대한 대륙을 형성하고 있었습니다. 당시 극지방은 오늘날에 비해 훨씬 따뜻했지만 공룡들은 혹독한 추위와 어둠 속에서 살아가야 했습니다.

뉴질랜드

뉴질랜드에서 발견된 최초의 공룡 뼈는 커다란 수각류 공룡의 발가락 뼈였습니다. 이후 더 많은 수각류 공룡이 발견되었고 용각류와 조각류, 안킬로사우루스 무리 공룡도 발견되었습니다. 뉴질랜드의 중생대 지층은 바닷물 속에서 형성되었기 때문에 수장룡과 같은 해양 동물의 화석이 대부분입니다.

수장룡 마우이사우루스가 뉴질랜드의 북섬에서 발견되었습니다. 날카로운 이빨로 물고기와 바다 생물을 잡아먹었습니다.

백악기 극지방 공룡이 이곳에서 발견되었습니다.(92~93쪽 참고)

적게 발견된 화석

다른 대륙에 비해 오스트레일리아에서는 공룡 화석이 비교적 적게 발견되었는데, 그 이유는 이곳 출신의 고생물학자가 많지 않았기 때문입니다. 또한 오스트레일리아의 중생대 지층은 대부분 외진 곳에 있어서 원정을 나서기에도 좋지 않았습니다. 하지만 앞으로는 더욱 많은 화석이 발굴될 것으로 보입니다.

퀸즐랜드

오스트레일리아의 공룡 화석 중 상당수는 퀸즐랜드의 백악기 지층에서 발견되었습니다. 여기에는 로에토사우루스와 민미, 무타부라사우루스 등이 있습니다. 과학자들은 수컷 무타부라사우루스의 주둥이 위에는 매우 밝은 빛깔의 혹이 붙어 있었던 것으로 예상하고 있습니다.

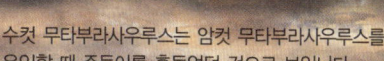

수컷 무타부라사우루스는 암컷 무타부라사우루스를 유인할 때 주둥이를 흔들었던 것으로 보입니다.

뉴질랜드 전역에서 중생대 해양 파충류가 발견되었지만 지금까지 발견된 공룡 화석은 북섬에 한정되어 있으며, 아직 정식으로 이름 붙여진 공룡은 없습니다.

가장 큰 화석

1980년대에 거대한 용각류 공룡의 발자국이 웨스턴오스트레일리아에 있는 브룸에서 발견되었습니다. 이 발자국을 보면 거대한 공룡들이 한때 오스트레일리아를 활보했음을 알 수 있습니다. 그러나 과학자들은 이를 증명할 뼈를 발견하지 못했습니다. 그러다가 1999년, 한 농부가 퀸즐랜드의 윈스턴에서 용각류 공룡의 화석을 발견했습니다. 과학자들은 지금까지도 이 공룡 화석을 연구하고 있으며, 이 공룡에게 화석이 발견된 땅 주인의 이름을 따 '엘리엇'이라는 별명을 지어 주었습니다. 과학자들은 엘리엇이 오스트레일리아에서 발견된 가장 큰 공룡으로 밝혀질 것이라고 생각하고 있습니다.

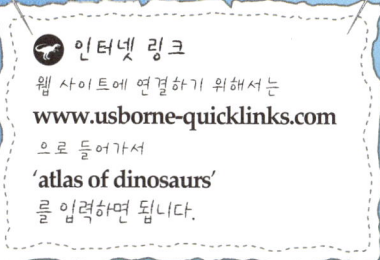

인터넷 링크

웹 사이트에 연결하기 위해서는
www.usborne-quicklinks.com
으로 들어가서
'atlas of dinosaurs'
를 입력하면 됩니다.

이 그림은 엘리엇의 골격 예상도입니다. 지금 현재까지 발견된 뼈는 노란색으로 표시했습니다.

91

오스트레일리아의 공룡 만

오스트레일리아 남쪽에 있는 빅토리아 주 해안의 공룡 만은 바닷물에 의해 절벽이 끊임없이 깎여 나가면서 중생대 지층이 넓게 드러나고 있기 때문에 오스트레일리아에서 공룡 화석을 가장 쉽게 찾을 수 곳입니다.

공룡 만의 모습입니다. 1980년 최초의 공룡 화석이 발견된 이후 지금까지 80점이 넘는 공룡 뼈가 발견되었습니다.

위 지도를 보면 오스트레일리아가 남극에서 떨어져 나왔음을 알 수 있습니다.

백악기의 만

공룡 만에서 발견된 공룡들은 모두 백악기 전기의 것입니다. 이 시기에 오스트레일리아는 남극 대륙에서 떨어져 나왔지만 남쪽 끝은 여전히 남극권에 있었습니다. 이 지역은 여름철 하루 24시간 동안 햇빛이 비치고, 겨울철 다섯 달 동안은 캄캄합니다. 이러한 악조건에도 불구하고 식물 화석과 곤충 화석이 발견되고 있습니다. 이와 같은 사실을 보면 이 지역이 숲을 이루고 있었음을 알 수 있습니다.

뼈를 날려 버리다

공룡 만에서 발견된 많은 화석들은 무척 단단한 사암층, 이암층과 같은 암석층에 묻혀 있었습니다. 이 암석층들은 몹시 단단해 고생물학자들은 화석을 드러내기 위해 절벽면을 대대적으로 폭파시켜야만 했습니다.

라엘리나사우라는 무리를 이루어 살았습니다. 이 공룡은 꼬리를 뻣뻣이 들어 균형을 잡았습니다.

> 🦖 **인터넷 링크**
> 웹 사이트에 연결하기 위해서는
> **www.usborne-quicklinks.com**
> 으로 들어가서
> **'atlas of dinosaurs'**
> 를 입력하면 됩니다.

겨울나기

공룡 만에서 발견된 대부분의 공룡들은 라엘리나사우라나 콴타사우루스와 같은 작은 조각류였습니다. 과학자들은 이 공룡들이 어떻게 어둡고 긴 겨울을 무사히 보냈는지 정확히 밝혀내지는 못했습니다. 일반적으로 작은 동물들이 먼 곳까지 이동하기 위해서는 엄청난 에너지가 필요했기 때문에 이동하지 않고 그 자리에 머물러 있었던 것으로 보입니다. 여름철 동안 포동포동하게 살이 쪘다가 겨울철에 여분의 체지방으로 체온을 유지한 것입니다. 또한 먹이가 충분하지 않을 때는 축적해 놓은 지방을 통해 에너지를 공급했습니다.

극지방의 포식자들

공룡만에서 다양한 수각류 공룡의 뼈 조각들이 발견되었습니다. 이 중에는 오르니토미무스 무리의 것으로 추정되는 정강뼈와 알로사우루스와 같은 수각류 공룡 집단에 속하는 것으로 추정되는 공룡의 발목뼈도 포함되어 있습니다. 이러한 포식자들은 여름철에는 작은 조각류 공룡들을 잡아먹고 살다가 겨울철이 되면 공룡 만에서 먼 곳으로 이동했을 것으로 보입니다.

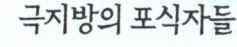

93

남극의 공룡 화석

1986년 이전에는 남극에서 공룡의 화석이 발견된 적이 없었습니다. 이후 몇몇 종의 공룡 화석이 발견되었는데, 이 중에는 다른 곳에서 발견된 적이 없는 전혀 새로운 수각류 공룡도 포함되어 있었습니다.

인터넷 링크
웹 사이트에 연결하기 위해서는
www.usborne-quicklinks.com
으로 들어가서
'atlas of dinosaurs'
를 입력하면 됩니다.

오른쪽 남극 지도에는 지금까지 발견된 공룡 무리들이 표시되어 있습니다. 대부분의 화석은 작은 조각 상태로 발견되었기 때문에 아직 정식으로 이름이 붙은 공룡은 없습니다.

하드로사우루스 무리
베가 섬
제임스 로스 섬
안킬로사우루스 무리
힙실로포돈 무리

퀸모드랜드
엔더비랜드
남극
동남극
엘스워스랜드
남극 횡단 산지
남극점
크리욜로포사우루스 무리
킬패트릭 산
서남극
원시 용각류
마리버드랜드
윌크스랜드
빅토리아랜드

백악기 화석

모두 백악기 후기의 것으로 추정되는 세 마리의 안킬로사우루스 무리 공룡과 한 마리의 힙실로포돈 무리 공룡 화석이 남극 북서부 제임스 로스 섬에서 발견되었습니다. 이 공룡들이 살아 있을 당시 남극은 오늘날보다는 훨씬 더 따뜻했지만 여전히 일 년 중 일부 시기에는 몹시 추웠습니다. 남극에 사는 공룡들은 추운 계절이 찾아오면 보다 따뜻한 곳으로 이동했을 것으로 보입니다.

안킬로사우루스 무리 공룡은 양치류같이 낮게 자라는 식물을 먹고 살았습니다. 몸에 돋아난 골침은 스스로를 방어하는 데 쓰였습니다.

남아메리카와 남극을 이어 주는 다리

남극 북서부의 베가 섬에서 고생물학자들은 하드로사우루스 무리의 이빨을 발견했습니다. 하드로사우루스 무리가 처음 등장한 것은 약 8,000만 년 전의 일인데, 이 시기의 남극은 이미 아메리카와 아시아로부터 떨어져 나온 뒤였습니다. 하드로사우루스 무리가 발견된 점으로 미루어 보아 당시 남아메리카와 남극을 이어 주는 육지 다리가 있었음을 알 수 있습니다.

독특한 수각류 공룡

1991년 남극에서 수각류 공룡인 크리욜로포사우루스의 화석이 발견되었습니다. 각기 다른 세 개의 뼈가 3,660미터 높이의 킬패트릭 산 중턱에서 발견된 것이었습니다. 크리욜로포사우루스는 길이가 약 7미터에 달하는 공룡으로, 두 다리로 걸어 다녔고 생김새는 알로사우루스와 비슷했습니다. 머리 위에는 앞쪽으로 뻗어 있는 20센티미터가량의 볏이 있었습니다. 지금까지 볏이 앞쪽으로 돋아난 수각류 공룡은 크리욜로포사우루스가 유일합니다.

수컷 크리욜로포사우루스는 볏을 이용해 암컷을 유인했던 것으로 보입니다.

숨이 막혀 죽다

크리욜로포사우루스의 화석과 함께 원시 용각류 공룡의 뼈도 발견되었습니다. 일부 원시 용각류 공룡의 뼈가 크리욜로포사우루스의 목구멍 안에서 발견된 것입니다. 이로 미루어 보아 크리욜로포사우루스가 원시 용각류 공룡을 공격해 죽인 뒤 먹다가 그 뼈가 목에 걸려 죽은 듯합니다.

까다로운 지형

남극에서 공룡 화석이 거의 발견되지 않는 이유 중 하나는 이곳의 98퍼센트가 얼음으로 덮여 있기 때문입니다. 중생대 지층이 일부 드러나 있기는 하지만 공룡 화석 대부분이 5킬로미터 두께의 얼음 층 아래에 묻혀 있습니다. 원정대원들은 강풍과 평균 기온 영하 50도의 강추위로 인해 탐험에 큰 어려움을 겪고 있으며 생명의 위협까지 느끼고 있습니다.

고생물학자 윌리엄 해머와 원정대원들이 크리욜로포사우루스를 발굴할 당시 설치한 캠프의 모습입니다.

공룡 알과 둥지 화석지

최초로 발견된 공룡 알은 용각류 공룡인 힙셀로사우루스의 알로, 1859년 프랑스에서 발견되었습니다. 그리고 공룡 둥지는 훨씬 뒤인 1923년 고비 사막에서 최초로 발견되었습니다. 그 후로도 과학자들은 전 세계를 돌아다니며 공룡 알과 둥지 화석을 발견하기 위해 노력하고 있습니다.

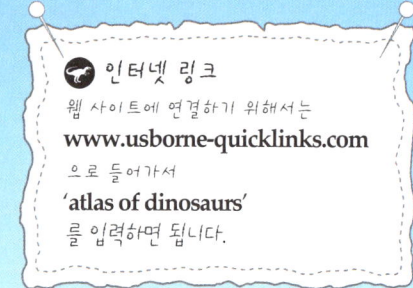

인터넷 링크
웹 사이트에 연결하기 위해서는
www.usborne-quicklinks.com
으로 들어가서
'atlas of dinosaurs'
를 입력하면 됩니다.

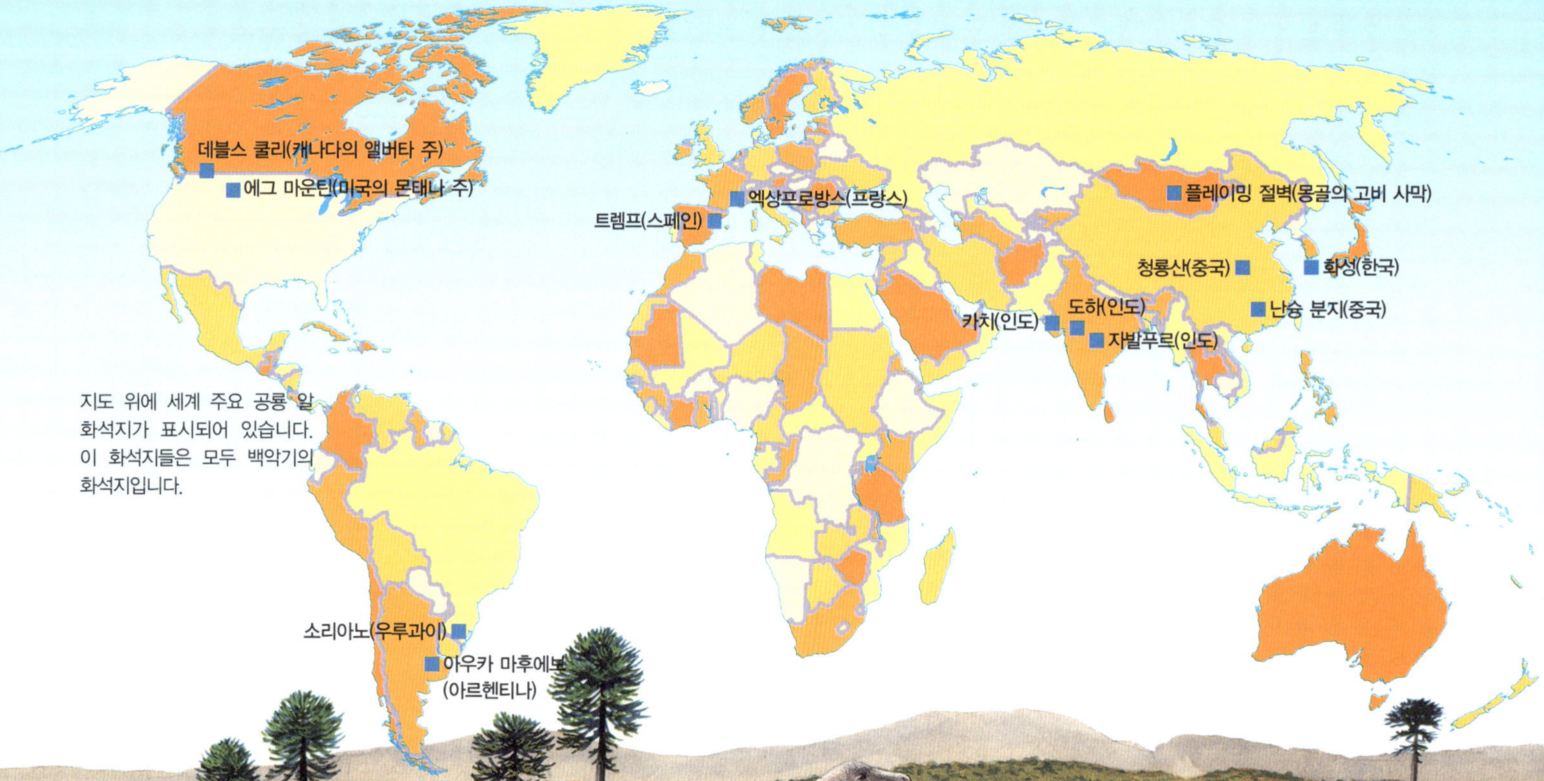

지도 위에 세계 주요 공룡 알 화석지가 표시되어 있습니다. 이 화석지들은 모두 백악기의 화석지입니다.

- 데블스 쿨리(캐나다의 앨버타 주)
- 에그 마운틴(미국의 몬태나 주)
- 트렘프(스페인)
- 엑상프로방스(프랑스)
- 플레이밍 절벽(몽골의 고비 사막)
- 청룡산(중국)
- 화성(한국)
- 카치(인도)
- 도하(인도)
- 난슝 분지(중국)
- 자발푸르(인도)
- 소리아노(우루과이)
- 아우카 마후에보(아르헨티나)

둥지를 만든 공룡

일부 공룡 알은 땅 위에 놓인 채로 발견되었습니다. 대부분의 공룡들은 알을 안전하게 보호하기 위해 둥지를 만들었을 것으로 생각됩니다. 이 둥지는 알을 보다 안전하게 보호하기 위해 땅에 구덩이를 파거나 진흙으로 빙 둘러 만들었습니다. 공룡들은 알을 낳기 위해 둥지 위에서 몸을 웅크리고 있다가 알을 하나씩 낳은 뒤 조금씩 자리를 옮겼던 것으로 보입니다.

살디시우루스는 각각의 둥지를 가까운 곳에 만들었습니다. 하지만 알을 깨뜨리지 않고 둥지 사이를 옮겨 다니려면 각 둥지 사이에는 충분한 공간을 두어야 했습니다.

알의 형태와 크기

어떤 공룡의 둥지에서는 30개나 되는 알들이 줄을 지어 있거나 호를 그려 정렬된 상태로 발견되었습니다. 공룡 알은 보통 둥근 모양이나 타원 모양이었고, 표면에는 거친 주름이 있었습니다. 지금까지 발견된 공룡 알 중 가장 큰 것은 길이가 45센티미터에 달하는 것으로서, 중국 동부에서 발견되었습니다. 이 알은 테리지노사우루스 무리의 알로 추정됩니다.

왼쪽 사진 속에 보이는 오비랍토르 무리의 알은 원형으로 배열되어 있습니다. 어미 공룡이 알을 낳은 뒤 알들을 움직여 둥지 안에서 자리를 잡아 준 것으로 보입니다.

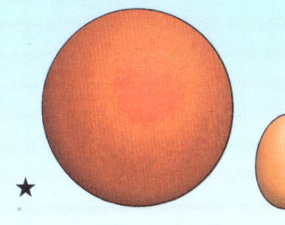

왼쪽 그림은 일반적인 공룡 알의 크기와 달걀의 크기를 비교한 그림입니다. 어른 공룡의 크기를 생각하면 알은 무척 작았습니다.

놀라운 알 화석

1995년 중국 청룡산 인근 마을을 방문한 과학자들은 도로 위와 절벽 옆에서 수백 개의 공룡 알을 발견했습니다. 주민들은 심지어 돌 대신 공룡 알을 이용해 건물 담장을 쌓기도 했습니다. 이러한 모습은 스페인의 트렘프에서도 볼 수 있는데, 이 암석을 '알 껍데기 사암' 이라고 합니다.

함께 튼 둥지

과학자들은 미국의 몬태나 주와 아르헨티나의 아우카 마후에보에서 큰 둥지 화석지를 발견했습니다. 각 화석지의 약 20여 개에 이르는 둥지는 가까이 붙어 있었습니다. 일부 공룡들은 무리를 지어 알을 낳았던 것으로 생각됩니다. 몬태나 주에 있는 에그 마운틴의 여러 지층에서 둥지가 발견되었는데, 이를 통해 공룡들이 같은 장소에서 알을 낳았음을 알 수 있습니다.

알을 낳은 뒤 많은 공룡들이 알을 따뜻하게 유지하기 위해 그 위에 식물을 덮어 두었습니다.

화석 속의 새끼 공룡

과학자들은 새끼 공룡의 화석은 거의 발견하지 못했습니다. 그 이유는 아주 어린 공룡의 뼈는 너무 약하고 부서지기 쉬워서 화석화되지 않았기 때문인 것으로 보입니다. 그나마 화석으로 보존된 경우에도 새끼 공룡을 쉽게 식별하기 힘든 경우가 많았습니다.

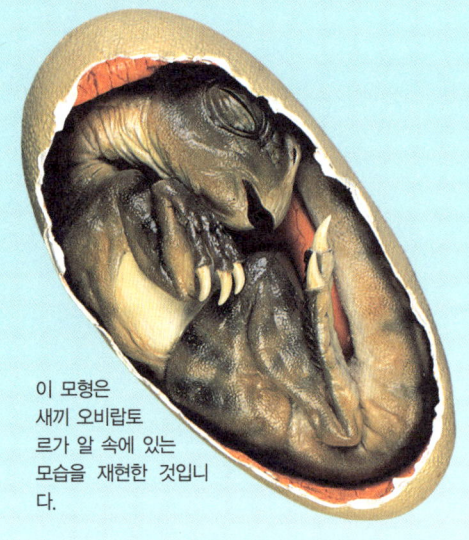

이 모형은 새끼 오비랍토르가 알 속에 있는 모습을 재현한 것입니다.

새끼 공룡의 부화

새끼 공룡은 약 3~4주 동안 알 속에서 자란 뒤에 알을 깨고 나왔는데, 이때 알껍데기에 있는 작은 구멍을 통해 숨을 쉬고 노른자에서 영양분을 공급받아 자랄 수 있었습니다. 하지만 알을 깨고 나오기 전에는 포식자들의 먹잇감이 되는 경우가 많았습니다. 알은 다른 공룡이나 작은 포유류가 쉽게 잡아먹을 수 있는 먹잇감이었던 것입니다. 새끼 공룡은 주둥이에 있는 날카로운 이빨을 이용해 알을 깨고 나왔습니다. 이렇게 알을 깨고 나온 새끼 공룡은 빠른 시간 안에 먹이를 먹지 않으면 죽기도 했습니다.

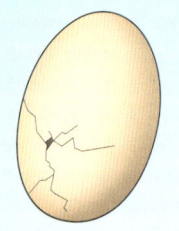

새끼 공룡이 막 알을 깨고 나오기 시작하는 순간입니다.

새끼 공룡이 알 주위를 다 깨고 난 뒤 알에서 나오고 있습니다.

진흙 속에 보존된 새끼 공룡

가장 보존 상태가 좋은 새끼 공룡 화석이 1990년대 아르헨티나의 아우카 마후에보에서 발견되었습니다. 이곳에서 수천 개의 티타노사우루스 무리의 알이 발견되었는데, 이 속에는 화석화된 새끼 공룡도 들어 있었습니다. 이 화석들을 분석한 과학자들은 작은 이빨과 머리, 심지어 비늘로 뒤덮인 피부 조각까지 발견했습니다. 이 알들이 이처럼 보존 상태가 좋았던 것은 진흙 속에 묻혀 있었기 때문입니다.

아래 사진은 마이아사우라의 둥지를 재현한 것입니다. 알에서 막 깨어난 새끼 공룡은 길이가 대략 25센티미터 정도 되었습니다.

알의 보호자

몸집이 큰 공룡은 알을 밟아 깨뜨릴 수도 있었기 때문에 최근까지만 해도 과학자들은 모든 공룡이 알을 낳자마자 방치할 것이라고 생각했습니다. 하지만 어떤 공룡들은 오늘날의 새처럼 알을 품고 있었다는 사실이 밝혀졌습니다. 실제로 알을 품은 자세로 둥지 위에 웅크리고 있는 오비랍토르의 화석이 발견되기도 했습니다.

고비 사막에서 발견된 오비랍토르는 알을 품고 있는 자세로 화석이 되었습니다. 앞다리를 옆으로 벌린 채 알을 품고 있는 모습이 보입니다.

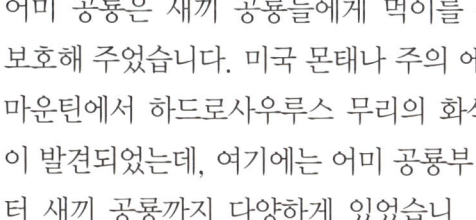

🦖 **인터넷 링크**

웹 사이트에 연결하기 위해서는
www.usborne-quicklinks.com
으로 들어가서
'atlas of dinosaurs'
를 입력하면 됩니다.

어미 공룡의 보살핌

어미 공룡은 새끼 공룡들에게 먹이를 주며 보호해 주었습니다. 미국 몬태나 주의 에그 마운틴에서 하드로사우루스 무리의 화석이 발견되었는데, 여기에는 어미 공룡부터 새끼 공룡까지 다양하게 있었습니다. 이를 통해 어미 공룡이 새끼 공룡을 돌보았음을 알 수 있었습니다. 이 하드로사우루스 무리는 '좋은 엄마 도마뱀' 이라는 뜻의 마이아사우라 라는 이름이 붙었습니다.

마이아사우라는 작고 사나운 트로오돈과 같은 포식자 공룡의 공격으로부터 새끼를 보호했습니다. 하드로사우루스 무리는 완전히 다 자랄 때까지 대략 10년 정도 걸렸기 때문에 다른 공룡의 공격에 매우 취약했습니다.

공룡 발자국을 따라가 보아요

발자국 화석은 공룡 화석 중 가장 흔히 볼 수 있는 화석입니다. 수많은 발자국이 일렬로 죽 늘어서 있는 것을 보행렬이라고 하는데, 이 보행렬을 통해 각각의 공룡들에 대한 수많은 정보를 얻을 수 있습니다. 고생물학자들은 보행렬을 살펴봄으로써 공룡이 어떻게 살았는가 하는 궁금증에 대한 답을 얻을 수 있습니다.

발자국 살펴보기

발자국만으로는 정확히 어떤 종류의 공룡 발자국인지 알 수 없습니다. 하지만 공룡의 종류에 따라 발자국의 생김새가 다르기 때문에 일반적으로 발자국의 주인이 어떤 종류의 공룡인지는 식별할 수 있습니다. 아래의 발자국 그림은 가장 보편적인 형태의 공룡 발자국입니다.

하드로사우루스 무리의 발자국 · 수각류 공룡의 발자국 · 브라키오사우루스 무리의 발자국

텀블러 리지(캐나다)
와이오밍 주(미국)
카옌타 지층(미국)
다이노서 리지(미국)
주립공룡공원(미국)
푸가토리 강(미국)
주립공룡계곡공원(미국)
라파스(볼리비아)
수크레(볼리비아)
파라이바(브라질)

무리 지어 사는 공룡들

많은 보행렬을 보다 보면 같은 종류의 공룡들이 대규모로 무리 지어 움직였음을 알 수 있는 경우가 있습니다. 또한 어떤 공룡들이 남긴 긴 보행렬을 보면 계절의 변화에 따라 먹이를 찾아가거나 보다 따뜻한 곳으로 이동하기 위해 먼 길을 떠났다는 사실도 알 수 있습니다.

용각류 무리가 이동하면서 부드러운 진흙을 밟고 지나가면 발자국이 남게 되는데 이 발자국이 훗날 화석으로 남게 된 것입니다.

세계 곳곳에 분포된 공룡 발자국

보행렬은 세계 곳곳에서 발견되고 있습니다. 지금까지 천 곳이 넘는 곳에서 발견되었는데, 그중 상당수가 북아메리카에서 발견되었습니다. 보행렬은 주로 강이나 호수, 바다였던 곳 근처에 가장 뚜렷하게 남아 있는데, 그 이유는 이곳 땅이 평평하고 축축하며 모래로 이루어져 있기 때문입니다. 이와 같은 땅은 보행렬을 남기기에 가장 이상적인 곳이었습니다.

아래 지도에는 세계적으로 가장 중요한 보행렬이 발견된 장소가 표시되어 있습니다.

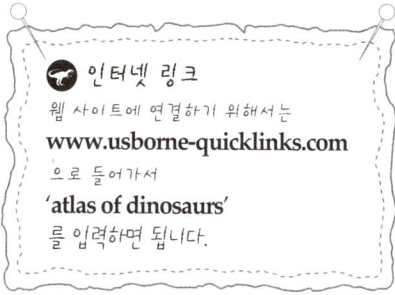

인터넷 링크
웹 사이트에 연결하기 위해서는
www.usborne-quicklinks.com
으로 들어가서
'atlas of dinosaurs'
를 입력하면 됩니다.

공룡의 공격

공룡의 발자국을 통해 과거에 어떤 일이 있었는지 짐작할 수도 있습니다. 오스트레일리아의 라크 발굴지에서는 초식 공룡과 육식 공룡 등의 발자국이 발견되었습니다. 약 3,300개의 발자국 중 작은 공룡들의 발자국이 큰 공룡의 발자국 앞에 있기도 한데, 이를 통해 작은 공룡들이 큰 공룡에게 쫓겨 도망갔다는 것을 짐작할 수 있습니다.

- 아들리 발굴지(영국)
- 뮌헤하겐(독일)
- 리오자(스페인)
- 갈리나(포르투갈)
- 뎀누트(모로코)
- 간쑤 성(중국)
- 삼천포(한국)
- 모예니(레소토)
- 라크 발굴지(오스트레일리아)

■ 쥐라기
■ 백악기

이 보행렬은 미국의 콜로라도 주에서 발견된 것으로, 백악기 전기 조각류 공룡의 발자국입니다.

속도 측정

고생물학자들은 공룡의 발자국을 살펴봄으로써 그 공룡이 두 다리로 걸었는지 네 다리로 걸었는지 알아낼 수 있습니다. 발자국을 통해 얼마나 빠른 속도로 움직였는지도 알 수 있는데, 발자국 사이의 거리와 공룡의 다리 길이를 비교하면 속도를 구할 수 있습니다. 다리 길이는 흔히 발자국 길이의 다섯 배로 계산합니다.

바닷속 파충류

공룡이 육지를 지배하고 있는 동안 가까운 바다와 먼 대양에서는 놀라운 해양 파충류가 살고 있었습니다. 이 해양 파충류는 공룡과 아주 먼 관계였고, 공룡처럼 백악기 말에 멸종했습니다.

이 화석은 중국에서 발견된 케이코우사우루스의 화석으로, 2억 년도 더 된 것입니다. 케이코우사우루스는 파키플레우로사우루스 무리입니다.

육지에서 바다로

약 2억 9,000만 년 전, 일부 육상 파충류 중 바다에서 더 많은 시간을 보내기 시작하는 종류가 나타났습니다. 이 파충류는 차츰 물속 생활에 적합한 형태로 진화했습니다. 그러나 물속에서 호흡을 할 수 있을 정도로 기관이 진화하지는 못했기 때문에 수면 위로 올라와야 했습니다. 물속에서 살았던 최초의 파충류 중에는 파키플레우로사우루스 무리가 있었습니다. 이 파충류의 발가락은 물갈퀴처럼 생겼으며 네 다리는 노와 같은 형태로 되어 있어서 육지에서 걸을 때뿐만 아니라 물속에서 헤엄을 칠 때도 사용할 수 있었습니다.

돌고래처럼 생긴 파충류

어룡은 물속 생활에 잘 적응해 나갔습니다. 몸통은 유선형으로 생겼으며, 눈이 커서 깊은 바닷속에서도 잘 볼 수 있었습니다. 오늘날 어룡에 관한 상당수의 정보는 독일의 홀츠마덴에서 발견된 어룡 화석을 통해 얻은 것입니다. 이 어룡 화석은 보존 상태가 매우 좋았습니다. 일부는 지느러미와 물갈퀴를 포함해 전체적인 윤곽까지 그대로 드러냈습니다. 심지어 새끼를 낳고 있는 어룡의 화석도 있었습니다.

어룡은 강력했을 뿐만 아니라 빠르게 헤엄칠 수 있었습니다. 오늘날의 상어처럼 꼬리를 좌우로 움직이면서 헤엄쳤습니다.

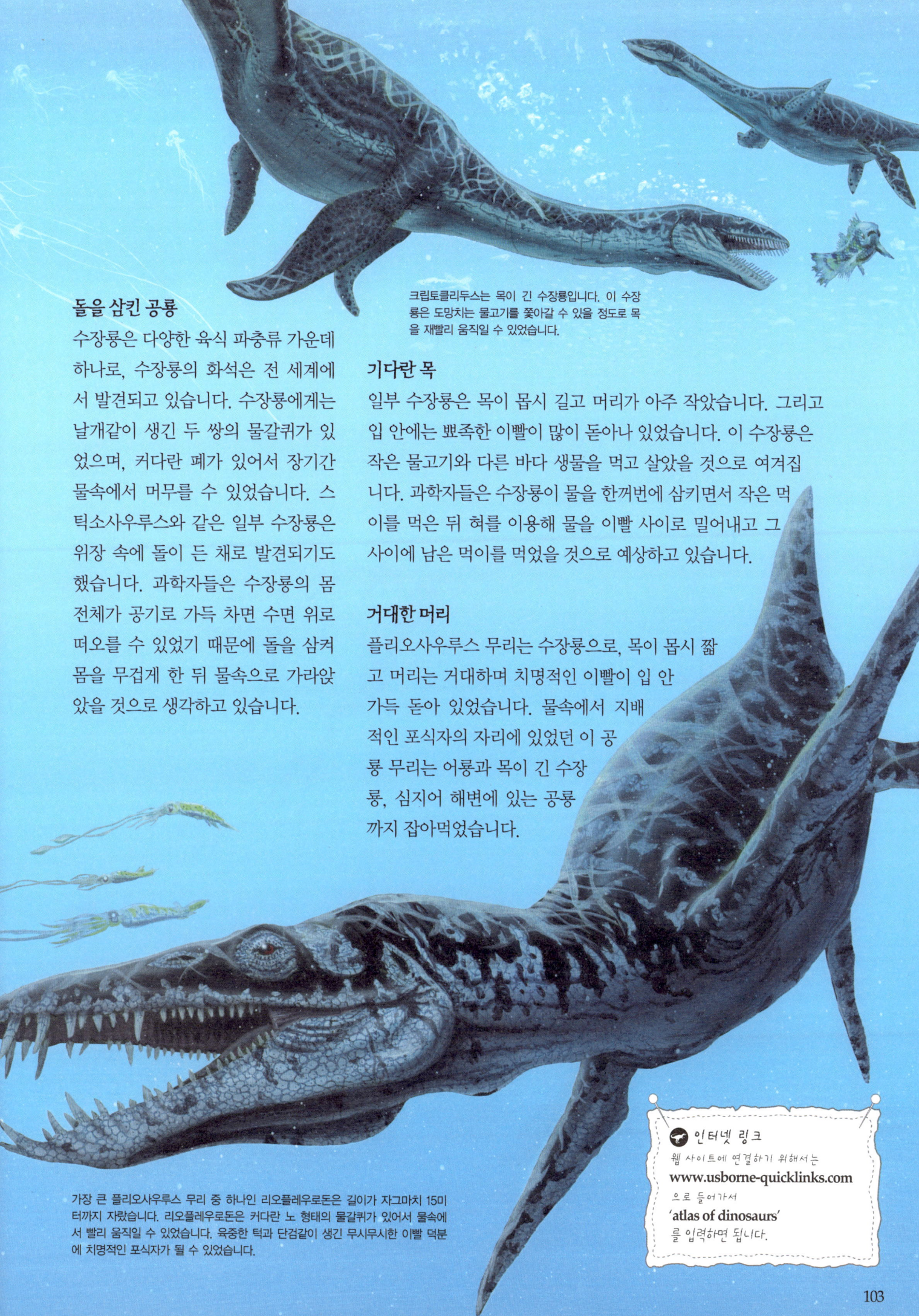

크립토클리두스는 목이 긴 수장룡입니다. 이 수장룡은 도망치는 물고기를 쫓아갈 수 있을 정도로 목을 재빨리 움직일 수 있었습니다.

돌을 삼킨 공룡

수장룡은 다양한 육식 파충류 가운데 하나로, 수장룡의 화석은 전 세계에서 발견되고 있습니다. 수장룡에게는 날개같이 생긴 두 쌍의 물갈퀴가 있었으며, 커다란 폐가 있어서 장기간 물속에서 머무를 수 있었습니다. 스틱소사우루스와 같은 일부 수장룡은 위장 속에 돌이 든 채로 발견되기도 했습니다. 과학자들은 수장룡의 몸 전체가 공기로 가득 차면 수면 위로 떠오를 수 있었기 때문에 돌을 삼켜 몸을 무겁게 한 뒤 물속으로 가라앉았을 것으로 생각하고 있습니다.

기다란 목

일부 수장룡은 목이 몹시 길고 머리가 아주 작았습니다. 그리고 입 안에는 뾰족한 이빨이 많이 돋아나 있었습니다. 이 수장룡은 작은 물고기와 다른 바다 생물을 먹고 살았을 것으로 여겨집니다. 과학자들은 수장룡이 물을 한꺼번에 삼키면서 작은 먹이를 먹은 뒤 혀를 이용해 물을 이빨 사이로 밀어내고 그 사이에 남은 먹이를 먹었을 것으로 예상하고 있습니다.

거대한 머리

플리오사우루스 무리는 수장룡으로, 목이 몹시 짧고 머리는 거대하며 치명적인 이빨이 입 안 가득 돋아 있었습니다. 물속에서 지배적인 포식자의 자리에 있었던 이 공룡 무리는 어룡과 목이 긴 수장룡, 심지어 해변에 있는 공룡까지 잡아먹었습니다.

가장 큰 플리오사우루스 무리 중 하나인 리오플레우로돈은 길이가 자그마치 15미터까지 자랐습니다. 리오플레우로돈은 커다란 노 형태의 물갈퀴가 있어서 물속에서 빨리 움직일 수 있었습니다. 육중한 턱과 단검같이 생긴 무시무시한 이빨 덕분에 치명적인 포식자가 될 수 있었습니다.

인터넷 링크
웹 사이트에 연결하기 위해서는
www.usborne-quicklinks.com
으로 들어가서
'atlas of dinosaurs'
를 입력하면 됩니다.

날아다니는 파충류

익룡은 날개가 달린 파충류입니다. 트라이아스기 후기부터 백악기 말까지 살았으며, 비둘기만한 크기부터 소형 비행기만한 크기까지 그 크기가 다양했습니다. 익룡의 화석은 남극을 포함해 모든 대륙에서 발견되었습니다.

피부 날개

익룡은 곤충을 제외하고 날개를 퍼덕이며 날 수 있었던 최초의 동물이었습니다. 몸통이 비교적 작았고 뼈 속이 공기로 채워져 있어서 몸무게가 매우 가벼웠습니다. 그리고 날개는 질긴 가죽질의 피부로 이루어져 있었습니다. 일부 익룡은 머리 위에 달린 밝은 빛깔의 골질로 된 볏을 이용해 짝을 유인하기도 했습니다.

트라이아스기의 익룡

트라이아스기의 익룡 화석은 매우 귀합니다. 가장 유명한 트라이아스기 익룡 화석지는 이탈리아의 베르가모 근처에 있습니다. 가장 오래된 익룡 화석 중 하나인 유디모르포돈이 이곳에서 발견되었습니다. 유디모르포돈은 전형적인 초기 익룡입니다. 날개 길이는 1미터가 채 안 되었고 목이 짧았으며 이빨이 날카롭고 꼬리는 길쭉했습니다. 이후에 등장하는 익룡들은 꼬리가 더욱 짧아졌습니다.

털 달린 악마

세계 곳곳에 쥐라기 익룡 화석지가 있는데, 그중 가장 유명한 두 곳은 독일의 바이에른과 카자흐스탄의 콰라타이 산맥입니다. 이 두 화석지에서 발견된 익룡 화석은 목과 몸통 위에 털처럼 생긴 흔적과 함께 발견되었습니다. 카자흐스탄에서 발견된 한 익룡의 화석은 두꺼운 모피 같은 털로 덮여 있었습니다. 이 털은 보온 기관이었을 것으로 짐작됩니다. 이 익룡에게는 '털 달린 악마'라는 뜻의 소르데스 필로수스라는 이름이 붙었습니다.

지도 위에 네모로 표시된 곳은 주요 익룡 화석지입니다. 익룡 그림은 각 화석지에서 발견된 대표적인 익룡을 그려 놓은 것입니다.

프테라노돈
■ 캔자스 주(미국)
■ 텍사스 주(미국)
아라리페 고원(브라질) ■

유디모르포돈은 공중에서 날아다니는 곤충을 잡아먹었습니다.

다른 익룡과 마찬가지로 소르데스 필로수스도 네 다리로 걸어 다녔습니다. 익룡은 걸을 때 날개를 몸통 쪽으로 접고 걸어 다녔습니다.

거대한 익룡

백악기의 익룡은 하늘을 나는 동물 중 가장 큰 동물이었습니다. 지금까지 발견된 화석 중 가장 몸집이 큰 익룡은 케찰코아틀루스입니다. 텍사스 주에서 처음 발견되었으며, 목과 머리가 길었고, 날개는 11미터에 달했습니다. 이 공룡은 특히 발이 컸는데, 걸을 때 균형을 잡기에 좋았을 것으로 생각됩니다. 과학자들은 이 익룡이 얕은 물속을 걸어 다니다가 물고기나 달팽이, 조개 등을 거대한 부리로 잡아먹었던 것으로 보고 있습니다.

인터넷 링크

웹 사이트에 연결하기 위해서는
www.usborne-quicklinks.com
으로 들어가서
'atlas of dinosaurs'
를 입력하면 됩니다.

케찰코아틀루스는 날개를 퍼덕거리며 공중으로 날아올랐습니다. 그리고 일단 몸이 뜬 뒤에는 거대한 날개를 쭉 펴고 온난 기류에 몸을 맡긴 채 활공했습니다.

브라질의 뼈

브라질 동북부의 아라리페 고원 사면에서 수백 점의 익룡 골격과 화석화된 물고기가 발견되었습니다. 이곳은 백악기 전기에 형성된 지층입니다. 당시 이곳은 물고기가 가득한 석호로서, 먹이를 찾는 익룡들이 많이 모여들었습니다.

★ 탈라소드로메우스라는 익룡은 물 위로 낮게 활공하다가 아래턱으로 수면을 스치듯 지나가며 수면 바로 밑에서 헤엄치고 있는 물고기를 낚아 올리는 방법으로 먹이를 잡아먹었습니다.

최근에 발견된 공룡 화석

지금도 세계 곳곳에서 끊임없이 새로운 공룡 화석이 발견되고 있습니다. 공룡 화석이 새롭게 발견될 때마다 공룡에 대한 정보가 계속해서 추가되고 있는데, 여기에서는 최근에 발견된 흥미로운 화석 몇 가지를 알아보기로 합시다.

> **인터넷 링크**
> 웹 사이트에 연결하기 위해서는
> **www.usborne-quicklinks.com**
> 으로 들어가서
> **'atlas of dinosaurs'**
> 를 입력하면 됩니다.

아래 지도에는 최근 발견된 공룡 화석지가 표시되어 있습니다.

공룡의 심장

1993년 거의 완벽한 상태의 테스켈로사우루스 골격이 발견되었습니다. 흉곽 안쪽에는 암갈색의 덩어리가 들어 있었는데, 일부 고생물학자들은 이를 공룡의 심장으로 믿고 있습니다. 만일 이것이 사실이라면 지금까지 발견된 유일한 공룡의 심장입니다.

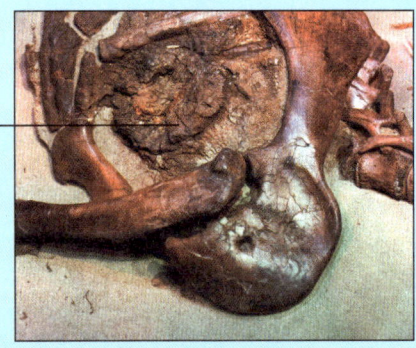

테스켈로사우루스의 흉강 화석 사진입니다.

이 암갈색의 둥근 부분이 심장이었던 것으로 보입니다.

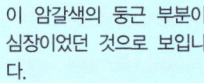

테스켈로사우루스(1993년)
플라니콕사(2001년)
사우로포세이돈(2000년)
스파에로톨루스(2003년)

아구스티니아(1998년)
테후엘케사우루스(1999년)

원시적인 동물

조바리아는 1997년 고생물학자 폴 세레노가 발견했습니다. 백악기 후기에 살았지만 그보다 수백만 년 전 멸종한 용각류와 생김새가 비슷합니다. 다른 용각류는 새로운 종으로 진화해 나갔지만 조바리아는 거의 변함없이 유지된 것으로 보입니다.

놀랍게도 조바리아의 골격은 발견 당시 95퍼센트 정도는 전혀 손상되지 않은 상태로 보존되어 있었습니다.

작은 공룡

1998년 이탈리아에서 발견된 아주 작은 새끼 수각류 공룡 스키피오닉스의 화석은 지금까지 발견된 공룡 화석 중 보존 상태가 가장 뛰어난 것이었습니다. 뼈 대부분이 거의 완벽한 상태로 남아 있었고, 놀랍게도 장기와 호흡 기관, 간, 근육의 흔적들도 보존되어 있었습니다.

스키피오닉스의 골격 가운데 뒷다리와 꼬리는 발견되지 않았습니다.

거대한 공룡의 발견

많은 과학자들은 사우로포세이돈이 역사상 가장 몸집이 큰 공룡이라고 생각하고 있습니다. 키는 약 18미터나 되었고, 몸무게는 66톤에 육박했습니다. 너무 커서 걸을 때 땅이 울렸을 것으로 생각됩니다. 사우로포세이돈이 완전히 새로운 종류의 공룡이 아니라 비정상적으로 큰 브라키오사우루스일 뿐이라고 생각하는 과학자도 있습니다.

인간과 평균 크기의 브라키오사우루스, 사우로포세이돈을 비교해 놓은 그림입니다. 사우로포세이돈의 그림 중 노란색으로 표시된 부분은 지금까지 발견된 골격입니다.

용각류 공룡은 몸집이 커서 뜨거운 햇볕을 받으면 쉽게 과열되었습니다. 그래서 몸을 식히기 위해 주로 물속에서 시간을 보냈을 것으로 생각됩니다.

공룡에 관한 모든 것

여기에서는 유명한 고생물학자, 거대한 공룡,
공룡에 관련된 믿기 힘든 사실 등을 알아볼 것입니다.
마지막으로 공룡에 대해 얼마나 많은 것을 알게 되었는지
퀴즈를 통해 체크해 보기 바랍니다.

유명한 공룡 화석 수집가

오랜 세월 동안 수많은 사람들이 공룡 화석을 찾는 일에 매진했습니다. 공룡 화석 발견자 가운데에는 박물관에 몸담고 일하는 전문적인 고생물학자들도 많지만 그저 열정을 품고 찾아다니는 아마추어들도 상당히 많습니다. 여기에서는 역사상 가장 유명한 공룡 화석 발견자들에 대해 알아봅시다.

초기 전문가들

1815년 영국의 윌리엄 버클랜드는 멸종한 파충류의 것으로 보이는 화석들을 발견했습니다. 훗날 이 화석에는 메갈로사우루스라는 이름이 붙었습니다. 초기 발견을 이끌었던 의사 기디언 맨텔은 1822년 영국의 서식스에서 화석 이빨을 발견했는데, 그 모양이 이구아나의 이빨과 비슷해 '이구아나 이빨'이라는 뜻의 이구아노돈이라는 이름을 붙여 주었습니다.

왼쪽의 그림은 지질학자 윌리엄 버클랜드입니다. 언제든지 화석을 찾아 운반할 수 있도록 푸른색 가방을 들고 다녔습니다.

맹렬한 경쟁자들

1800년대 후반 많은 사람들이 화석을 수집하기 시작했습니다. 새로운 공룡을 먼저 발견하기 위해 동료였던 미국의 두 고생물학자 에드워드 드링커 코프와 오스니얼 찰스 마시는 치열하게 경쟁했습니다. 고용한 스파이들이 서로의 진척 상황을 감시하고, 심지어 서로의 화석지에서 공룡 뼈를 돌려내기도 했습니다.

코프(왼쪽)와 마시(오른쪽)는 디플로도쿠스와 스테고사우루스를 포함해 무려 130종에 이르는 공룡의 이름을 지어 주었습니다.

대담무쌍한 모험가들

로이 채프먼 앤드루스는 미국의 박물학자로, 영화 인디애나 존스의 모델로 알려진 인물입니다. 앤드루스는 1920년대 고비 사막으로 화석을 찾아 원정을 떠났습니다. 당시 가장 규모가 크고 많은 비용을 들인 원정대였습니다. 앤드루스는 화석이 발견될 만한 곳으로 추정되는 곳으로 탐험을 하기 위해 수십 명의 과학자들과 조수들을 데리고 갔습니다. 이때 짐을 운반하기 위해 동원한 낙타만 해도 백 마리가 넘었습니다.

앤드루스는 고비 사막에서 최초의 공룡 둥지를 포함해 수많은 화석과 공룡 알을 발견했습니다.

위 사진은 백악기 전기의 수각류 공룡인 아프로베나토르의 골격입니다. 이 골격은 1993년 사하라 사막에서 폴 세레노가 발견했습니다.

새로운 공룡 탐정

미국의 폴 세레노는 세계 곳곳의 원정대를 이끈 현대의 가장 유명한 고생물학자 중 한 사람입니다. 그는 아프로베나토르와 수코미무스를 포함해 수많은 아프리카의 공룡을 발견하고 이름을 지어 주었습니다. 그 외에 유명 고생물학자로 아르헨티나의 호세 보나파르트가 있습니다. 호세 보나파르트는 카르노타우루스를 포함해 수많은 공룡 화석을 발견했습니다.

환상적인 발견

운이 좋은 일부 화석 탐사자들은 놀라운 화석들을 우연한 기회에 발견하기도 했습니다. 수 헨드릭슨도 그런 사람 중 한 사람입니다. 수 헨드릭슨은 1990년 미국의 사우스다코타 주에서 티라노사우루스의 뼈를 발견한 아마추어인데, 그녀는 역사상 가장 크고 완벽하며 보존 상태가 좋은 티라노사우루스의 골격을 발견했습니다.

> **인터넷 링크**
> 웹 사이트에 연결하기 위해서는
> www.usborne-quicklinks.com
> 으로 들어가서
> 'atlas of dinosaurs'
> 를 입력하면 됩니다.

공룡 박물관에 가 보아요

공룡 화석은 세계 각지의 박물관에 전시되어 있습니다. 어떤 박물관에는 실제 공룡의 모습과 아주 흡사하게 만든 사실적인 공룡 모형이 전시되어 있기도 합니다. 수많은 박물관에서 공룡에 대한 연구가 꾸준히 이어지고 있기 때문에 박물관은 공룡에 관한 최신 정보를 알아볼 수 있는 가장 좋은 장소입니다.

인터넷 링크
웹 사이트에 연결하기 위해서는
www.usborne-quicklinks.com
으로 들어가서
'atlas of dinosaurs'
를 입력하면 됩니다.

캐나다 앨버타 주의 로열티렐박물관에서 한 직원이 실물 크기의 티라노사우루스 모형을 박물관 밖으로 옮기기 위해 준비하고 있습니다.

첨단 엔터테인먼트

오늘날 많은 박물관에서는 공룡이 살던 시대의 생생한 모습을 보여 주기 위해 최신 기술을 도입하고 있습니다. 중국 상하이의 한 박물관에서는 중생대의 모습을 재현한 컴퓨터 영상을 보여 주고 있으며, 또 어떤 박물관에서는 실제 공룡처럼 소리를 내며 움직이는 공룡 로봇 모형을 활용하기도 합니다. 철골 구조물과 실제로 움직이는 부분으로 이루어진 이 공룡 로봇 모형의 피부는 실제 공룡의 피부와 흡사한 신축성 있는 재료로 만들어졌습니다.

오른쪽 사진은 런던의 자연사박물관에 전시되어 있는 공룡 로봇 모형입니다. 모형의 머리와 앞다리를 움직일 수 있고 으르렁거리는 소리를 낼 수 있을 뿐만 아니라 고약한 입 냄새까지도 뿜어 낼 수 있습니다.

뉴욕의 공룡

뉴욕에 있는 미국자연사박물관은 세계에서 공룡 화석이 가장 많이 수집되어 있는 곳입니다. 이 박물관은 공룡 연구로도 유명하며, 수많은 고생물학자들이 세계 곳곳에서 발굴 작업을 벌이고 있습니다. 이 박물관의 가장 유명한 고생물학자는 최초의 티라노사우루스를 비롯해 여러 종류의 공룡을 발견해 낸 바넘 브라운입니다.

오른쪽 사진은 미국자연사박물관의 중앙 홀에 전시된 바로사우루스의 골격입니다. 이것은 바로사우루스가 공격을 당했을 때 방어하기 위해 뒷다리로 서 있는 모습을 재현한 것입니다.

거대한 수집

런던의 자연사박물관에는 세계 곳곳에서 수집한 공룡 화석들이 전시되어 있습니다. 이 거대한 박물관에는 인상적인 모습으로 재현해 놓은 트리케라톱스, 이구아노돈, 힙실로포돈을 비롯해 수많은 공룡들이 전시되어 있으며, 중앙 홀에는 길이가 26미터에 달하는 디플로도쿠스가 전시되어 있습니다. 이 박물관의 고생물학자들은 새로운 공룡 이론을 연구하고 있을 뿐만 아니라, 수많은 화석 표본을 수집하고 있습니다. 1986년 스피노사우루스 무리인 바리오닉스의 이름을 지어 주기도 했습니다.

진행 중인 작업

중국 남동부 지역에 있는 지공박물관은 수천 점의 쥐라기 공룡 뼈가 발견되었으며 지금도 많은 화석이 출토되고 있는 곳에 세워졌습니다. 박물관 한가운데에 거대한 지층을 관람객들이 직접 살펴볼 수 있을 뿐만 아니라, 고생물학자들이 뼈를 발굴하고 있는 작업 현장을 실제로 볼 수도 있습니다.

이 트리케라톱스의 골격은 런던의 자연사박물관에 있는 공룡 화석 중 가장 눈길을 끄는 주요 공룡 화석 중 하나입니다.

연대표

공룡은 약 1억 8,600만 년 동안 이 지구 상에서 살았습니다. 이 기간 동안 끊임없이 진화를 거듭하며 새로운 종이 등장하고 또한 멸종하는 과정을 거쳤습니다. 아래 연대표를 통해 각각의 공룡들이 언제 살았는지 살펴보기 바랍니다.

파키케팔로사우루스 무리와 트로오돈 무리는 백악기에 처음 등장했습니다. 카우딥테릭스는 최초의 오비랍토르무리 공룡입니다.

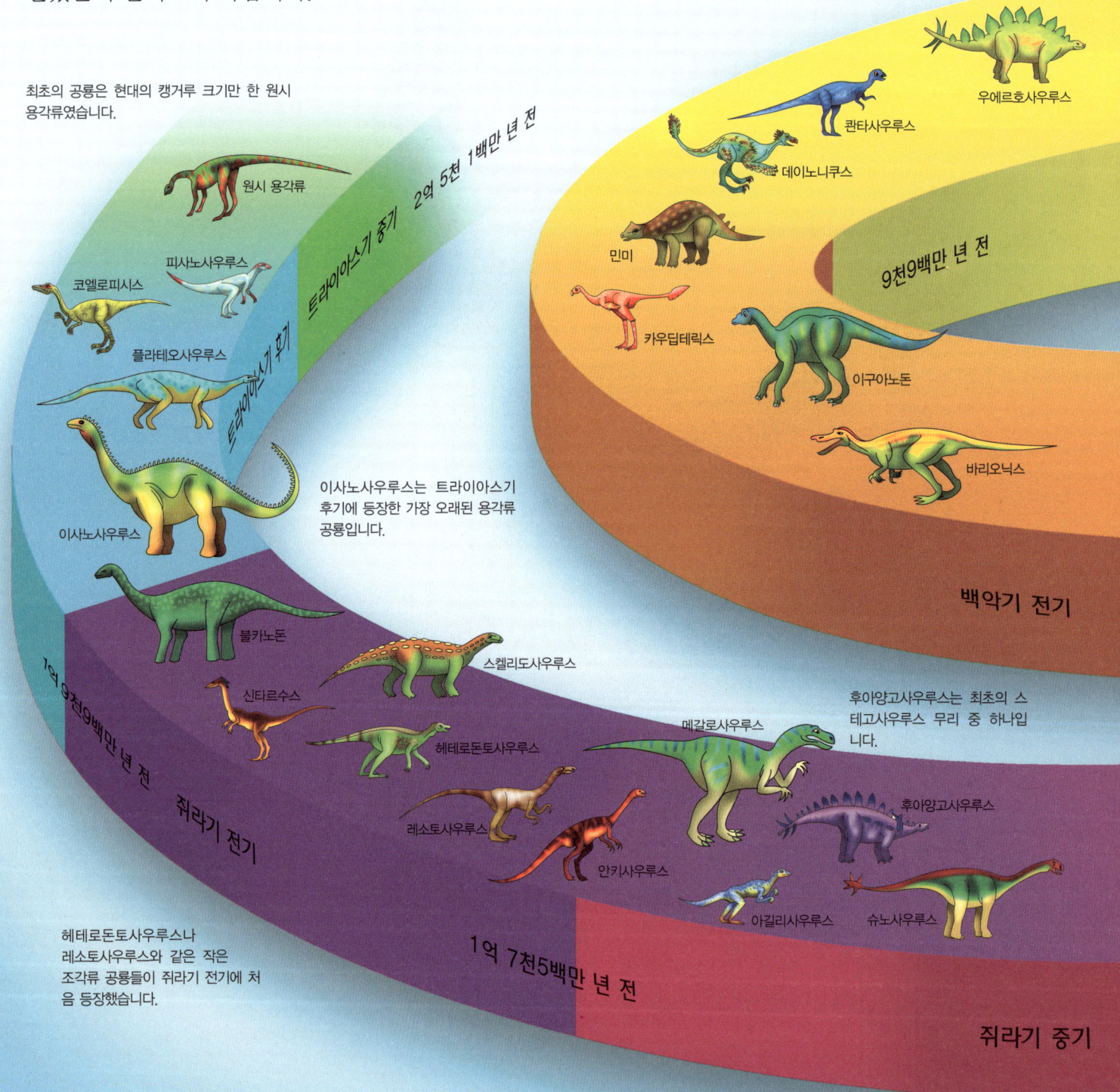

최초의 공룡은 현대의 캥거루 크기만 한 원시 용각류였습니다.

이사노사우루스는 트라이아스기 후기에 등장한 가장 오래된 용각류 공룡입니다.

후아양고사우루스는 최초의 스테고사우루스 무리 중 하나입니다.

헤테로돈토사우루스나 레소토사우루스와 같은 작은 조각류 공룡들이 쥐라기 전기에 처음 등장했습니다.

커다란 수각류 공룡이 쥐라기 중기에 이르러 더 많아졌습니다.

114

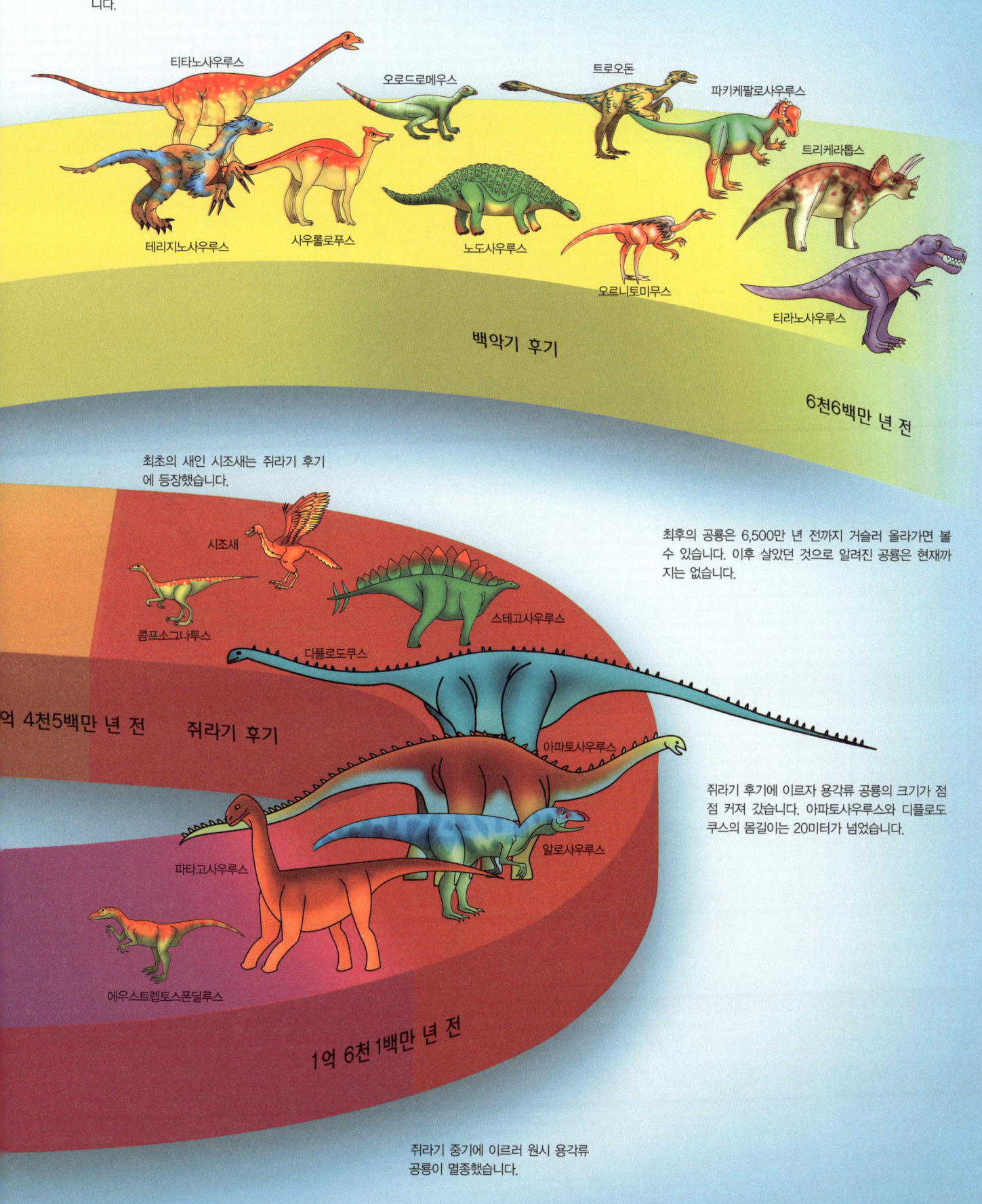

정말이에요?

공룡은 아주 놀라운 동물로서, 지금까지 살았던 동물 중 가장 강력하고 무겁고 사나운 육상 동물이었습니다. 여기에서는 공룡에 대한 깜짝 놀랄 만한 사실들을 살펴보겠습니다.

- 케라톱스 무리인 펜타케라톱스는 육상 동물 중 두개골이 가장 컸습니다. 머리 길이만 3미터에 달했고, 전체 몸길이의 절반을 차지했습니다.

- 커다란 수각류 공룡의 머리 위에 부상의 흔적이 발견되었는데, 이를 통해 싸우는 동안 서로의 얼굴을 물어뜯었다는 것을 알 수 있습니다.

- 티라노사우루스는 공룡 중에서 무는 힘이 가장 강력했습니다. 사자가 무는 힘보다 세 배가 강했고, 인간이 무는 힘보다는 20배나 강했습니다.

- 용각류 공룡인 디플로도쿠스는 채찍처럼 생긴 꼬리를 음속보다 빠른 속도로 움직일 수 있었습니다. 이렇게 꼬리를 빠른 속도로 휘두르면 무척 큰 소리가 났는데, 다른 공룡들은 이 소리에 겁을 먹고 달아났을 것으로 생각됩니다.

- 과학자들은 200톤이 넘는 동물은 너무 무거워 움직일 수 없을 것이라고 생각하고 있습니다. 가장 커다란 공룡은 이보다는 약간 가벼웠을 것으로 예상됩니다.

- 스테고사우루스 무리인 렉소비사우루스는 공룡 중에서도 가장 길쭉한 골침이 나 있었습니다. 어깨 양쪽에 돋아 있는 골침은 1.2미터까지 자랐습니다.

- 과학자들은 한때 등에서 골판이 위를 향해 돋아난 공룡은 스테고사우루스 무리뿐이라고 생각했습니다. 하지만 1998년 용각류 공룡인 아구스티니아 역시 등에 골판이 있는 상태로 발견되었습니다. 일부 골판에는 골침이 돋아 있기도 했습니다.

- 가장 큰 육상 동물은 길이가 60미터에 달하는 용각류 공룡 암피코엘리아스 프리질리무스라고 짐작하고 있습니다. 하지만 이 공룡은 불완전한 등뼈만 발견되었습니다.

티라노사우루스는 몸집이 가장 큰 육식 공룡 중 하나입니다.

- 육식 공룡은 초식 공룡만큼 크지는 않았지만 다른 동물에 비해서는 매우 큰 편이었습니다. 수각류 공룡 카르카로돈토사우루스와 티라노사우루스는 12미터 이상까지 자랐고, 스피노사우루스는 15미터까지 자랐습니다.

오른쪽 사진은 스피노사우루스 무리인 수코미무스의 골격입니다. 거대한 턱과 날카로운 이빨을 확인할 수 있습니다. 수코미무스는 1998년 아프리카의 니제르에서 발견되었습니다.

- 하드로사우루스 무리인 아나토티탄과 에드몬토사우루스는 공룡 가운데 이빨 수가 가장 많은 공룡이었습니다. 무려 1,600개나 되는 이빨은 서로 조밀하게 붙어 있었고, 표면이 넓적하여 갈아 씹을 수 있었습니다. 이 공룡들은 질긴 식물질도 쉽게 갈아 씹어 먹었을 것으로 보입니다.

- 일부 초식 공룡들은 소화를 쉽게 하기 위해 돌을 삼켰습니다. 이러한 돌을 위석이라고 합니다. 위석은 공룡의 위장 속을 굴러다니면서 먹이를 분쇄하는 역할을 했습니다. 위석은 보통 공룡의 골격과 한데 섞인 채로 혹은 가까이 놓인 채로 발견되고 있습니다.

- 용각류 공룡인 세이스모사우루스는 커다란 돌이 목구멍에 걸려 있는 채로 발견되었습니다. 과학자들은 이 공룡이 위석을 삼키다가 목에 걸려 질식사한 것으로 생각하고 있습니다.

- 가장 이빨 수가 많은 수각류 공룡은 약 200개의 이빨이 있는 오르니토미무스 무리 공룡인 펠레카니미무스입니다. 대부분의 오르니토미무스 무리 공룡은 이빨이 전혀 없기 때문에 더욱 놀랍습니다.

- 모든 공룡은 뒷다리가 매우 강력했으며, 꼬리가 길고 유연했습니다. 그래서 공룡들은 헤엄을 매우 잘 쳤을 것으로 여겨지기도 합니다. 섬과 섬 사이를 헤엄쳐 다녔고 심지어 그리 멀리 떨어져 있지 않은 경우에는 대륙과 대륙 사이를 헤엄쳐 건너기도 했을 것으로 예상됩니다.

- 지금까지 발견된 공룡 중 가장 작은 공룡은 깃털로 뒤덮여 있는 미크로랍토르입니다. 미크로랍토르는 오늘날의 암탉 크기만 했습니다.

- 안킬로사우루스는 다른 공룡에 비해 몸통이 넓적했습니다. 유오플로케팔루스와 같은 안킬로사우루스 무리 공룡은 거의 등이 납작한 형태를 하고 있었습니다.

이것은 위석의 사진입니다. 과학자들은 공룡의 위장 속에서 서로 부딪히고 마찰되면서 표면이 매끄러워진 모양을 하고 있는 것으로 미루어 보아 위석이라고 판단했습니다.

인터넷 링크
웹 사이트에 연결하기 위해서는
www.usborne-quicklinks.com
으로 들어가서
'atlas of dinosaurs'
를 입력하면 됩니다.

공룡 퀴즈

여러분은 공룡에 대해 얼마나 많이 알고 있나요? 공룡 퀴즈를 풀어 보면서 공룡에 대한 지식을 점검해 보세요. 정답은 167쪽에 있어요.

사진 퀴즈
각 사진을 보고 공룡에 관한 문제를 풀어 보세요. 사진 속에 힌트가 들어 있습니다.

1. 사진 속 발자국을 남긴 공룡은 발가락이 세 개 있었고 발톱은 좁았어요. 어떤 종류의 공룡일까요?
① 수각류 공룡
② 용각류 공룡
③ 조각류 공룡

2. 아래 사진 속 공룡의 이빨은 크고 날카로웠으며 매우 강력했어요. 이 이빨은 어떤 공룡의 것일까요?
① 하드로사우루스 무리 공룡
② 오르니토미무스 무리 공룡
③ 수각류 공룡

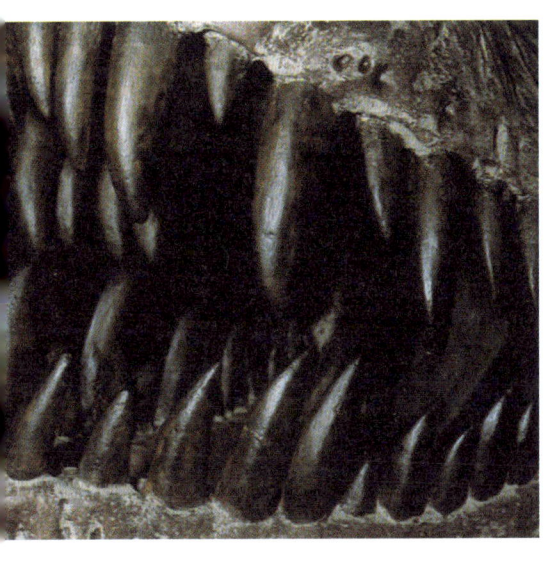

3. 위에 보이는 공룡의 골격 중 두 번째 발가락의 발톱이 특히 길어요. 어떤 종류의 공룡일까요?
① 티라노사우루스 무리 공룡
② 드로마에오사우루스 무리 공룡
③ 안킬로사우루스 무리 공룡

4. 오른쪽 그림을 보면 네오베나토르와 힙실로포돈, 꽃이 어우러져 있어요. 중생대 중 어느 시기의 모습일까요?
① 쥐라기
② 백악기
③ 트라이아스기

서바이벌 챌린지

과연 여러분도 공룡이 되어 살 수 있었을까요?
다음 질문에 대답해 보세요.

1. 여러분은 백악기 후기 북아메리카에 살았던 하드로사우루스 무리 공룡이에요. 갈림길에 도착했는데 왼쪽에는 케라톱스 무리 공룡들이 기다리고 있고 오른쪽에는 한 마리의 알베르토사우루스가 기다리고 있어요. 어느 쪽으로 가면 좋을까요?
① 왼쪽　　　　　② 오른쪽

2. 여러분은 7,000만 년 전 고비 사막에 살았던 갈리미무스예요. 멀리서 타르보사우루스 한 마리가 이쪽으로 천천히 다가오고 있어요. 어떻게 하면 좋을까요?
① 달아난다.　　　② 숨는다.

3. 여러분은 백악기 오스트레일리아 남부에 살았던 라엘리나사우라예요. 겨울이 다가와 날이 점점 추워지고 있어요. 따뜻하게 겨울을 날 수 있는 곳을 찾아 멀리 여행을 떠날 생각인가요? 아니면 그냥 머물러 있을 생각인가요?
① 멀리 여행을 떠난다. ② 그대로 있는다.

4. 여러분은 가장 길고 큰 용각류 공룡 디플로도쿠스예요. 무리에서 떨어져 나와 먹이를 찾아 홀로 헤매고 있는데 알로사우루스가 다가오는 게 보여요. 어떻게 할까요?
① 안전하게 다시 무리 속으로 돌아간다.
② 몸집이 크기 때문에 안전할 것이므로 그대로 있는다.

스피드 퀴즈

1. 가장 큰 공룡은 육식 공룡인가요, 초식 공룡인가요?

2. 1980년대까지 공룡 화석 기록이 발견되지 않았던 대륙은 어느 대륙일까요?

3. 트리케라톱스 화석이 유일하게 발견된 곳은 어디일까요?

4. 지금까지 발견된 화석 중 가장 작은 공룡의 이름은 무엇일까요?

5. 공룡 화석을 연구하는 사람들을 뭐라고 부를까요?

6. 깃털 달린 공룡이 가장 많이 발견된 나라는 어느 나라일까요?

7. 머리 위에 속이 빈 볏이 달려 있어 커다란 소리를 낼 수 있었던 공룡은 어떤 공룡일까요?

8. 최후의 공룡이 멸종된 시기는 언제일까요?

대륙별 공룡 가이드

대륙별 공룡 가이드는 각종 공룡들이 어느 대륙에 살았는지 알 수 있도록 정리해 놓은 것입니다. 대륙별 공룡 가이드를 통해 각 공룡들이 어느 무리에 속하는지 알 수 있을 뿐만 아니라 어느 시기에 살았고 몸길이와 몸무게는 얼마나 되는지 알 수 있습니다. 또한 각 공룡의 특징은 무엇인지도 설명해 놓았습니다.

남아메리카

가스파리니사우라 ('가스파리니의 도마뱀')
분류: 조반목〉조각류〉이구아노돈 무리
시기: 백악기 후기
몸길이 및 몸무게: 1미터, 10킬로그램
분포 지역: 아르헨티나
특징: 작은 초식 동물입니다. 부리가 좁고 뒷다리는 깁니다. 두 다리로 걸어 다녔습니다.

게뇨덱테스 ('물어뜯는 턱')
분류: 용반목〉수각류〉네오케라토스 무리(예상)
시기: 백악기 후기
몸길이 및 몸무게: 7.5미터, 1톤
분포 지역: 아르헨티나
특징: 굽은 이빨을 가진 커다란 포식자입니다. 두 다리로 걸어 다녔으며 두개골 일부분만 알려져 있습니다.

곤드와나티탄 ('곤드와나 거인')
분류: 용반목〉용각형류〉용각류 무리
시기: 백악기 후기
몸길이 및 몸무게: 7미터, 2.5톤
분포 지역: 브라질
특징: 덩치가 크고 목이 긴 초식 동물입니다. 다리는 길고 가늘며 몸통은 넓습니다. 곤드와나티탄은 네 다리로 걸어 다녔습니다.

과이바사우루스 ('과이바 도마뱀')
분류: 용반목〉수각류(예상)
시기: 트라이아스기 후기
몸길이 및 몸무게: 2미터, 20킬로그램
분포 지역: 브라질
특징: 다리뼈와 엉덩뼈만 발견된 원시 포식자입니다. 과이바사우루스는 두 다리로 걸어 다녔습니다.

기가노토사우루스 ('남부 도마뱀')
분류: 용반목〉수각류〉알로사우루스 무리
시기: 백악기 후기
몸길이 및 몸무게: 12.5미터, 6.5톤
분포 지역: 아르헨티나
특징: 두개골이 엄청나게 큰 거대한 포식자입니다. 팔은 짧고 뒷다리는 다부지게 생겼습니다. 기가노토사우루스는 두 다리로 걸어 다녔습니다.

네퀸사우루스 ('네퀸 도마뱀')
분류: 용반목〉용각형류〉용각류 무리
시기: 백악기 후기
몸길이 및 몸무게: 12미터, 6톤
분포 지역: 아르헨티나
특징: 초식 동물이며 다리는 기둥 모양으로 생겼고 목은 깁니다. 네 다리로 걸어 다녔으며 몸은 방어용 골판으로 둘러싸여 있었습니다.

노아사우루스 ('북서 아르헨티나 도마뱀')
분류: 용반목〉수각류〉네오케라토사우루스 무리
시기: 백악기 후기
몸길이 및 몸무게: 2미터, 15킬로그램
분포 지역: 아르헨티나
특징: 각각의 발에 치켜 올라간 발톱이 있는 작은 포식자입니다. 목은 꼿꼿하게 서 있습니다. 노아사우루스는 두 다리로 걸어 다녔습니다.

노토힙실로포돈 ('남부 힙실로푸스 이빨')
분류: 조반목〉조각류〉힙실로포돈 무리
시기: 백악기 후기
몸길이 및 몸무게: 1.5미터, 9킬로그램
분포 지역: 아르헨티나
특징: 부리가 있는 초식 동물입니다. 뒷다리는 가늘고 팔은 짧습니다. 노토힙실로포돈은 두 다리로 걸어 다녔습니다.

라요소사우루스 ('라요소 도마뱀')
분류: 용반목〉용각형류〉용각류 무리
시기: 백악기 후기
몸길이 및 몸무게: 20미터, 14톤
분포 지역: 아르헨티나
특징: 연필처럼 생긴 이빨이 난 초식 동물입니다. 목은 길며 다리는 가느다랗습니다. 라요소사우루스는 네 다리로 걸어 다녔습니다.

라플라타사우루스 ('라플라타 도마뱀')
분류: 용반목〉용각형류〉용각류 무리
시기: 백악기 후기
몸길이 및 몸무게: 18미터, 11톤
분포 지역: 아르헨티나, 우루과이
특징: 목이 긴 초식 동물입니다. 다리는 기둥 모양으로 생겼고 등에는 골판이 있습니다. 라플라타사우루스는 네 다리로 걸어 다녔습니다.

기가노토사우루스

레셈사우루스('레셈의 도마뱀')
분류: 용반목〉용각형류〉원시 용각류 무리
시기: 트라이아스기 후기
몸길이 및 몸무게: 10미터, 3톤
분포 지역: 아르헨티나
특징: 커다란 초식 동물입니다. 뒷다리는 기둥 모양으로 생겼고 목은 길며 등은 산등성이처럼 솟아 있습니다. 레셈사우루스는 네 다리로 걸어 다녔습니다.

로카사우루스('로카 도마뱀')
분류: 용반목〉용각형류〉용각류 무리
시기: 백악기 후기
몸길이 및 몸무게: 9미터, 4톤
분포 지역: 아르헨티나
특징: 목이 긴 초식 동물입니다. 다리는 기둥 모양으로 생겼으며 네 다리로 걸어 다녔습니다.

리가부에이노('리가부의 작은 것')
분류: 용반목〉수각류〉네오케라토사우루스 무리
시기: 백악기 전기
몸길이 및 몸무게: 1미터, 4킬로그램
분포 지역: 아르헨티나
특징: 작은 포식자입니다. 팔다리는 가늘었고, 목은 곧게 나 있었을 것으로 예상됩니다. 두 다리로 걸어 다녔으며 노아사우루스와 비슷하게 생겼을 것으로 예상됩니다.

리오자사우루스('리오자 도마뱀')
분류: 용반목〉용각형류〉원시 용각류 무리
시기: 백악기 후기
몸길이 및 몸무게: 10미터, 3톤
분포 지역: 아르헨티나
특징: 커다랗고 목이 긴 초식 동물입니다. 뒷다리는 기둥 모양으로 생겼습니다. 리오자사우루스는 네 다리로 걸어 다녔습니다.

마소스폰딜루스('길쭉한 등골뼈')
분류: 용반목〉용각형류〉원시 용각류 무리
시기: 트라이아스기 후기
몸길이 및 몸무게: 4미터, 130킬로그램
분포 지역: 남아프리카, 아르헨티나, 미국
특징: 목이 긴 잡식 동물입니다. 엄지손가락의 손톱은 크고 굽어 있으며 머리는 작습니다. 마소스폰딜루스는 두 다리 또는 네 다리로 걸을 수 있었습니다.

메가랍토르('커다란 도둑')
분류: 용반목〉수각류〉코엘루로사우루스 무리
시기: 백악기 후기
몸길이 및 몸무게: 8미터, 600킬로그램
분포 지역: 아르헨티나
특징: 각각의 두 번째 발가락에 커다랗고 굽은 발톱이 있는 포식자입니다. 두 다리로 걸어 다녔습니다.

무스사우루스('쥐 도마뱀')
분류: 용반목〉용각형류〉원시 용각류 무리
시기: 트라이아스기 후기
몸길이 및 몸무게: 약 3미터, 85킬로그램
분포 지역: 아르헨티나
특징: 목이 긴 초식 동물입니다. 알과 새끼 공룡만 발견되었습니다. 무스사우루스는 두 다리 또는 네 다리로 걸을 수 있었습니다.

볼케이메리아('볼케이머를 위하여')
분류: 용반목〉용각형류〉용각류 무리
시기: 쥐라기 중기
몸길이 및 몸무게: 16미터, 20톤
분포 지역: 아르헨티나
특징: 목이 긴 초식 동물입니다. 브라키오사우루스와 비슷하게 생겼을 것으로 예상됩니다. 볼케이메리아는 네 다리로 걸어 다녔습니다.

사투르날리아('축제')
분류: 용반목〉용각형류〉원시 용각류 무리
시기: 트라이아스기 후기
몸길이 및 몸무게: 1.5미터, 9킬로그램
분포 지역: 브라질
특징: 목은 길고 골격은 작으며 끝이 뾰족한 원시 용각류입니다. 사투르날리아는 잡식 동물이며 두 다리 또는 네 다리로 걸어 다닐 수 있었습니다.

산타나랍토르('산타나 도둑')
분류: 용반목〉수각류〉코엘루로사우루스 무리
시기: 백악기 전기
몸길이 및 몸무게: 2미터, 1.3킬로그램
분포 지역: 브라질
특징: 각각의 손에 세 개의 손가락이 있는 포식자이며 두 다리로 걸어 다녔습니다. 산타나랍토르에 대해서는 알려진 게 많지 않습니다.

살타사우루스('살타 도마뱀')
분류: 용반목〉용각형류〉용각류 무리
시기: 백악기 후기
몸길이 및 몸무게: 12미터, 6톤
분포 지역: 아르헨티나
특징: 목이 긴 초식 공룡입니다. 엉덩이가 넓으며 등은 골판으로 덮여 있습니다. 살타사우루스는 네 다리로 걸어 다녔습니다.

세케르노사우루스('헤어진 도마뱀')
분류: 조반목〉조각류〉이구아노돈 무리
시기: 백악기 후기
몸길이 및 몸무게: 3미터, 450킬로그램
분포 지역: 아르헨티나
특징: 부리가 오리 주둥이처럼 생긴 초식 동물입니다. 가는 이빨이 있으며 두 다리 또는 네 다리로 걸을 수 있었습니다.

리오자사우루스

마소스폰딜루스

살타사우루스

스타우리코사우루스('십자 도마뱀')
분류: 용반목>헤레라사우루스 무리
시기: 트라이아스기 후기
몸길이 및 몸무게: 2미터, 14킬로그램
분포 지역: 브라질
특징: 원시 포식자입니다. 손톱은 날카로웠고, 이빨은 뒤쪽으로 휘어져 나 있었습니다. 스타우리코사우루스는 두 다리로 걸어 다녔습니다.

아구스티니아('아구스틴을 위하여')
분류: 용반목>용각형류>용각류 무리
시기: 백악기 전기
몸길이 및 몸무게: 20미터, 22톤
분포 지역: 아르헨티나
특징: 등에 대못 같은 골침과 골판이 있는 목이 긴 초식 동물입니다. 네 다리로 걸어 다녔습니다.

아나비세티아('안나 비세트를 위하여')
분류: 조반목>조각류>이구아노돈 무리
시기: 백악기 후기
몸길이 및 몸무게: 1.5미터, 12킬로그램
분포 지역: 아르헨티나
특징: 부리가 있는 작은 초식 동물입니다. 팔은 가늘었고 손은 작았습니다. 두 다리로 걸어 다녔습니다.

아르기로사우루스('은빛 도마뱀')
분류: 용반목>용각형류>용각류 무리
시기: 백악기 후기
몸길이 및 몸무게: 20미터, 13톤
분포 지역: 아르헨티나
특징: 초식 동물입니다. 다리는 두껍고 육중합니다. 아르기로사우루스는 네 다리로 걸어 다녔습니다.

아르젠티노사우루스('아르헨티나 도마뱀')
분류: 용반목>용각형류>용각류 무리
시기: 백악기 후기
몸길이 및 몸무게: 30미터, 90톤
분포 지역: 아르헨티나
특징: 목이 길고 다리가 얇은 거대한 초식 동물입니다. 아르젠티노사우루스는 네 다리로 걸어 다녔습니다.

아마르가사우루스('아마르가 도마뱀')
분류: 용반목>용각형류>용각류 무리
시기: 백악기 전기
몸길이 및 몸무게: 10미터, 6.8톤
분포 지역: 아르헨티나
특징: 목이 긴 초식 동물입니다. 목 뒷부분부터 등을 따라 대못 같은 돌기가 나 있었습니다. 네 다리로 걸어 다녔습니다.

아미그달로돈('아몬드 이빨')
분류: 용반목>용각형류>용각류 무리
시기: 쥐라기 중기
몸길이 및 몸무게: 18미터, 10톤
분포 지역: 아르헨티나
특징: 네 다리로 걸어 다녔던 목이 긴 초식 동물입니다. 몸과 다리가 튼튼했고 케티오사우루스와 닮았습니다.

아벨리사우루스('아벨의 도마뱀')
분류: 용반목>수각류>네오케라토사우루스 무리
시기: 백악기 후기
몸길이 및 몸무게: 9미터, 1.5톤
분포 지역: 아르헨티나
특징: 두 다리로 걸어 다녔던 원시 포식자입니다. 두개골의 모양으로 미루어 보아 주둥이는 둥글게 생겼던 것으로 생각됩니다.

아에올로사우루스('바람 도마뱀')
분류: 용반목>용각형류>용각류 무리
시기: 백악기 후기
몸길이 및 몸무게: 15미터, 7톤
분포 지역: 아르헨티나
특징: 등을 따라 골판이 있었을 것으로 추정되는 목이 긴 초식 동물입니다. 네 다리로 걸어 다녔습니다.

아우카사우루스('아우카 도마뱀')
분류: 용반목>수각류>네오케라토사우루스 무리
시기: 백악기 후기
몸길이 및 몸무게: 5.5미터, 370킬로그램
분포 지역: 아르헨티나
특징: 팔이 짧은 포식자입니다. 눈 위에 위로 솟은 뼈가 있으며 두 다리로 걸어 다녔습니다.

안데사우루스('안데스 도마뱀')
분류: 용반목>용각형류>용각류 무리
시기: 백악기 전기
몸길이 및 몸무게: 18미터, 9톤
분포 지역: 아르헨티나
특징: 목이 긴 초식 동물입니다. 꼬리는 유연하고 몸통은 넓으며 네 다리로 걸어 다녔습니다.

안타르크토사우루스('남부 도마뱀')
분류: 용반목>용각형류>용각류 무리
시기: 백악기 후기
몸길이 및 몸무게: 30미터, 80톤
분포 지역: 아르헨티나, 브라질, 우루과이
특징: 거대하고 목이 긴 초식 동물입니다. 입은 넓적하며 다리는 가느다랗습니다. 네 다리로 걸어 다녔습니다.

알바레즈사우루스('알바레즈의 도마뱀')
분류: 용반목>수각류>코엘루로사우루스 무리
시기: 백악기 후기
몸길이 및 몸무게: 2미터, 6킬로그램
분포 지역: 아르헨티나
특징: 골격이 새의 골격 모양과 비슷한 깃털 달린 포식자입니다. 두 다리로 걸어 다녔습니다.

에오랍토르('새벽의 약탈자')
분류: 용반목
시기: 트라이아스기 후기
몸길이 및 몸무게: 1미터, 10킬로그램
분포 지역: 아르헨티나

특징: 두 다리로 걸어 다녔던 작은 원시 포식자입니다. 각각의 손에는 다섯 개의 손가락이 있었으며 이빨은 휘어 있었고 잎 모양으로 생겼습니다.

에파크토사우루스('무거운 도마뱀')
분류: 용반목〉용각형류〉용각류 무리
시기: 백악기 후기
몸길이 및 몸무게: 15미터, 7톤
분포 지역: 아르헨티나
특징: 네 다리로 걸어 다녔던 초식 동물입니다. 목이 길었으며 몸통은 넓었고 다리는 튼튼했습니다.

우넨라기아('반쯤 되는 새')
분류: 용반목〉수각류
시기: 백악기 후기
몸길이 및 몸무게: 3미터, 50킬로그램
분포 지역: 아르헨티나
특징: 새처럼 생긴 포식자로서 팔이 깁니다. 우넨라기아는 두 다리로 걸어 다녔으며 데이노니쿠스와 닮았을 것으로 예상됩니다.

운퀘일로사우루스('운퀘일로 도마뱀')
분류: 용반목〉수각류〉코엘루로사우루스 무리(예상)
시기: 백악기 후기
몸길이 및 몸무게: 6미터, 700킬로그램
분포 지역: 아르헨티나
특징: 하나의 골반뼈만 알려진 커다란 포식자입니다. 운퀘일로사우루스는 두 다리로 걸어 다녔습니다.

이리타토르('짜증 나는 것')
분류: 용반목〉수각류〉스피노사우루스 무리
시기: 백악기 전기
몸길이 및 몸무게: 6미터, 600킬로그램
분포 지역: 브라질
특징: 악어의 두개골처럼 두개골의 폭이 좁은 포식자입니다. 눈 위에 낮게 볏이 나 있으며 두 다리로 걸어 다녔습니다.

일로콜레시아('살을 먹는 도마뱀')
분류: 용반목〉수각류〉네오케라토사우루스 무리
시기: 백악기 후기
몸길이 및 몸무게: 6미터, 700킬로그램
분포 지역: 아르헨티나
특징: 두 다리로 걸어 다녔던 포식자입니다. 아벨리사우루스, 카르노토사우루스와 관련이 있는 공룡입니다.

제노타르소사우루스('이상한 발목 도마뱀')
분류: 용반목〉수각류〉네오케라토사우루스 무리
시기: 백악기 후기
몸길이 및 몸무게: 5.5미터, 370킬로그램
분포 지역: 아르헨티나
특징: 덩치가 크고 다리가 긴 포식자입니다. 팔은 짧았을 것으로 예상됩니다. 제노타르소사우루스는 두 다리로 걸어 다녔습니다.

추부티사우루스('추부트 도마뱀')
분류: 용반목〉용각형류〉용각류 무리
시기: 백악기 후기
몸길이 및 몸무게: 23미터, 16톤
분포 지역: 아르헨티나
특징: 목부터 등, 꼬리까지 골판이 있는 초식 동물입니다. 꼬리 끝에는 대못 같은 것이 박혀 있습니다.

카르노타우루스('고기를 먹는 소')
분류: 용반목〉수각류〉네오케라토사우루스 무리
시기: 백악기 후기
몸길이 및 몸무게: 7.5미터, 1톤
분포 지역: 아르헨티나
특징: 다리가 긴 포식자입니다. 팔은 짧으며 눈 위에는 뿔이 있습니다. 카르노타우루스는 두 다리로 걸어 다녔습니다.

콜로라디사우루스('콜로라도 도마뱀')
분류: 용반목〉용각형류〉원시 용각류 무리
시기: 백악기 후기
몸길이 및 몸무게: 4미터, 120킬로그램
분포 지역: 아르헨티나
특징: 플라테오사우루스와 비슷하게 생긴 초식 동물입니다. 목은 길었으며 두 다리 또는 네 다리로 걸을 수 있었습니다.

퀼메사우루스('퀼메스 도마뱀')
분류: 용반목〉수각류〉네오케라토사우루스(가능)
시기: 백악기 후기
몸길이 및 몸무게: 7.5미터, 1톤
분포 지역: 아르헨티나
특징: 다리뼈만 알려진 포식자입니다. 두 다리로 걸어 다녔으며 아벨리사우루스와 비슷하게 생겼을 것으로 짐작됩니다.

테유와수('큰 도마뱀')
분류: 용반목〉수각류(가능)
시기: 트라이아스기 후기
몸길이 및 몸무게: 3미터, 20킬로그램
분포 지역: 브라질
특징: 다리뼈만 발견된 포식자입니다. 코엘로피시스와 비슷하게 생겼을 것으로 예상되며 두 다리로 걸어 다녔습니다.

테후엘케사우루스('테후엘케 도마뱀')
분류: 용반목〉용각형류〉용각류 무리
시기: 쥐라기 중기
몸길이 및 몸무게: 15미터, 7톤
분포 지역: 아르헨티나
특징: 목이 긴 초식 동물입니다. 다리는 튼튼하며 기둥 모양으로 생겼습니다. 테후엘케사우루스는 네 다리로 걸어 다녔습니다.

티타노사우루스('티탄 도마뱀')
분류: 용반목〉용각형류〉용각류 무리
시기: 백악기 후기
몸길이 및 몸무게: 18미터, 11톤
분포 지역: 인도, 스페인, 아르헨티나
특징: 목이 크고 긴 초식 동물입니다. 다리는 기둥 모양으로 생겼으며, 몸통은 무겁고 목은 작습니다. 등에는 방어용 골판이 있으

123

며 네 다리로 걸어 다녔습니다.

파타고니쿠스('파타고니아의 발톱')
분류: 용반목>수각류>코엘루로사우루스 무리
시기: 백악기 후기
몸길이 및 몸무게: 2미터, 6킬로그램
분포 지역: 아르헨티나
특징: 깃털이 있는 잡식 동물입니다. 머리는 새의 머리처럼 생겼으며 팔은 짧았습니다. 파타고니쿠스는 잡식 동물이며 두 다리로 걸어 다녔습니다.

파타고사우루스('파타고니아의 도마뱀')
분류: 용반목>용각형류>용각류 무리
시기: 쥐라기 중기
몸길이 및 몸무게: 15미터, 9톤
분포 지역: 아르헨티나
특징: 목이 긴 초식 동물입니다. 이빨은 숟가락처럼 생겼습니다. 케티오사우루스와 비슷하게 생겼으며 네 다리로 걸어 다녔습니다.

펠레그리니사우루스('펠레그리니 도마뱀')
분류: 용반목>용각형류>용각류 무리
시기: 백악기 후기
몸길이 및 몸무게: 25미터, 20톤
분포 지역: 아르헨티나
특징: 목이 길고 거대한 초식 동물입니다. 꼬리는 길고 유연하며 몸통은 넓적합니다. 네 다리로 걸어 다녔습니다.

피사노사우루스('피사노의 도마뱀')
분류: 조반목
시기: 트라이아스기 후기
몸길이 및 몸무게: 1미터, 7킬로그램
분포 지역: 아르헨티나
특징: 부리가 있고 팔이 짧은 원시 초식 동물입니다. 피사노사우루스는 두 다리로 걸어 다녔습니다.

피아트니츠키사우루스('피아트니츠키 도마뱀')
분류: 용반목>수각류>스피노사우루스 무리
시기: 쥐라기 중기
몸길이 및 몸무게: 5미터, 280킬로그램
분포 지역: 아르헨티나
특징: 각각의 손에 세 개의 손가락이 있는 포식자입니다. 눈 위에는 뿔이 달려 있으며, 두 다리로 걸어 다녔습니다.

헤레라사우루스('헤레라의 도마뱀')
분류: 용반목>헤레라사우루스 무리
시기: 트라이아스기 후기
몸길이 및 몸무게: 4미터, 220킬로그램
분포 지역: 아르헨티나
특징: 각각의 손에 다섯 개의 손가락이 있는 원시 포식자입니다. 두 다리로 걸어 다녔으며 이빨은 길고 날카로웠습니다.

🦖 북아메리카

가르고일레오사우루스('가르고일 도마뱀')
분류: 조반목>티레오포라>곡룡류 무리
시기: 쥐라기 후기
몸길이 및 몸무게: 3미터, 1.2톤
분포 지역: 미국
특징: 입이 좁고 머리 위에 뿔이 나 있는 초식 동물입니다. 네 다리로 걸어 다녔습니다.

가스토니아('가스톤을 위하여')
분류: 조반목>티레오포라>곡룡류 무리
시기: 백악기 전기
몸길이 및 몸무게: 6미터, 1.3톤
분포 지역: 미국
특징: 골판이 있는 초식 동물입니다. 어깨에 굽은 대못 같은 골침이 있고 네 다리로 걸어 다녔습니다.

갈토니아('갈톤을 위하여')
분류: 조반목

피아트니츠키사우루스

시기: 쥐라기 후기
몸길이 및 몸무게: 1미터, 4킬로그램
분포 지역: 미국
특징: 잎처럼 생긴 이빨을 통해서만 알려진 공룡입니다. 초식 동물 또는 잡식 동물이고 레소토사우루스와 비슷하게 생겼을 것으로 예상됩니다.

고르고사우루스('사나운 도마뱀')
분류: 용반목>수각류>코엘루로사우루스 무리
시기: 백악기 후기
몸길이 및 몸무게: 8미터, 2.5톤

헤레라사우루스

파타고사우루스

분포 지역: 미국, 캐나다
특징: 팔이 짧고 각각의 손에 두 개의 손가락이 있는 긴 다리 포식자입니다. 고르고사우루스는 두 다리로 걸어 다녔습니다.

고지라사우루스('고질라 도마뱀')
분류: 용반목〉수각류〉코엘로피시스 무리
시기: 트라이아스기 후기
몸길이 및 몸무게: 5.5미터, 250킬로그램
분포 지역: 미국
특징: 긴 꼬리와 날카로운 이빨이 있었을 것으로 예상되는 포식자입니다. 고지라사우루스는 두 다리로 걸어 다녔습니다.

그라비톨루스('무거운 돔')
분류: 조반목〉마르기노케팔리아〉후두류 무리
시기: 백악기 후기
몸길이 및 몸무게: 3미터, 100킬로그램
분포 지역: 캐나다
특징: 머리뼈 일부만 발견된 초식 동물입니다. 그라비톨루스는 두 다리로 걸었으며 부리가 있었습니다.

그리포사우루스('갈고리 코 도마뱀')
분류: 조반목〉조각류〉이구아노돈 무리
시기: 백악기 후기
몸길이 및 몸무게: 8미터, 3톤
분포 지역: 캐나다
특징: 부리가 오리 주둥이처럼 생겼고 코 위에는 아치 모양의 볏이 있는 초식 동물입니다. 그리포사우루스는 두 다리 또는 네 다리로 걸을 수 있었습니다.

글립토돈토펠타('글립토돈 방패')
분류: 조반목〉티레오포라〉곡룡류 무리
시기: 백악기 후기
몸길이 및 몸무게: 7미터, 1.5톤
분포 지역: 미국
특징: 다리가 짧은 초식 동물입니다. 등은 탄탄한 골판으로 덮여 있습니다. 글립토돈토펠타는 네 다리로 걸어 다녔습니다.

나노사우루스('피그미 도마뱀')
분류: 조반목〉조각류〉힙실로포돈 무리
시기: 쥐라기 후기
몸길이 및 몸무게: 90센티미터, 4킬로그램
분포 지역: 미국
특징: 부리가 있는 아주 작은 초식 동물입니다. 팔은 짧고 다리는 깁니다. 힙실로포돈과 유사하며 두 다리로 걸어 다녔습니다.

나아쇼이비토사우루스('나아쇼이비토 도마뱀')
분류: 조반목〉조각류〉이구아노돈 무리
시기: 백악기 후기
몸길이 및 몸무게: 6.5미터, 1.9톤
분포 지역: 미국
특징: 부리가 오리 주둥이처럼 생긴 초식 동물입니다. 코 위에 혹이 나 있습니다. 나아쇼이비토사우루스는 두 다리 또는 네 다리로 걸어 다닐 수 있었습니다.

네드콜베르티아('네드 콜버트를 위하여')
분류: 용반목〉수각류〉코엘루로사우루스 무리
시기: 백악기 전기
몸길이 및 몸무게: 3미터, 40킬로그램
분포 지역: 미국
특징: 뒷다리는 길고 가늘며 손톱은 날카로운 포식자입니다. 네드콜베르티아는 두 다리로 걸어 다녔습니다.

노도사우루스('손잡이 도마뱀')
분류: 조반목〉티레오포라〉곡룡류 무리
시기: 백악기 후기
몸길이 및 몸무게: 6미터, 1.2톤
분포 지역: 미국
특징: 골판이 있는 초식 동물입니다. 목과 다리는 짧고 꼬리는 유연합니다.

노도케팔로사우루스('손잡이 머리 도마뱀')
분류: 조반목〉티레오포라〉곡룡류 무리
시기: 백악기 후기
몸길이 및 몸무게: 6미터, 1.2톤
분포 지역: 미국
특징: 넓고 접시가 덮인 것 같은 두개골만 밝혀진 초식 동물입니다. 부리가 있었으며 네 다리로 걸어 다녔습니다.

노스로니쿠스('늘보 같은 발톱')
분류: 용반목〉수각류〉코엘루로사우루스 무리
시기: 백악기 후기
몸길이 및 몸무게: 5미터, 180킬로그램
분포 지역: 미국
특징: 에를리코사우루스와 비슷하게 생긴 잡식 동물입니다. 손에는 긴 손톱이 있으며 배는 넓고 꼬리는 짧습니다. 노스로니쿠스는 두 다리로 걸어 다녔습니다.

니오브라라사우루스('니오브라라 도마뱀')
분류: 조반목〉티레오포라〉곡룡류 무리
시기: 백악기 후기
몸길이 및 몸무게: 6미터, 1.2톤
분포 지역: 미국
특징: 방어하기 좋은 골판과 길고 유연한 꼬리가 있는 초식 동물입니다. 니오브라라사우루스는 네 다리로 걸어 다녔습니다.

다스플레토사우루스('끔찍한 도마뱀')
분류: 용반목〉수각류〉코엘루로사우루스 무리
시기: 백악기 후기
몸길이 및 몸무게: 9미터, 2톤
분포 지역: 캐나다
특징: 두 다리로 걸어 다녔던 포식자입니다. 팔은 짧고 다리는 길며 각각의 손에는 두 개의 손가락이 있습니다.

데이노니쿠스('날카로운 발톱')
분류: 용반목〉수각류〉코엘루로사우루스 무리
시기: 백악기 후기
몸길이 및 몸무게: 3미터, 50킬로그램
분포 지역: 미국

특징: 새처럼 생긴 포식자입니다. 꼬리는 뻣뻣하며 발에는 커다란 발톱이 있습니다. 손가락은 길쭉합니다.

덴버사우루스('덴버 도마뱀')
분류: 조반목〉티레오포라〉곡룡류 무리
시기: 백악기 후기
몸길이 및 몸무게: 7미터, 1.5톤
분포 지역: 미국
특징: 골판이 무거운 초식 동물입니다. 네 다리로 걸어 다녔습니다. 어깨에 난 골침은 앞쪽을 가리키고 있습니다. 에드몬토니아와 같은 동물로 추측되기도 합니다.

드로마에오사우루스('달리는 도마뱀')
분류: 용반목〉수각류〉코엘루로사우루스 무리
시기: 백악기 후기
몸길이 및 몸무게: 2미터, 20킬로그램
분포 지역: 미국, 캐나다
특징: 새처럼 생긴 포식자입니다. 팔은 길고 꼬리는 뻣뻣했을 것으로 추측됩니다.

드리오사우루스('나무 도마뱀')
분류: 조반목〉조각류〉이구아노돈 무리
시기: 쥐라기 후기
몸길이 및 몸무게: 3미터, 100킬로그램
분포 지역: 미국, 프랑스, 동아프리카
특징: 팔이 짧은 초식 동물입니다. 머리는 작으며 부리에는 이빨이 없습니다. 두 다리로 걸어 다녔습니다.

드립토사우루스('사납게 날뛰는 도마뱀')
분류: 용반목〉수각류〉코엘루로사우루스 무리
시기: 백악기 후기
몸길이 및 몸무게: 6미터, 500킬로그램
분포 지역: 미국
특징: 원시 티라노사우루스류였을 것으로 추측되는 커다란 포식자입니다. 드립토사우루스는 두 다리로 걸어 다녔습니다.

드링커('드링커를 위하여')
분류: 조반목〉조각류〉힙실로포돈 무리
시기: 쥐라기 후기
몸길이 및 몸무게: 1.5미터, 9킬로그램
분포 지역: 미국
특징: 작은 공룡입니다. 초식 동물 또는 잡식 동물이었습니다. 부리는 폭이 좁았으며 두 다리로 걸어 다녔습니다.

디슬로코사우루스('나쁜 장소의 도마뱀')
분류: 용반목〉용각형류〉용각류 무리
시기: 쥐라기 후기 또는 백악기 후기
몸길이 및 몸무게: 20미터, 13톤
분포 지역: 미국
특징: 크고 목이 긴 초식 동물입니다. 네 다리로 걸어 다녔습니다. 디플로도쿠스와 비슷했을 것으로 생각됩니다.

디오플로사우루스('이중 갑옷 도마뱀')
분류: 조반목〉티레오포라〉곡룡류 무리
시기: 백악기 후기
몸길이 및 몸무게: 6미터, 2.3톤
분포 지역: 미국, 캐나다
특징: 커다란 골판이 있는 초식 동물입니다. 꼬리 끝이 곤봉처럼 생겼습니다. 네 다리로 걸어 다녔습니다.

디플로도쿠스('두 개의 줄기')
분류: 용반목〉용각형류〉용각류 무리
시기: 쥐라기 후기
몸길이 및 몸무게: 25미터, 11톤
분포 지역: 미국
특징: 거대한 초식 동물입니다. 이빨은 연필처럼 생겼으며 목과 꼬리는 기다랗습니다. 디플로도쿠스는 네 다리로 걸어 다녔습니다.

딜로포사우루스('볏이 두 개 달린 도마뱀')
분류: 용반목〉수각류〉코엘로피시스 무리
시기: 쥐라기 전기
몸길이 및 몸무게: 6미터, 300킬로그램
분포 지역: 미국
특징: 머리 위에 평행한 판처럼 생긴 볏이 있는 날씬한 포식자입니다. 이빨은 크고 날카롭습니다.

라보카니아('라보카나 층의')
분류: 용반목〉수각류〉코엘루로사우루스 무리(예상)
시기: 백악기 후기
몸길이 및 몸무게: 8미터, 1.5톤
분포 지역: 멕시코
특징: 골격이 커다랗고 무거운 포식자입니다. 두 다리로 걸어 다녔습니다. 라보카니아에 대해 밝혀진 바가 많지 않습니다.

라오사우루스('화석 도마뱀')
분류: 조반목〉조각류〉힙실로포돈 무리
시기: 쥐라기 후기
몸길이 및 몸무게: 1.5미터, 9킬로그램
분포 지역: 미국, 캐나다
특징: 부리가 있고 손이 작으며 다리가 긴 작은 초식 동물입니다. 두 다리로 걸어 다녔으며 힙실로포돈과 비슷하게 생겼습니다.

람베오사우루스('람베의 도마뱀')
분류: 조반목〉조각류〉이구아노돈 무리
시기: 백악기 후기
몸길이 및 몸무게: 9미터, 4.5톤
분포 지역: 캐나다, 멕시코
특징: 부리와 머리 볏이 있는 커다란 초식 동물입니다. 두 다리 또는 네 다리로 걸을 수 있었습니다.

레부엘토사우루스('레부엘토 도마뱀')
분류: 조반목
시기: 쥐라기 후기
몸길이 및 몸무게: 2.5미터, 25킬로그램
분포 지역: 미국
특징: 작은 이빨만 발견된 공룡입니다. 레소토사우루스와 비슷하게 생겼을 것으로 추정되며 초식 동물 또는 잡식 동물이었습니다. 두 다리로 걸어 다녔습니다.

렙토케라톱스('작은 뿔 달린 얼굴')
분류: 조반목>마르기노케팔리아>각룡류 무리
시기: 백악기 후기
몸길이 및 몸무게: 2.5미터, 120킬로그램
분포 지역: 미국, 캐나다
특징: 짧은 꼬리와 부리 그리고 커다란 머리를 가진 초식 동물입니다. 렙토케라톱스는 네 다리로 걸어 다녔습니다.

로포르호톤('볏이 있는 코')
분류: 조반목>조각류>이구아노돈 무리
시기: 백악기 후기
몸길이 및 몸무게: 8미터, 3.2톤
분포 지역: 미국
특징: 부리가 있고 코에 혹이 난 초식 동물입니다. 두 다리 또는 네 다리로 걸어 다녔습니다.

루치아노사우루스('루치안 도마뱀')
분류: 조반목
시기: 쥐라기 후기
몸길이 및 몸무게: 1미터, 4킬로그램
분포 지역: 미국
특징: 이빨만 알려진 공룡입니다. 초식 동물 또는 잡식 동물이었으며 레소토사우루스와 비슷하게 생겼습니다. 루치아노사우루스는 두 다리로 걸어 다녔습니다.

리카르도에스테시아('리카르드 에스테스를 위하여')
분류: 용반목>수각류>코엘루로사우루스 무리
시기: 백악기 후기
몸길이 및 몸무게: 1.5미터, 6킬로그램
분포 지역: 미국, 캐나다
특징: 새처럼 생긴 포식자입니다. 턱이 좁고 이빨은 뾰족했습니다. 리카르도에스테시아는 두 다리로 걸어 다녔습니다.

마르소사우루스('마시의 도마뱀')
분류: 용반목>수각류>알로사우루스 무리(예상)
시기: 쥐라기 후기
몸길이 및 몸무게: 5미터, 280킬로그램
분포 지역: 미국
특징: 짧고 강력한 팔을 가진 포식자입니다. 두 다리로 걸어 다녔으며 알로사우루스와 비슷했을 것으로 추정됩니다.

마소스폰딜루스('길쭉한 등골뼈')
분류: 용반목>용각형류>원시 용각류 무리
시기: 트라이아스기 후기
몸길이 및 몸무게: 4미터, 130킬로그램
분포 지역: 남아프리카, 아르헨티나, 미국
특징: 목이 긴 잡식 동물입니다. 엄지손가락의 손톱은 크고 굽어 있으며 머리는 작습니다. 마소스폰딜루스는 두 다리 또는 네 다리로 걸을 수 있었습니다.

마이아사우라('착한 어미 도마뱀')
분류: 조반목>조각류>이구아노돈 무리
시기: 백악기 후기
몸길이 및 몸무게: 9미터, 4.5톤
분포 지역: 미국
특징: 주둥이가 오리 주둥이처럼 생긴 초식 동물입니다. 눈 위에 볏이 있습니다. 마이아사우라는 두 다리 또는 네 다리로 걸어 다닐 수 있었습니다.

모노클로니우스('하나의 뿔')
분류: 조반목>마르기노케팔리아>각룡류 무리
시기: 백악기 후기
몸길이 및 몸무게: 5미터, 1.1톤
분포 지역: 미국, 캐나다
특징: 부리가 있는 초식 동물입니다. 코에 긴 뿔이 있으며 짧은 목에는 주름 장식이 있습니다. 모노클로니우스는 네 다리로 걸어 다녔습니다.

몬타노케라톱스('몬태나의 뿔을 가진 얼굴')
분류: 조반목>마르기노케팔리아>각룡류 무리
시기: 백악기 후기
몸길이 및 몸무게: 1.8미터, 50킬로그램
분포 지역: 미국
특징: 부리가 있는 초식 동물입니다. 목주름 장식은 짧고 코에 있는 뿔은 작습니다. 몬타노케라톱스는 네 다리로 걸어 다녔습니다.

미무라펠타('미가트와 무어의 방패')
분류: 조반목>티레오포라>곡룡류 무리
시기: 쥐라기 후기
몸길이 및 몸무게: 3미터, 430킬로그램
분포 지역: 미국
특징: 꼬리에 골침이 있는 초식 동물입니다. 등과 그 옆쪽에는 골판이 있습니다. 미무라펠타는 네 다리로 걸어 다녔습니다.

미크로베나토르('작은 약탈자')
분류: 용반목>수각류>코엘루로사우루스 무리
시기: 백악기 전기
몸길이 및 몸무게: 1.5미터, 11킬로그램

마이아사우라

127

분포 지역: 미국
특징: 꼬리가 짧은 공룡입니다. 초식 동물 또는 잡식 동물이며 두 다리로 걸어 다녔습니다.

바로사우루스('무거운 도마뱀')
분류: 용반목〉용각형류〉용각류 무리
시기: 쥐라기 후기
몸길이 및 몸무게: 28미터, 12톤
분포 지역: 미국
특징: 연필 모양의 이빨이 있는 거대한 초식 동물입니다. 바로사우루스는 꼬리와 목이 길었으며 네 다리로 걸어 다녔습니다.

밤비랍토르('밤비 약탈자')
분류: 용반목〉수각류〉코엘로피시스 무리
시기: 백악기 후기
몸길이 및 몸무게: 1미터, 4킬로그램
분포 지역: 미국
특징: 크기가 작고 새처럼 생긴 포식자입니다. 두 다리로 걸어 다녔습니다. 팔이 길었으며 각각의 발에 있는 발가락 중 두 번째 발가락은 위로 솟아 있습니다. 꼬리는 뻣뻣했습니다.

베네노사우루스('독이 있는 도마뱀')
분류: 용반목〉용각형류〉용각류 무리
시기: 백악기 전기
몸길이 및 몸무게: 13미터, 7톤
분포 지역: 미국
특징: 목이 긴 초식 동물입니다. 꼬리는 짧았으며 앞다리는 길었습니다. 베네노사우루스는 네 다리로 걸어 다녔습니다.

부게나사우라('큰 볼 도마뱀')
분류: 조반목〉조각류〉힙실로포돈 무리(예상)
시기: 백악기 후기
몸길이 및 몸무게: 3.5미터, 60킬로그램
분포 지역: 미국
특징: 부리가 있는 초식 동물입니다. 몸통은 크며 손은 짧았습니다. 부게나사우라는 두 다리로 걸어 다녔을 것으로 예상됩니다.

브라키오사우루스('팔 도마뱀')
분류: 용반목〉용각형류〉용각류 무리
시기: 쥐라기 후기
몸길이 및 몸무게: 25미터, 50톤
분포 지역: 미국, 동아프리카
특징: 거대한 초식 동물입니다. 목은 길고 머리 위에는 볏이 있습니다. 브라키오사우루스는 네 다리로 걸어 다녔습니다.

브라키케라톱스('짧은 뿔 얼굴')
분류: 조반목〉마르기노케팔리아〉각룡류 무리
시기: 백악기 후기
몸길이 및 몸무게: 1.8미터, 45킬로그램
분포 지역: 미국, 캐나다
특징: 부리가 있는 초식 공룡입니다. 코는 길고 목의 주름 장식과 부리는 짧습니다. 브라키케라톱스는 네 다리로 걸어 다녔습니다.

브라킬로포사우루스('짧은 볏 도마뱀')
분류: 조반목〉조각류〉이구아노돈 무리
시기: 백악기 후기
몸길이 및 몸무게: 7미터, 2.3톤
분포 지역: 캐나다
특징: 넓은 부리가 있는 초식 동물입니다. 머리 위에는 볏이 달려 있습니다. 브라킬로포사우루스는 두 다리 또는 네 다리로 걸어 다닐 수 있었습니다.

사우로르니톨레스테스('새 도둑')
분류: 용반목〉수각류〉코엘루로사우루스 무리
시기: 백악기 후기
몸길이 및 몸무게: 1.5미터, 5킬로그램
분포 지역: 캐나다
특징: 꼬리가 뻣뻣한 포식자입니다. 두 다리로 걸어 다녔으며 벨로키랍토르와 비슷하게 생겼습니다.

사우로파가낙스('파충류를 먹는 동물들의 왕')
분류: 용반목〉수각류〉알로사우루스 무리
시기: 쥐라기 후기
몸길이 및 몸무게: 8미터, 3톤
분포 지역: 미국
특징: 알로사우루스와 비슷한 포식자입니다. 각각의 손에 세 개의 손가락이 있었으며 두 다리로 걸어 다녔습니다.

사우로펠타('방패 도마뱀')
분류: 조반목〉티레오포라〉곡룡류 무리
시기: 백악기 전기
몸길이 및 몸무게: 5미터, 900킬로그램
분포 지역: 미국
특징: 골판이 있는 초식 동물입니다. 목과 어깨 위에는 삼각형의 대못 같은 돌기가 있습니다. 사우로펠타는 네 다리로 걸어 다녔습니다.

사우로포세이돈('포세이돈 도마뱀')
분류: 용반목〉용각형류〉용각류 무리
시기: 백악기 전기
몸길이 및 몸무게: 30미터, 55톤
분포 지역: 미국
특징: 거대하고 목이 긴 초식 동물입니다. 브라키오사우루스와 비슷하게 생겼습니다. 사우로포세이돈은 네 다리로 걸어 다녔습니다.

사우롤로푸스('볏이 있는 도마뱀')
분류: 조반목〉조각류〉이구아노돈 무리
시기: 백악기 후기
몸길이 및 몸무게: 13미터, 7톤
분포 지역: 캐나다, 몽골
특징: 대못 모양의 머리 볏이 있는

브라키오사우루스

초식 동물입니다. 오리 주둥이처럼 생긴 이빨 없는 부리가 있으며 가는 이빨이 있습니다. 사우롤로푸스는 가장 큰 하드로사우루스 종류이며 두 다리 또는 네 다리로 걸어 다녔습니다.

세기사우루스('세기 도마뱀')
분류: 용반목〉수각류〉코엘로피시스 무리
시기: 쥐라기 전기
몸길이 및 몸무게: 1.5미터, 7킬로그램
분포 지역: 미국
특징: 몸이 날씬하고 다리가 긴 포식자입니다. 세기사우루스는 두 다리로 걸어 다녔습니다.

세이스모사우루스('지진 도마뱀')
분류: 용반목〉용각형류〉용각류 무리
시기: 쥐라기 후기
몸길이 및 몸무게: 34미터, 30톤
분포 지역: 미국
특징: 목과 꼬리가 긴 거대한 초식 동물입니다. 이빨은 연필 모양처럼 생겼습니다. 세이스모사우루스는 네 다리로 걸어 다녔습니다.

소노라사우루스('소노라 도마뱀')
분류: 용반목〉용각형류〉용각류 무리
시기: 백악기 전기
몸길이 및 몸무게: 15미터, 7톤
분포 지역: 미국
특징: 목이 긴 초식 동물입니다. 앞다리는 길고 가느다랗습니다. 소노라사우루스는 네 다리로 걸어 다녔습니다.

수페르사우루스('슈퍼 도마뱀')
분류: 용반목〉용각형류〉용각류 무리
시기: 쥐라기 후기
몸길이 및 몸무게: 45미터, 50톤
분포 지역: 미국
특징: 거대하고 목이 긴 초식 동물입니다. 이빨은 연필처럼 생겼으며 꼬리는 깁니다. 수페르사우루스는 네 다리로 걸어 다녔습니다.

슈보사우루스('슈보 도마뱀')
분류: 용반목〉수각류〉코엘로피시스 무리
시기: 트라이아스기 후기
몸길이 및 몸무게: 3미터, 20킬로그램
분포 지역: 미국
특징: 코엘로피시스와 비슷하게 생겼을 것으로 여겨지는 이빨 없는 공룡입니다. 초식 동물 또는 잡식 동물이었으며 두 다리로 걸어 다녔습니다.

스쿠텔로사우루스('작은 방패 도마뱀')
분류: 조반목〉티레오포라
시기: 쥐라기 전기
몸길이 및 몸무게: 1.2미터, 17킬로그램
분포 지역: 미국
특징: 긴 꼬리가 있는 초식 동물입니다. 등과 옆구리 쪽에는 방어용 골판이 돋아나 있습니다. 두 다리 또는 네 다리로 걸어 다닐 수 있었습니다.

스테고사우루스('지붕 도마뱀')
분류: 조반목〉티레오포라〉검룡류 무리
시기: 쥐라기 후기
몸길이 및 몸무게: 6.5미터, 2.2톤
분포 지역: 미국
특징: 목부터 등을 따라 꼬리까지 다이아몬드 모양의 골판이 있는 초식 동물입니다. 스테고사우루스는 네 다리로 걸어 다녔으며 뒷다리는 앞다리보다 길었습니다.

스테고케라스('뿔이 있는 천정')
분류: 조반목〉마르기노케팔리아〉후두류 무리
시기: 백악기 후기
몸길이 및 몸무게: 2미터, 27킬로그램
분포 지역: 미국, 캐나다
특징: 부리가 있는 초식 동물입니다. 팔은 짧고 돔처럼 생긴 두개골은 두툼합니다. 스테고케라스는 두 다리로 걸어 다녔습니다.

스테고펠타('방패로 덮인')
분류: 조반목〉티레오포라〉곡룡류 무리
시기: 백악기 후기
몸길이 및 몸무게: 6미터, 1.2톤
분포 지역: 미국
특징: 길고 유연한 꼬리가 있는 초식 동물입니다. 엉덩이는 넓적하며 방어용 골판이 있고 다리는 짧습니다. 스테고펠타는 네 다리로 걸어 다녔습니다.

스토케소사우루스('스토케스의 도마뱀')
분류: 용반목〉수각류〉코엘루로사우루스 무리
시기: 쥐라기 후기
몸길이 및 몸무게: 4미터, 80킬로그램
분포 지역: 미국
특징: 코가 뭉툭하게 생긴 포식자입니다. 두 다리로 걸어 다녔으며 원시 티라노사우루스 류였을 것으로 짐작됩니다.

스테고사우루스

스트루티오미무스('타조를 닮음')
분류: 용반목＞수각류＞코엘루로사우루스 무리
시기: 백악기 후기
몸길이 및 몸무게: 4미터, 160킬로그램
분포 지역: 캐나다
특징: 걸음이 아주 빠른 잡식 동물입니다. 각각의 손에는 세 개의 손가락이 있습니다. 부리에는 이빨이 없으며 목과 팔다리는 길고 가느다랗습니다. 정강이가 넓적다리보다 길며 두 다리로 걸어 다녔습니다.

스티기몰로크('헬 크리크의 악마')
분류: 조반목＞마르기노케팔리아＞후두류 무리
시기: 백악기 후기
몸길이 및 몸무게: 2미터, 35킬로그램
분포 지역: 미국
특징: 부리가 있는 초식 동물입니다. 몸통은 넓적하며 돔처럼 생긴 두개골 위에는 대못처럼 생긴 돌기가 있습니다. 스티기몰로크는 두 다리로 걸어 다녔습니다.

스티라코사우루스('긴 가시가 있는 도마뱀')
분류: 조반목＞마르기노케팔리아＞각룡류 무리
시기: 백악기 후기
몸길이 및 몸무게: 5.5미터, 900킬로그램
분포 지역: 캐나다
특징: 코에는 크고 위로 솟아 있는 뿔이 있고 목주름 장식 가장자리에는 긴 대못 같은 돌기가 있는 초식 동물입니다. 부리에는 이빨이 없으며 네 다리로 걸어 다녔습니다.

스파에로톨루스('구 모양의 돔')
분류: 조반목＞마르기노케팔리아＞후두류 무리
시기: 백악기 후기
몸길이 및 몸무게: 2미터, 35킬로그램
분포 지역: 미국
특징: 두개골은 돔 모양으로 생겼고 팔이 짧은 공룡입니다. 초식 동물 또는 잡식 동물이고 두 다리로 걸어 다녔습니다.

신타르수스('붙어 있는 발목 관절')
분류: 용반목＞수각류＞코엘로피시스 무리
시기: 쥐라기 전기
몸길이 및 몸무게: 2미터, 15킬로그램
분포 지역: 남아프리카, 미국, 웨일스
특징: 두개골이 좁은 포식자입니다. 꼬리는 길며 이빨은 크고 작은 먹이를 잡아먹기에 적합했습니다. 머리에는 두 개의 작은 볏이 있으며 딜로포사우루스와 닮았습니다.

실비사우루스('숲 도마뱀')
분류: 조반목＞티레오포라＞곡룡류 무리
시기: 백악기 전기
몸길이 및 몸무게: 4미터, 400킬로그램
분포 지역: 미국
특징: 골판이 있는 초식 동물입니다. 옆구리쪽에는 가시가 돋아나 있습니다. 실비사우루스는 네 다리로 걸어 다녔습니다.

아나사지사우루스('아나사지 도마뱀')
분류: 조반목＞조각류＞이구아노돈 무리
시기: 백악기 후기
몸길이 및 몸무게: 6.5미터, 1.9톤
분포 지역: 미국
특징: 코 위에 혹이 나 있는 초식 동물입니다. 두 다리 또는 네 다리로 걸어 다녔습니다.

아나토티탄('거대한 오리')
분류: 조반목＞조각류＞이구아노돈 무리
시기: 백악기 후기
몸길이 및 몸무게: 12미터, 7.6톤
분포 지역: 미국
특징: 골격이 길고 이빨을 가는 초식 동물입니다. 부리는 오리 주둥이처럼 생겼으며 두 다리 또는 네 다리로 걸어 다녔습니다.

아니만탁스('살아 있는 요새')
분류: 조반목＞티레오포라＞곡룡류 무리
시기: 백악기 전기
몸길이 및 몸무게: 10미터, 2.7톤
분포 지역: 미국
특징: 골판이 있는 초식 동물입니다. 두개골은 길고 좁으며 뿔은 짧습니다. 네 다리로 걸어 다녔습니다.

아리노케라톱스('뿔이 없는 얼굴')
분류: 조반목＞마르기노케팔리아＞각룡류 무리
시기: 백악기 후기
몸길이 및 몸무게: 6미터, 1.5톤
분포 지역: 캐나다
특징: 부리와 세 개의 뿔이 있는 초식 동물입니다. 그리고 목주름 장식이 있으며 코는 짧습니다. 아리노케라톱스는 네 다리로 걸어 다녔습니다.

아바케라톱스('아바의 뿔 달린 얼굴')
분류: 조반목＞마르기노케팔리아＞각룡류 무리
시기: 백악기 후기
몸길이 및 몸무게: 3미터, 135킬로그램
분포 지역: 미국
특징: 부리가 있는 초식 동물입니다. 목주름 장식은 짧았으며 눈 위에는 뿔이 있었습니다. 아바케라톱스는 네 다리로 걸어 다녔습니다.

아켈로우사우루스('아켈로스 도마뱀')
분류: 조반목＞마르기노케팔리아＞각룡류 무리
시기: 백악기 후기
몸길이 및 몸무게: 6미터, 1.5톤
분포 지역: 미국
특징: 목 둘레에 대못 같은 두 개의 돌기가 있는 초식 동물입니다. 아켈로우사우루스의 눈 위쪽에 있는 코에는 돌기가 있습니다.

알로사우루스

아크로칸토사우루스('높은 가시 도마뱀')
분류: 용반목>수각류>알로사우루스 무리
시기: 백악기 전기
몸길이 및 몸무게: 8미터, 3톤
분포 지역: 미국
특징: 목과 등줄기에 근육질의 돌기가 나 있는 포식자입니다.

아파토사우루스('속이는 도마뱀')
분류: 용반목>용각형류>용각류 무리
시기: 쥐라기 후기
몸길이 및 몸무게: 23미터, 22톤
분포 지역: 미국
특징: 목이 길고 꼬리는 채찍처럼 생긴 초식 동물입니다. 아파토사우루스는 몸통이 크고 근육질이었으며 네 다리로 걸어 다녔습니다.

안키사우루스('가까운 도마뱀')
분류: 용반목>용각형류>원시 용각류 무리
시기: 쥐라기 전기
몸길이 및 몸무게: 3미터, 85킬로그램
분포 지역: 미국, 캐나다
특징: 두개골은 작고 뾰족하며 몸통은 길고 목이 긴 잡식 동물입니다. 두 다리 또는 네 다리로 걸을 수 있었습니다.

안키케라톱스('근접한 뿔 달린 얼굴')
분류: 조반목>마르기노케팔리아>각룡류 무리
시기: 백악기 후기
몸길이 및 몸무게: 6미터, 1.4톤
분포 지역: 캐나다
특징: 얼굴에 세 개의 뿔이 나 있으며 목에는 주름 장식이 있습니다. 부리는 돌출되어 있고 꼬리는 무척 짧습니다. 네 다리로 걸어 다녔습니다.

안킬로사우루스('연결된 도마뱀')
분류: 조반목>티레오포라>곡룡류 무리
시기: 백악기 후기
몸길이 및 몸무게: 7미터, 1.7톤
분포 지역: 미국
특징: 골판이 있는 초식 동물로서 네 다리로 걸어 다녔습니다. 다리는 짧고 꼬리 끝은 커다란 봉처럼 생겼습니다.

알라모사우루스('오조 알라모 도마뱀')
분류: 용반목>용각형류>용각류 무리
시기: 백악기 후기
몸길이 및 몸무게: 20미터, 12톤
분포 지역: 미국
특징: 목이 긴 초식 동물입니다. 꼬리는 길고 유연하며 이빨은 연필 끝처럼 날카롭습니다. 네 다리로 걸어 다녔습니다.

알레토펠타('돌아다니는 방패')
분류: 조반목>티레오포라>곡룡류 무리
시기: 백악기 후기
몸길이 및 몸무게: 6미터, 2톤
분포 지역: 미국
특징: 다리가 짧고 몸통에 넓은 골판이 있는 초식 동물입니다. 등 중간에 커다란 대못 같은 돌기가 있고 네 다리로 걸어 다녔습니다.

알로사우루스('이상한 도마뱀')
분류: 용반목>수각류>알로사우루스 무리
시기: 쥐라기 후기
몸길이 및 몸무게: 8미터, 1톤
분포 지역: 미국, 동아프리카, 포르투갈
특징: 각각의 손에 세 개의 손가락이 있고 눈 위에 뿔이 달린 포식자입니다. 두 다리로 걸어 다녔습니다.

알베르토사우루스('알베르타 도마뱀')
분류: 용반목>수각류>코엘루로사우루스 무리
시기: 백악기 후기
몸길이 및 몸무게: 10미터, 2.4톤
분포 지역: 미국, 캐나다
특징: 팔이 짧고 각각의 손에 두 개의 손가락이 있는 포식자입니다. 두개골은 넓적하며 두 다리로 걸어 다녔습니다.

암모사우루스('사암 도마뱀')
분류: 용반목>용각형류>원시 용각류 무리
시기: 쥐라기 전기
몸길이 및 몸무게: 4미터, 120킬로그램
분포 지역: 미국
특징: 각각의 손에 다섯 개의 손가락이 있는 공룡으로 엄지발톱은 커다랗습니다. 목은 길었으며 두 다리 또는 네 다리로 걸어 다닐 수 있었습니다. 그리고 초식 동물 또는 잡식 동물이었습니다.

에드마르카('에드마르크를 위하여')
분류: 용반목>수각류>스피노사우루스 무리
시기: 쥐라기 후기
몸길이 및 몸무게: 9미터, 2톤
분포 지역: 미국
특징: 팔이 짧은 포식자입니다. 이빨은 뒤쪽으로 휘어져 있습니다. 에드마르카는 두 다리로 걸어 다녔습니다.

에드몬토니아('에드몬톤으로부터')
분류: 조반목>티레오포라>곡룡류 무리
시기: 백악기 후기
몸길이 및 몸무게: 7미터, 1.5톤
분포 지역: 미국, 캐나다
특징: 무거운 골판이 있는 초식 동물입니다. 어깨에는 크고 앞쪽으로 뾰족한 골침이 있습니다.

에드몬토사우루스('에드몬톤 도마뱀')
분류: 조반목>조각류>이구아노돈 무리
시기: 백악기 후기

안킬로사우루스

몸길이 및 몸무게: 9미터, 4톤
분포 지역: 미국, 캐나다
특징: 가는 이빨이 많이 나 있는 초식 동물입니다. 주둥이는 오리의 부리처럼 생겼습니다.

에오람비아('새벽 람비오사우린')
분류: 조반목>조각류>이구아노돈 무리
시기: 백악기 전기
몸길이 및 몸무게: 8미터, 3톤
분포 지역: 미국
특징: 가는 이빨이 있는 초식 동물입니다. 부리는 오리의 부리처럼 생겼으며 두 다리 또는 네 다리로 걸어 다닐 수 있었습니다.

에오브론토사우루스('새벽의 천둥 도마뱀')
분류: 용반목>용각형류>용각류 무리
시기: 쥐라기 후기
몸길이 및 몸무게: 20미터, 15톤
분포 지역: 미국
특징: 튼튼한 근육질의 다리를 가진 초식 동물입니다. 네 다리로 걸어 다녔으며 아파토사우루스와 비슷하게 생겼습니다.

에우코엘로피시스('실제로 속이 빈 종류')
분류: 용반목>수각류>코엘로피시스 무리
시기: 트라이아스기 후기
몸길이 및 몸무게: 3미터, 20킬로그램
분포 지역: 미국
특징: 꼬리가 긴 날씬한 포식자입니다. 두 다리로 걸어 다녔으며 코엘로피시스와 비슷했을 것으로 생각됩니다.

에이니오사우루스('들소 도마뱀')
분류: 조반목>마르기노케팔리아>각룡류 무리
시기: 백악기 후기
몸길이 및 몸무게: 6미터, 1.5톤
분포 지역: 미국
특징: 코 위에 뿔이 난 초식 동물입니다. 두 다리로 걸어 다녔으며 아주 잘 달렸을 것으로 짐작됩니다.

에키노돈('꺼끌꺼끌한 이빨')
분류: 조반목>헤테로돈토사우루스 무리
시기: 백악기 전기
몸길이 및 몸무게: 1미터, 5킬로그램
분포 지역: 영국, 미국
특징: 턱 앞쪽에 송곳니 같은 것이 있는 작은 포식자입니다. 두 다리 또는 네 다리로 걸을 수 있었습니다.

엘라프로사우루스('날렵한 도마뱀')
분류: 용반목>수각류>네오케라토사우루스 무리
시기: 쥐라기 후기
몸길이 및 몸무게: 6미터, 220킬로그램
분포 지역: 동아프리카, 미국
특징: 목이 긴 포식자입니다. 두 다리로 걸어 다녔으며 빨리 달릴 수 있었을 것으로 예상됩니다.

오로드로메우스('산으로 뛰어다니는 자')
분류: 조반목>조각류>힙실로포돈 무리
시기: 백악기 후기
몸길이 및 몸무게: 2미터, 13킬로그램
분포 지역: 미국
특징: 부리가 있는 초식 동물입니다. 꼬리는 뻣뻣하며 손은 짧고 각각의 손에는 다섯 개의 손가락이 있습니다. 오로드로메우스는 두 다리로 걸어 다녔습니다.

오르나토톨루스('장식한 돔')
분류: 조반목>마르기노케팔리아>후두류 무리
시기: 백악기 후기
몸길이 및 몸무게: 1.5미터, 5킬로그램
분포 지역: 영국
특징: 부리가 있는 초식 동물입니다. 몸통은 넓적하고 팔은 짧습니다. 오르나토톨루스는 두 다리로 걸어 다녔습니다.

오르니토미무스('새를 닮은 공룡')
분류: 용반목>수각류>코엘루로사우루스 무리
시기: 백악기 후기
몸길이 및 몸무게: 3미터, 110킬로그램
분포 지역: 미국, 캐나다
특징: 달리기를 잘하는 잡식 동물입니다. 부리에는 이빨이 없고 손은 깁니다. 오르니토미무스는 두 다리로 걸어 다녔습니다.

오르니톨레스테스('새 도둑')
분류: 용반목>수각류>코엘루로사우루스 무리
시기: 쥐라기 후기
몸길이 및 몸무게: 2미터, 13킬로그램
분포 지역: 미국
특징: 각각의 손에 세 개의 긴 손가락이 있는 작은 포식자입니다. 두개골은 작았고 꼬리는 길었습니다. 오르니톨레스테스는 두 다리로 걸어 다녔습니다.

오트니엘리아('오트니엘을 위하여')
분류: 조반목>조각류>힙실로포돈 무리
시기: 쥐라기 후기
몸길이 및 몸무게: 3미터, 16킬로그램
분포 지역: 미국
특징: 초식 동물 또는 잡식 동물이었던 공룡입니다. 부리가 있었으며 두 다리로 걸어 다녔습니다.

유오플로케팔루스('진짜 장갑이 된 머리')
분류: 조반목>티레오포라>곡룡류 무리
시기: 백악기 후기
몸길이 및 몸무게: 6미터, 2.3톤
분포 지역: 미국, 캐나다
특징: 덩치가 크고 다부지며 골판이 있는 초식 동물입니다. 꼬리 끝은 커다란 봉처럼 생겼으며 두 다리로 걸어 다녔습니다.

유타랍토르('유타 주의 도둑')
분류: 용반목>수각류>코엘루로사우루스 무리
시기: 백악기 전기
몸길이 및 몸무게: 7미터, 450킬로그램
분포 지역: 미국

특징: 각각의 두 번째 발가락에 크고 휘어져 있는 발톱이 난 커다란 포식자입니다. 유타랍토르는 두 다리로 걸어 다녔습니다.

이구아노돈('이구아나의 이빨')
분류: 조반목>조각류>이구아노돈 무리
시기: 백악기 전기
몸길이 및 몸무게: 8미터, 3.7톤
분포 지역: 미국
특징: 대못 모양의 엄지손가락과 가는 이빨이 있는 초식 동물입니다. 두 다리 또는 네 다리로 걸어 다녔습니다.

제피로사우루스('서풍의 도마뱀')
분류: 조반목>조각류>힙실로포돈 무리
시기: 백악기 전기
몸길이 및 몸무게: 1.8미터, 15킬로미터
분포 지역: 미국
특징: 목이 긴 초식 동물입니다. 뒷다리는 길었으며 팔은 짧았습니다. 두개골은 짧았고 눈은 컸으며 두 다리로 걸어 다녔습니다.

주니케라톱스('주니 족의 뿔 난 얼굴')
분류: 조반목>마르기노케팔리아>각룡류 무리
시기: 백악기 후기
몸길이 및 몸무게: 4미터, 750킬로그램
분포 지역: 미국
특징: 목주름 장식이 크고 눈 위에 큰 뿔이 난 원시 케라톱스 무리입니다. 네 다리로 걸어 다녔으며 초식 동물입니다.

친데사우루스('친데 도마뱀')
분류: 용반목>헤레라사우루스 무리
시기: 트라이아스기 후기
몸길이 및 몸무게: 4미터, 220킬로그램
분포 지역: 미국
특징: 이빨이 날카로운 포식자입니다. 두 다리로 걸어 다녔으며 헤레라사우루스와 비슷하게 생겼을 것으로 예상됩니다.

카마라사우루스('방 도마뱀')
분류: 용반목>용각형류>용각류 무리
시기: 쥐라기 후기
몸길이 및 몸무게: 18미터, 14톤
분포 지역: 미국
특징: 이빨이 숟가락처럼 생긴 커다란 초식 동물입니다. 목이 길며 네 다리로 걸어 다녔습니다.

카세오사우루스('카세의 도마뱀')
분류: 용반목>헤레라사우루스 무리(예상)
시기: 트라이아스기 후기
몸길이 및 몸무게: 1미터, 5킬로그램
분포 지역: 미국
특징: 두 다리로 걸어 다녔던 작은 원시 포식자입니다. 카세오사우루스는 헤레라사우루스와 비슷하게 생겼습니다.

카스모사우루스('갈라진 도마뱀')
분류: 조반목>마르기노케팔리아>각룡류 무리
시기: 백악기 후기
몸길이 및 몸무게: 5미터, 1.1톤
분포 지역: 미국, 캐나다
특징: 목주름 장식이 있는 초식 동물입니다. 코와 눈 위에는 뿔이 있습니다. 카스모사우루스는 네 다리로 걸어 다녔습니다.

카스스테른베르기아('찰스 스테른베르그를 위하여')
분류: 조반목>티레오포라>곡룡류 무리
시기: 백악기 후기
몸길이 및 몸무게: 7미터, 1.5톤
분포 지역: 미국
특징: 무거운 골판이 있는 초식 동물입니다. 어깨 위의 대못처럼 생긴 돌기는 크고 앞을 향해 나 있습니다. 카스스테른베르기아는 네 다리로 걸어 다녔으며 에드몬토니아와 같은 동물이었다고 여겨지기도 합니다.

캄포사우루스('찰스 루이스 캠프의 도마뱀')
분류: 용반목>수각류>코엘로피시스 무리
시기: 트라이아스기 후기
몸길이 및 몸무게: 3미터, 20킬로그램
분포 지역: 미국
특징: 발목뼈만 발견된 날씬한 포식자입니다. 캄포사우루스는 두 다리로 걸어 다녔으며 코엘로피시스와 비슷하게 생겼을 것으로 예상됩니다.

캄프토사우루스('유연한 도마뱀')
분류: 조반목>조각류>이구아노돈 무리
시기: 쥐라기 후기
몸길이 및 몸무게: 3.5미터, 270킬로그램
분포 지역: 미국
특징: 가는 이빨이 있는 초식 동물입니다. 각각의 손에는 다섯 개의 손가락이 있으며 두 다리 또는 네 다리로 걸어 다닐 수 있었습니다.

케다로사우루스('삼나무 도마뱀')
분류: 용반목>용각형류>용각류 무리
시기: 백악기 전기
몸길이 및 몸무게: 13미터, 7톤
분포 지역: 미국
특징: 목이 긴 초식 동물입니다. 앞다리는 길고 가느다랗습니다. 케다로사우루스는 네 다리로 걸어 다녔습니다.

이구아노돈

코엘로피시스

케다르펠타('삼나무 방패')
분류: 조반목>티레오포라>곡룡류 무리
시기: 백악기 전기
몸길이 및 몸무게: 8.5미터, 17톤
분포 지역: 미국
특징: 골판이 있는 초식 동물입니다. 코는 폭이 좁으며 네 다리로 걸어 다녔습니다.

케라토사우루스('뿔이 있는 도마뱀')
분류: 용반목>수각류>네오케라토사우루스 무리
시기: 쥐라기 후기
몸길이 및 몸무게: 6미터, 600킬로그램
분포 지역: 미국
특징: 코에 뿔이 있는 초식 동물입니다. 이빨은 크며 등을 따라 골판이 나 있습니다. 케라토사우루스는 두 다리로 걸어 다녔습니다.

코리토사우루스('헬멧 도마뱀')
분류: 조반목>조각류
시기: 백악기 후기
몸길이 및 몸무게: 8미터, 3톤
분포 지역: 캐나다
특징: 부리가 있는 초식 동물입니다. 커다란 머리 볏은 반원 모양으로 생겼습니다. 코리토사우루스는 두 다리 또는 네 다리로 걸어 다닐 수 있었습니다.

코엘로피시스('비어 있는 뼛속')
분류: 용반목>수각류>코엘로피시스 무리
시기: 트라이아스기 후기
몸길이 및 몸무게: 3미터, 20킬로그램
분포 지역: 미국
특징: 꼬리가 긴 포식자입니다. 이빨이 커서 작은 먹이를 잡아먹는 데 적합했습니다.

코엘루루스('비어 있는 꼬리')
분류: 용반목>수각류>코엘로피시스 무리
시기: 쥐라기 후기
몸길이 및 몸무게: 3미터, 25킬로그램
분포 지역: 미국
특징: 두 다리로 걸어 다녔던 작은 포식자입니다.

코파리온('메스')
분류: 용반목>수각류>코엘루로사우루스 무리
시기: 쥐라기 후기
몸길이 및 몸무게: 1미터, 6킬로그램
분포 지역: 미국
특징: 화석화된 이빨만 알려진 작은 포식자입니다. 두 다리로 걸어 다녔으며 트로오돈과 비슷하게 생겼습니다.

크리토사우루스('헤어진 도마뱀')
분류: 조반목>조각류>이구아노돈 무리
시기: 백악기 후기
몸길이 및 몸무게: 6.5미터, 1.9톤
분포 지역: 미국
특징: 코 위에 혹이 있는 초식 동물입니다. 부리는 오리 주둥이처럼 생겼습니다. 크리토사우루스는 두 다리 또는 네 다리로 걸을 수 있었습니다.

클라오사우루스('부서진 도마뱀')
분류: 조반목>조각류>이구아노돈 무리
시기: 백악기 후기
몸길이 및 몸무게: 3.5미터, 600킬로그램
분포 지역: 미국
특징: 부리가 오리 주둥이처럼 생긴 초식 동물입니다. 가는 이빨이 있으며 팔은 가느다랗습니다. 두 다리 또는 네 다리로 걸어 다닐 수 있었습니다.

키로스테노테스('가냘픈 손')
분류: 용반목>수각류>코엘루로사우루스 무리
시기: 백악기 후기
몸길이 및 몸무게: 2.5미터, 35킬로그램
분포 지역: 미국, 캐나다
특징: 이빨이 없는 공룡이며 초식 동물 또는 잡식 동물이었습니다. 머리 볏이 있고 손가락은 길었습니다. 키로스테노테스는 두 다리로 걸어 다녔습니다.

테논토사우루스('힘줄 도마뱀')
분류: 조반목>조각류>이구아노돈 무리
시기: 백악기 전기
몸길이 및 몸무게: 4.5미터, 240킬로그램
분포 지역: 미국
특징: 원시 이구아노돈 무리입니다. 꼬리는 매우 길었습니다. 부리가 있는 초식 동물로서 눈은 컸으며 각각의 손에는 다섯 개의 손가락이 있었습니다. 테논토사우루스는 네 다리로 걸어 다녔습니다.

케라토사우루스

테스켈로사우루스 ('놀라운 도마뱀')
분류: 조반목>조각류>힙실로포돈 무리(가능)
시기: 백악기 후기
몸길이 및 몸무게: 3.5미터, 60킬로그램
분포 지역: 미국, 캐나다
특징: 부리가 있는 초식 동물입니다. 몸통은 컸으며 꼬리는 경사져 있었습니다. 각각의 손에는 다섯 개의 손가락이 있었으며 손은 짧았습니다. 테스켈로사우루스는 두 다리로 걸어 다녔습니다.

테코바사우루스 ('테코바스 도마뱀')
분류: 조반목
시기: 쥐라기 후기
몸길이 및 몸무게: 1미터, 4킬로그램
분포 지역: 미국
특징: 이빨만 알려진 공룡입니다. 초식 동물 또는 잡식 동물이었으며 두 다리로 걸어 다녔습니다. 테코바사우루스는 레소토사우루스와 비슷하게 생겼을 것으로 짐작됩니다.

테크노사우루스 ('텍사스 테크 사우루스')
분류: 조반목
시기: 트라이아스기 후기
몸길이 및 몸무게: 1미터, 4킬로그램
분포 지역: 미국
특징: 작은 초식 동물입니다. 뒷다리는 길고 가늘며 팔과 부리는 짧습니다. 테크노사우루스는 두 다리로 걸어 다녔습니다.

텍사세테스 ('텍사스 거주자')
분류: 조반목>티레오포라>곡룡류 무리
시기: 백악기 전기
몸길이 및 몸무게: 5미터, 700킬로그램
분포 지역: 미국
특징: 목과 등, 꼬리가 딱딱한 골판으로 덮여 있는 초식 동물입니다. 텍사세테스는 네 다리로 걸어 다녔습니다.

토로사우루스 ('구멍 난 도마뱀')
분류: 조반목>마르기노케팔리아>각룡류 무리
시기: 백악기 후기
몸길이 및 몸무게: 7.6미터, 2.7톤
분포 지역: 미국
특징: 거대한 케라톱스 무리 공룡입니다. 두개골은 전체 몸길이의 절반을 차지할 정도로 컸습니다(꼬리는 제외). 부리와 목주름 장식이 있었고 얼굴 위에는 세 개의 뿔이 있었습니다. 토로사우루스는 초식 동물이었으며 네 다리로 걸어 다녔습니다.

토르보사우루스 ('야만스러운 도마뱀')
분류: 용반목>수각류>스피노사우루스 무리
시기: 쥐라기 후기
몸길이 및 몸무게: 9미터, 2톤
분포 지역: 미국
특징: 강한 포식자입니다. 팔은 짧았고 다리는 강력했으며 이빨은 날카롭고 뒤쪽으로 휘어져 나 있었습니다. 토르보사우루스는 두 다리로 걸어 다녔습니다.

트로오돈 ('구부러진 이빨')
분류: 용반목>수각류>코엘루로사우루스 무리
시기: 백악기 후기
몸길이 및 몸무게: 3미터, 45킬로그램
분포 지역: 미국, 캐나다
특징: 다리가 긴 포식자입니다. 육식 동물 또는 잡식 동물이었습니다. 두 다리로 걸어 다녔으며 두개골은 폭이 좁았고 두 번째 발가락은 위로 올라가 있습니다. 이빨은 날카로웠으며 턱은 얇았습니다.

트리케라톱스 ('세 개의 뿔이 있는 얼굴')
분류: 조반목>마르기노케팔리아>각룡류 무리
시기: 백악기 후기
몸길이 및 몸무게: 8미터, 3톤
분포 지역: 미국, 캐나다
특징: 얼굴에 세 개의 뿔이 있는 초식 동물입니다. 목주름 장식이 있고 앵무새의 부리처럼 눈에 띄는 부리가 있습니다. 트리케라톱스는 가장 큰 케라톱시아 무리였으며 네 다리로 걸어 다녔습니다.

티라노사우루스 ('폭군 도마뱀')
분류: 용반목>수각류>코엘루로사우루스 무리
시기: 백악기 후기
몸길이 및 몸무게: 11미터, 6톤
분포 지역: 미국, 캐나다
특징: 커다란 포식자입니다. 팔은 짧았고 손은 작았습니다. 각각의 손에는 두 개의 손가락이 있었습니다. 두개골은 컸으며 턱은 강력했고 이빨은 날카로웠습니다. 티라노사우루스는 두 다리로 걸어 다녔습니다.

파노플로사우루스 ('완전히 무장된 도마뱀')
분류: 조반목>티레오포라>곡룡류 무리
시기: 백악기 후기
몸길이 및 몸무게: 7미터, 1.5톤
분포 지역: 미국, 캐나다
특징: 골판이 있는 초식 동물입니다. 어깨 위에 있는 대못은 앞을 향해 나 있습니다. 파노플로사우루스는 네 다리로 걸어 다녔습니다.

파라사우롤로푸스 ('볏이 있는 도마뱀과 비슷한')
분류: 조반목>조각류>이구아노돈 무리
시기: 백악기 후기
몸길이 및 몸무게: 9미터, 5톤
분포 지역: 미국, 캐나다
특징: 부리가 있는 초식 동물입니다. 구부러지고 튜브처럼 생긴 머리 볏이 있습니다. 파라사우롤로푸스는 두 다리 또는 네 다리로 걸어 다닐 수 있었습니다.

트로오돈

파라사우롤로푸스

파르크소사우루스('공원의 도마뱀')
분류: 조반목〉조각류〉힙실로포돈 무리
시기: 백악기 후기
몸길이 및 몸무게: 2.5미터, 60킬로그램
분포 지역: 캐나다
특징: 부리가 있는 초식 동물입니다. 뒷다리는 가늘며 팔은 짧고 이빨은 잎 모양으로 생겼습니다. 파르크소사우루스는 두 다리로 걸어 다녔습니다.

파키리노사우루스('두꺼운 코 도마뱀')
분류: 조반목〉마르기노케팔리아〉각룡류 무리
시기: 백악기 후기
몸길이 및 몸무게: 6미터, 1.5톤
분포 지역: 캐나다
특징: 부리와 목주름 장식이 있는 초식 동물입니다. 코 위에는 뼈로 된 혹이 있습니다. 파키리노사우루스는 네 다리로 걸어 다녔습니다.

파키케팔로사우루스('두꺼운 머리를 가진 도마뱀')
분류: 조반목〉마르기노케팔리아〉후두류 무리
시기: 백악기 후기
몸길이 및 몸무게: 5미터, 300킬로그램
분포 지역: 미국
특징: 부리가 있는 초식 동물입니다. 두툼한 두개골 위에는 덩어리와 뿔이 있습니다. 파키케팔로사우루스는 두 다리로 걸어 다녔습니다.

파파사우루스('파우 파우 도마뱀')
분류: 조반목〉티레오포라〉곡룡류 무리
시기: 백악기 전기
몸길이 및 몸무게: 5미터, 700킬로그램
분포 지역: 미국
특징: 머리만 발견되었으며 두개골에는 골판이 있는 초식 동물입니다. 파파사우루스는 네 다리로 걸어 다녔습니다.

페키노사우루스('페킨 도마뱀')
분류: 조반목
시기: 쥐라기 후기
몸길이 및 몸무게: 1미터, 4킬로그램
분포 지역: 미국
특징: 독특한 이빨만 알려진 공룡입니다. 초식 동물 또는 잡식 동물이며 레소토사우루스와 비슷하게 생겼습니다. 페키노사우루스는 두 다리로 걸어 다녔습니다.

펜타케라톱스('뿔이 다섯 개 달린 얼굴')
분류: 조반목〉마르기노케팔리아〉각룡류 무리
시기: 백악기 후기
몸길이 및 몸무게: 7.5미터, 2.2톤
분포 지역: 미국
특징: 주름 장식이 있는 커다란 초식 동물입니다. 세 개의 뿔은 무척 길고 나머지는 부리입니다. 네 다리로 걸어 다녔습니다.

프로사우롤로푸스('원시 사우롤로푸스')
분류: 조반목〉조각류〉이구아노돈 무리
시기: 백악기 후기
몸길이 및 몸무게: 8미터, 3.2톤
분포 지역: 캐나다, 미국
특징: 부리의 모양이 오리의 주둥이와 비슷한 초식 동물입니다. 두 다리 또는 네 다리로 걸어 다닐 수 있었습니다.

프로토하드로스('첫 번째 하드로사우루스')
분류: 조반목〉조각류〉이구아노돈 무리
시기: 백악기 후기
몸길이 및 몸무게: 7미터, 2.2톤
분포 지역: 미국
특징: 부리가 오리 주둥이처럼 생긴 초식 동물입니다. 가는 이빨도 있습니다. 두 다리 또는 네 다리로 걸어 다녔습니다.

플라니콕사('평평한 엉덩이')
분류: 조반목〉조각류〉이구아노돈 무리
시기: 백악기 전기
몸길이 및 몸무게: 7미터, 1.5톤
분포 지역: 미국
특징: 두 다리 또는 네 다리로 걸어 다닐 수 있었던 초식 동물입니다.

플레우로코엘루스('움푹 패인 측면')
분류: 용반목〉용각형류〉용각류 무리
시기: 백악기 전기
몸길이 및 몸무게: 13미터, 7톤
분포 지역: 미국
특징: 목이 긴 초식 동물입니다. 네 다리로 걸어 다녔습니다. 앞다리는 길고 가느다랗습니다.

하드로사우루스('하돈필드의 도마뱀')
분류: 조반목〉조각류〉이구아노돈 무리
시기: 백악기 후기
몸길이 및 몸무게: 7미터, 2.3톤
분포 지역: 미국
특징: 오리 주둥이처럼 생긴 부리와 가는 이빨이 있는 초식 동물입니다. 두 다리 또는 네 다리로 걸을 수 있었습니다.

파키케팔로사우루스

하플로칸토사우루스('단순한 척추 도마뱀')
분류: 용반목〉용각형류〉용각류 무리
시기: 쥐라기 후기
몸길이 및 몸무게: 20미터, 15톤
분포 지역: 미국
특징: 목과 꼬리가 긴 초식 동물입니다. 다리는 억세며 네 다리로 걸어 다녔습니다.

헤스페로사우루스('서부 도마뱀')
분류: 조반목〉티레오포라〉검룡류 무리
시기: 쥐라기 후기
몸길이 및 몸무게: 6미터, 1.8톤
분포 지역: 미국
특징: 골판이 있는 초식 동물입니다. 목부터, 등, 꼬리까지 대못처럼 생긴 것이 박혀 있습니다. 헤스페로사우루스는 네 다리로 걸어 다녔습니다.

호플리토사우루스('방패 도마뱀')
분류: 조반목〉티레오포라〉각룡류 무리
시기: 백악기 전기
몸길이 및 몸무게: 5미터, 800킬로그램
분포 지역: 미국
특징: 골판이 있는 초식 동물로서, 폴라칸투스와 비슷하게 생겼습니다. 호플리토사우루스는 네 다리로 걸어 다녔습니다.

히파크로사우루스('가장 큰 도마뱀')
분류: 용반목〉조각류〉이구아노돈 무리
시기: 백악기 후기
몸길이 및 몸무게: 9미터, 4.3톤
분포 지역: 캐나다
특징: 부리가 오리 주둥이처럼 생긴 초식 동물입니다. 머리 볏은 골판처럼 생겼습니다.

힙실로포돈('힙실로푸스 이빨')
분류: 조반목〉조각류〉힙실로포돈 무리
시기: 쥐라기 후기와 백악기 전기
몸길이 및 몸무게: 1.4미터, 7킬로그램
분포 지역: 영국, 독일, 스페인, 포르투갈, 루마니아, 미국
특징: 두 다리로 걸어 다녔던 초식 동물입니다. 부리가 좁고 눈은 크며 손가락의 손톱은 깁니다.

🦖 아프리카

게라노사우루스('크레인 도마뱀')
분류: 조반목〉헤테로돈토사우루스 무리
시기: 쥐라기 전기
몸길이 및 몸무게: 1미터, 5킬로그램
분포 지역: 남아프리카
특징: 작은 잡식 동물이며 두 다리 또는 네 다리로 걸을 수 있었습니다.

니제르사우루스('니제르 도마뱀')
분류: 용반목〉용각형류〉용각류 무리
시기: 백악기 전기
몸길이 및 몸무게: 15미터, 7톤
분포 지역: 니제르
특징: 목이 긴 초식 동물입니다. 네 다리로 걸어 다녔습니다. 머리의 크기에 비해 입이 넓적합니다. 넓적한 입 속은 약 600개의 가는 이빨로 가득 차 있습니다.

델타드로메우스('삼각주의 질주자')
분류: 용반목〉수각류〉코엘루로사우루스 무리
시기: 백악기 후기
몸길이 및 몸무게: 8미터, 1톤
분포 지역: 북아프리카
특징: 다리가 길고 꼬리가 뻣뻣한 포식자입니다. 델타드로메우스는 두 다리로 걸어 다녔습니다.

드리오사우루스('나무 도마뱀')
분류: 조반목〉조각류〉이구아노돈 무리
시기: 쥐라기 후기
몸길이 및 몸무게: 3미터, 100킬로그램
분포 지역: 미국, 프랑스, 동아프리카
특징: 팔이 짧은 초식 동물입니다. 머리는 작으며 부리에는 이빨이 없습니다. 두 다리로 걸어 다녔습니다.

디크레오사우루스('등이 솟은 도마뱀')
분류: 용반목〉용각형류〉용각류 무리
시기: 쥐라기 후기
몸길이 및 몸무게: 13미터, 7톤
분포 지역: 동아프리카
특징: 네 다리로 걸어 다녔던 초식 동물입니다. 대부분의 다른 용각류 무리보다 목이 짧았습니다.

라나사우루스('털로 뒤덮인 도마뱀')
분류: 조반목〉헤테로돈토사우루스 무리
시기: 쥐라기 전기
몸길이 및 몸무게: 1미터, 5킬로그램
분포 지역: 남아프리카
특징: 앞니가 송곳니처럼 생긴 작은 잡식 동물입니다. 두 다리 또는 네 다리로 걸을 수 있었습니다.

라파렌토사우루스('라파렌트 도마뱀')
분류: 용반목〉용각형류〉용각류 무리
시기: 쥐라기 중기
몸길이 및 몸무게: 16미터, 20톤
분포 지역: 마다가스카르
특징: 커다란 초식 동물로서 다리는 기둥처럼 생겼고 목은 깁니다. 라파렌토사우루스는 네 다리로 걸어 다녔습니다.

라페토사우루스('라페토 도마뱀')
분류: 용반목〉용각형류〉용각류 무리
시기: 백악기 후기
몸길이 및 몸무게: 10미터, 8톤
분포 지역: 마다가스카르
특징: 목이 긴 초식 동물입니다. 몸통은 넓고 이빨은 연필처럼 생겼습니다. 라페토사우루스는 네 다리로 걸어 다녔습니다.

레바키사우루스('레바크 도마뱀')
분류: 용반목〉용각형류〉용각류 무리
시기: 백악기 전기

힙실로포돈

레소토사우루스

몸길이 및 몸무게: 20미터, 14톤
분포 지역: 북아프리카
특징: 크기가 크며 목이 긴 초식 동물입니다. 꼬리는 길고 등에는 긴 돛처럼 생긴 것이 달려 있습니다. 레바키사우루스는 네 다리로 걸어 다녔습니다.

레소토사우루스('레소토 도마뱀')
분류: 조반목
시기: 쥐라기 전기
몸길이 및 몸무게: 1미터, 4킬로그램
분포 지역: 남아프리카
특징: 부리가 있고 코가 긴 공룡입니다. 초식 동물 또는 잡식 동물이었으며 뒷다리는 가늘었습니다. 두 다리로 걸어 다녔습니다.

루르두사우루스('무거운 도마뱀')
분류: 조반목〉조각류〉이구아노돈 무리
시기: 백악기 전기
몸길이 및 몸무게: 9미터, 5톤
분포 지역: 서아프리카
특징: 몸통이 큰 초식 동물입니다. 팔다리는 튼튼하며 부리와 대못처럼 생긴 엄지손가락이 있습니다. 두 다리 또는 네 다리로 걸어 다닐 수 있었습니다.

리코르히누스('늑대 코')
분류: 조반목〉헤테로돈토사우루스 무리
시기: 쥐라기 전기
몸길이 및 몸무게: 1미터, 5킬로그램
분포 지역: 남아프리카
특징: 턱 앞쪽에 송곳니처럼 생긴 이빨이 있는 작은 잡식 동물입니다. 리코르히누스는 두 다리 또는 네 다리로 걸어 다닐 수 있었습니다.

마소스폰딜루스('길쭉한 등골뼈')
분류: 용반목〉용각형류〉원시 용각류 무리
시기: 트라이아스기 후기
몸길이 및 몸무게: 4미터, 130킬로그램
분포 지역: 남아프리카, 아르헨티나, 미국
특징: 목이 긴 잡식 동물입니다. 엄지손가락의 손톱은 크고 굽어 있으며 머리는 작습니다. 마소스폰딜루스는 두 다리 또는 네 다리로 걸을 수 있었습니다.

마시아카사우루스('마시아카 도마뱀')
분류: 용반목〉수각류〉네오케라토사우루스 무리
시기: 백악기 후기
몸길이 및 몸무게: 2미터, 12킬로그램
분포 지역: 마다가스카르
특징: 작은 포식자입니다. 앞니는 길고 수평으로 튀어나와 있습니다. 마시아카사우루스는 두 다리로 걸어 다녔습니다.

마중가톨루스('마중가 돔')
분류: 용반목〉수각류〉네오케라토사우루스 무리
시기: 백악기 후기
몸길이 및 몸무게: 8미터, 1.1톤
분포 지역: 마다가스카르
특징: 팔다리가 긴 포식자입니다. 이마에는 뿔이 나 있습니다. 마중가톨루스는 두 다리로 걸어 다녔습니다.

말라위사우루스('말라위 도마뱀')
분류: 용반목〉용각형류〉용각류 무리
시기: 백악기 전기
몸길이 및 몸무게: 18미터, 11톤
분포 지역: 동아프리카
특징: 크고 목이 긴 초식 동물입니다. 머리는 작으며 등에는 탄탄한 골판이 있습니다. 말라위사우루스는 네 다리로 걸어 다녔습니다.

멜라노로사우루스('검은 산 도마뱀')
분류: 용반목〉용각형류〉원시 용각류 무리
시기: 트라이아스기 후기
몸길이 및 몸무게: 12미터, 6톤
분포 지역: 남아프리카
특징: 목은 길고 뒷다리는 기둥 모양으로 생긴 커다란 초식 동물입니다. 멜라노로사우루스는 네 다리로 걸어 다녔습니다.

바리오닉스('무거운 발톱')
분류: 용반목〉수각류〉스피노사우루스 무리
시기: 백악기 전기
몸길이 및 몸무게: 9미터, 1.7톤
분포 지역: 영국, 스페인, 북아프리카
특징: 두개골이 악어의 두개골과 비슷하게 생긴 포식자입니다. 바리오닉스는 두 다리로 걸어 다녔습니다.

바하리아사우루스('바하리야 도마뱀')
분류: 용반목〉수각류〉알로사우루스 무리
시기: 백악기 후기
몸길이 및 몸무게: 9미터, 4톤
분포 지역: 북아프리카
특징: 두개골이 큰 커다란 포식자입니다. 각각의 손에는 세 개의 손가락이 있었던 것으로 보이고 두 다리로 걸어 다녔습니다.

발도사우루스('윌드 지방의 도마뱀')
분류: 조반목〉조각류〉이구아노돈 무리
시기: 백악기 전기
몸길이 및 몸무게: 4미터, 140킬로그램
분포 지역: 북아프리카
특징: 팔이 짧은 초식 동물입니다. 각각의

발에는 세 개의 발가락이 있으며 부리에는 이빨이 없습니다. 발도사우루스는 두 다리로 걸어 다녔습니다.

불카노돈('화산 이빨')
분류: 용반목〉용각형류〉용각류 무리
시기: 쥐라기 전기
몸길이 및 몸무게: 6.5미터, 2톤
분포 지역: 남아프리카
특징: 목이 긴 초식 동물입니다. 나중에 출현한 용각류보다 무릎과 발목이 유연했습니다. 불카노돈은 네 다리로 걸어 다녔습니다.

브라키오사우루스('팔 도마뱀')
분류: 용반목〉용각형류〉용각류 무리
시기: 쥐라기 후기
몸길이 및 몸무게: 25미터, 50톤
분포 지역: 미국, 동아프리카
특징: 거대한 초식 동물입니다. 목은 길고 머리 위에는 볏이 있습니다. 브라키오사우루스는 네 다리로 걸어 다녔습니다.

블리카나사우루스('블리카나 도마뱀')
분류: 용반목〉용각형류〉용각류 무리
시기: 트라이아스기 후기
몸길이 및 몸무게: 4미터, 150킬로그램
분포 지역: 북아프리카
특징: 목이 긴 초식 동물입니다. 뒷다리만 발견된 공룡입니다. 블리카나사우루스는 네 다리로 걸어 다녔습니다.

센트로사우루스('끝이 뾰족한 도마뱀')
분류: 조반목〉티레오포라〉검룡류 무리
시기: 쥐라기 후기
몸길이 및 몸무게: 5미터, 1톤
분포 지역: 동아프리카
특징: 부리가 있는 초식 동물입니다. 목주름 장식은 짧으며 코에는 기다란 뿔이 있습니다. 센트로사우루스는 네 다리로 걸어 다녔습니다.

수코미무스('악어를 닮은 공룡')
분류: 용반목〉수각류〉스피노사우루스 무리
시기: 백악기 전기
몸길이 및 몸무게: 11미터, 3.8톤
분포 지역: 북아프리카
특징: 엄지손가락의 손톱이 큰 커다란 포식자입니다. 두개골은 악어의 두개골처럼 생겼는데 아주 기다랗습니다. 등을 따라 아주 길게 솟아 있는 부분이 있습니다. 그리고 두 다리로 걸어 다녔습니다.

스피노사우루스('가시 도마뱀')
분류: 용반목〉수각류〉스피노사우루스 무리
시기: 백악기 후기
몸길이 및 몸무게: 15미터, 4톤
분포 지역: 북아프리카
특징: 두개골이 악어의 두개골처럼 생긴 거대한 포식자입니다. 등에는 긴 돛 같은 것이 있으며 두 다리로 걸어 다녔습니다. 물고기를 먹었을 것으로 예상됩니다.

시길마사사우루스('시질마사 도마뱀')
분류: 용반목〉수각류〉알로사우루스 무리(예상)
시기: 백악기 전기
몸길이 및 몸무게: 8미터, 3톤
분포 지역: 북아프리카
특징: 팔과 목이 가느다란 커다란 포식자입니다. 시길마사사우루스는 두 다리로 걸어 다녔습니다.

신타르수스('붙어 있는 발목 관절')
분류: 용반목〉수각류〉코엘로피시스 무리
시기: 쥐라기 전기
몸길이 및 몸무게: 2미터, 15킬로그램
분포 지역: 남아프리카, 미국, 웨일스
특징: 두개골이 좁은 포식자입니다. 꼬리는

신타르수스

길며 이빨은 크고 작은 먹이를 잡아먹기에 적합했습니다. 머리에는 작은 볏 두 개가 있으며 딜로포사우루스와 닮았습니다.

아브릭토사우루스('깨어 있는 도마뱀')
분류: 조반목〉헤테로돈토사우루스 무리
시기: 쥐라기 전기
몸길이 및 몸무게: 1미터, 5킬로그램
분포 지역: 남아프리카
특징: 발이 작고 두개골이 짧은 잡식 동물입니다. 두 다리 또는 네 다리로 걸어 다녔습니다.

아에깁토사우루스('이집트 도마뱀')
분류: 용반목〉용각형류〉용각류 무리
시기: 백악기 후기
몸길이 및 몸무게: 15미터, 7톤
분포 지역: 이집트
특징: 골판이 있었을 것으로 추정되는 목이 긴 초식 동물입니다. 네 다리로 걸어 다녔습니다. 유일하게 남아 있던 유해는 제2차 세계 대전 때 파괴되었습니다.

아젠도사우루스('아젠도 도마뱀')
분류: 용반목〉용각형류
시기: 트라이아스기 후기
몸길이 및 몸무게: 1.5미터, 9킬로그램
분포 지역: 모로코
특징: 잎 모양의 이빨이 난 작은 잡식 동물입니다. 사투르날리아와 비슷하게 생겼을 것으로 짐작됩니다.

아틀라사우루스('아틀라스 도마뱀')
분류: 용반목〉용각형류〉용각류 무리

카르카로돈토사우루스의 두개골

걸어 다녔습니다.

알리왈리아 ('알리왈을 위하여')
분류: 용반목〉헤레라사우루스 무리(예상)
시기: 트라이아스기 후기
몸길이 및 몸무게: 8미터, 1.2톤
분포 지역: 남아프리카
특징: 헤레라사우루스와 비슷했을 것으로 짐작되는 커다란 원시 포식자입니다. 두 다리로 걸어 다녔습니다.

에렉토푸스 ('똑바로 선 발')
분류: 용반목〉수각류〉알로사우루스 무리(예상)
시기: 백악기 전기
몸길이 및 몸무게: 5미터, 200킬로그램
분포 지역: 프랑스, 포르투갈, 북아프리카
특징: 팔은 짧고 손에는 작은 손톱이 있는 포식자입니다. 두 다리로 걸어 다녔습니다.

에우스켈로사우루스 ('좋은 다리 도마뱀')
분류: 용반목〉용각형류〉원시 용각류 무리
시기: 트라이아스기 후기
몸길이 및 몸무게: 9미터, 3.5톤
분포 지역: 남아프리카
특징: 몸이 큰 초식 동물입니다. 목과 꼬리는 깁니다. 에우스켈로사우루스는 네 다리로 걸어 다녔습니다.

엔퀘바사우루스 ('커크우드 도마뱀')
분류: 용반목〉수각류〉코엘루로사우루스 무리
시기: 백악기 전기
몸길이 및 몸무게: 1미터, 4킬로그램
분포 지역: 남아프리카
특징: 각각의 손에 세 개의 손가락이 있는 포식자입니다. 손톱은 얇고 휘어 있었으며 두 다리로 걸어 다녔습니다.

엘라프로사우루스 ('날렵한 도마뱀')
분류: 용반목〉수각류〉네오케라토사우루스 무리
시기: 쥐라기 후기
몸길이 및 몸무게: 6미터, 220킬로그램
분포 지역: 동아프리카, 미국
특징: 목이 긴 포식자입니다. 두 다리로 걸어 다녔으며 빨리 달릴 수 있었을 것으로 예상됩니다.

오우라노사우루스 ('용감한 도마뱀')
분류: 조반목〉조각류〉이구아노돈 무리
시기: 백악기 전기
몸길이 및 몸무게: 6미터, 1.1톤
분포 지역: 북아프리카
특징: 오리처럼 부리가 있는 초식 동물로서 등에는 돛처럼 생긴 돌기가 있습니다. 오우라노사우루스는 두 다리 또는 네 다리로 걸어 다닐 수 있었습니다.

자넨스키아 ('자넨스의 도마뱀')
분류: 용반목〉용각형류〉용각류 무리
시기: 쥐라기 후기
몸길이 및 몸무게: 18미터, 14톤
분포 지역: 동아프리카
특징: 다리는 튼튼하며 목이 긴 커다란 초식 동물입니다. 자넨스키아는 네 다리로 걸어 다녔습니다.

조바리아 ('조바르를 위하여')
분류: 용반목〉용각형류〉용각류 무리
시기: 백악기 전기
몸길이 및 몸무게: 18미터, 20톤
분포 지역: 서아프리카
특징: 목이 긴 초식 동물입니다. 콧구멍은 아주 커다랗고 네 다리로 걸어 다녔습니다.

카르카로돈토사우루스 ('상어 이빨 도마뱀')
분류: 용반목〉수각류〉알로사우루스 무리
시기: 백악기 후기

시기: 쥐라기 중기
몸길이 및 몸무게: 17미터, 15톤
분포 지역: 북아프리카
특징: 목이 긴 초식 동물입니다. 다리는 길고 가늘며 이빨은 숟가락처럼 생겼습니다. 아틀라사우루스는 네 다리로 걸어 다녔습니다.

아프로베나토르 ('아프리카의 사냥꾼')
분류: 용반목〉수각류〉스피노사우루스 무리
시기: 백악기 전기
몸길이 및 몸무게: 8미터, 820킬로그램
분포 지역: 북아프리카
특징: 두개골이 길쭉하며 이빨이 삐죽삐죽하게 난 포식자입니다. 팔은 짧으며 각각의 손에는 세 개의 손가락이 있습니다. 두 다리로 걸어 다녔습니다.

알로사우루스 ('이상한 도마뱀')
분류: 용반목〉수각류〉알로사우루스 무리
시기: 쥐라기 후기
몸길이 및 몸무게: 8미터, 1톤
분포 지역: 미국, 동아프리카, 포르투갈
특징: 각각의 손에 세 개의 손가락이 있고 눈 위에 뿔이 달린 포식자입니다. 두 다리로

몸길이 및 몸무게: 12미터, 6톤
분포 지역: 북아프리카
특징: 각각의 손에 세 개의 손가락이 있는 거대한 포식자입니다. 다른 수각류 공룡과는 달리 이빨의 폭이 좁습니다. 카르카로돈토사우루스는 두 다리로 걸어 다녔습니다.

케라토사우루스('뿔이 있는 도마뱀')
분류: 용반목〉수각류〉네오케라토사우루스 무리
시기: 쥐라기 후기
몸길이 및 몸무게: 6미터, 600킬로그램
분포 지역: 동아프리카
특징: 코에 뿔이 있는 초식 동물입니다. 이빨은 크며 등을 따라 골판이 나 있습니다. 케라토사우루스는 두 다리로 걸어 다녔습니다.

케티오사우루스('고래 같은 도마뱀')
분류: 용반목〉용각형류〉용각류 무리
시기: 쥐라기 중기와 후기
몸길이 및 몸무게: 15미터, 12톤
분포 지역: 북아프리카
특징: 목이 긴 초식 동물입니다. 두개골은 짧으며 다리는 두껍습니다. 케티오사우루스는 네 다리로 걸어 다녔습니다.

텐다구리아('텐다구루를 위하여')
분류: 용반목〉용각형류〉용각류 무리
시기: 쥐라기 후기
몸길이 및 몸무게: 20미터, 15톤
분포 지역: 동아프리카
특징: 몸집이 크며 목이 긴 초식 동물입니다. 등 쪽의 뼈만 알려져 있습니다. 네 다리로 걸어 다녔습니다.

파란토돈('꽃 같은 이빨')
분류: 조반목〉티레오포라〉검룡류 무리
시기: 백악기 전기
몸길이 및 몸무게: 4.5미터, 650킬로그램
분포 지역: 남아프리카
특징: 목부터 등, 꼬리까지 골판과 골침이 박혀 있는 초식 동물입니다. 파란토돈은 네 다리로 걸어 다녔습니다.

파랄리티탄('조수의 거인')
분류: 용반목〉용각형류〉용각류 무리
시기: 백악기 후기
몸길이 및 몸무게: 27미터, 78톤
분포 지역: 이집트
특징: 거대하고 목이 긴 초식 동물입니다. 다리는 길고 기둥 모양으로 생겼습니다. 파랄리티탄은 네 다리로 걸어 다녔습니다.

헤테로돈토사우루스('다른 이빨을 가진 도마뱀')
분류: 조반목〉헤테로돈토사우루스 무리
시기: 쥐라기 전기
몸길이 및 몸무게: 1미터, 5킬로그램
분포 지역: 남아프리카
특징: 앞니가 송곳니같이 생긴 작은 잡식 동물입니다. 두 다리 또는 네 다리로 걸을 수 있었습니다.

유럽

게누사우루스('무릎 도마뱀')
분류: 용반목〉수각류〉네오케라토사우루스 무리
시기: 백악기 후기
몸길이 및 몸무게: 5.5미터, 370킬로그램
분포 지역: 프랑스
특징: 다리뼈와 엉덩뼈만 알려진 포식자입니다. 두 다리로 걸어 다녔으며 카르노타우루스와 비슷했을 것으로 예상됩니다.

네오베나토르('새로운 사냥꾼')
분류: 용반목〉수각류〉알로사우루스 무리
시기: 백악기 전기
몸길이 및 몸무게: 7.5미터, 1톤
분포 지역: 영국
특징: 두개골이 경사져 있는 포식자입니다. 알로사우루스와 비슷하게 생겼으며 두 다리로 걸어 다녔습니다.

누데테스('모니터')
분류: 용반목〉수각류〉코엘루로사우루스 무리
시기: 백악기 전기
몸길이 및 몸무게: 1미터, 3킬로그램
분포 지역: 영국
특징: 이빨만 알려진 작은 포식자입니다. 두 다리로 걸어 다녔습니다. 팔이 길고 꼬리는 뻣뻣합니다.

다켄트루루스('끝이 뾰족한 꼬리')
분류: 조반목〉티레오포라〉검룡류 무리
시기: 쥐라기 후기
몸길이 및 몸무게: 6.5미터, 2.3톤
분포 지역: 영국, 프랑스, 스페인, 포르투갈
특징: 커다란 스테고사우루스류입니다. 목과 등에는 불룩 튀어나온 골판이 있습니다. 대못같이 생긴 골침이 꼬리와 어깨에 박혀 있습니다. 최초로 발견된 스테고사우루스류입니다.

드라코닉스('공룡 발톱')
분류: 조반목〉조각류〉이구아노돈 무리
시기: 쥐라기 후기

네오베나토르

몸길이 및 몸무게: 3.5미터, 270킬로그램
분포 지역: 포르투갈
특징: 초식 동물입니다. 가는 이빨이 있으며 각각의 손에는 다섯 개의 손가락이 있습니다. 두 다리 또는 네 다리로 걸을 수 있었습니다.

드라코펠타 ('작은 방패 용')
분류: 조반목〉티레오포라〉곡룡류 무리
시기: 쥐라기 후기
몸길이 및 몸무게: 4미터, 300킬로그램
분포 지역: 포르투갈
특징: 몸통이 넓은 초식 동물입니다. 등과 옆쪽에 골판이 있습니다. 네 다리로 걸어 다녔습니다.

드리오사우루스 ('나무 도마뱀')
분류: 조반목〉곡룡류〉이구아노돈 무리
시기: 쥐라기 후기
몸길이 및 몸무게: 3미터, 100킬로그램
분포 지역: 미국, 프랑스, 동아프리카
특징: 팔이 짧은 초식 동물입니다. 머리는 작으며 부리에는 이빨이 없습니다. 두 다리로 걸어 다녔습니다.

딘헤이로사우루스 ('딘헤이로 도마뱀')
분류: 용반목〉용각형류〉용각류 무리
시기: 쥐라기 후기
몸길이 및 몸무게: 17미터, 8톤
분포 지역: 포르투갈
특징: 꼬리가 긴 초식 동물입니다. 네 다리로 걸어 다녔으며 디플로도쿠스와 비슷하게 생겼을 것으로 예상됩니다.

라브도돈 ('막대 모양의 이빨')
분류: 조반목〉조각류〉이구아노돈 무리
시기: 백악기 후기
몸길이 및 몸무게: 7미터, 1톤
분포 지역: 프랑스, 스페인, 동유럽
특징: 두 다리로 걸어 다녔던 초식 동물입니다. 부리가 있었고 테논토사우루스와 비슷하게 생겼을 것으로 추측됩니다.

레그노사우루스 ('레그니 도마뱀')
분류: 조반목〉티레오포라〉검룡류 무리
시기: 백악기 전기
몸길이 및 몸무게: 4.5미터, 650킬로그램
분포 지역: 영국
특징: 목과 등, 꼬리를 따라 골판과 골침이 박혀 있는 초식 동물입니다. 네 다리로 걸어 다녔습니다. 레그노사우루스에 대해서는 아직 밝혀진 게 많지 않습니다.

렉소비사우루스 ('렉소비의 도마뱀')
분류: 조반목〉티레오포라〉검룡류 무리
시기: 쥐라기 중기와 후기
몸길이 및 몸무게: 5미터, 1.1톤
분포 지역: 영국, 프랑스
특징: 목부터 등과 꼬리에 이르기까지 탄탄한 골판이 있는 초식 동물입니다. 꼬리와 어깨를 따라 골침이 있고 네 다리로 걸어 다녔습니다.

로실라사우루스 ('로실라 도마뱀')
분류: 용반목〉용각형류〉용각류 무리
시기: 백악기 전기
몸길이 및 몸무게: 23미터, 16톤
분포 지역: 스페인
특징: 목과 꼬리가 긴 초식 동물입니다. 네 다리로 걸어 다녔으며 디플로도쿠스와 비슷하게 생겼습니다.

로우린하노사우루스 ('로리냐의 도마뱀')
분류: 조반목〉수각류〉알로사우루스 무리
시기: 쥐라기 후기
몸길이 및 몸무게: 4미터, 180킬로그램
분포 지역: 포르투갈
특징: 두 다리로 걸어 다녔던 포식자입니다. 신랍토르 또는 알로사우루스와 비슷하게 생겼던 것으로 추측됩니다.

로우린하사우루스 ('로리냐의 도마뱀')
분류: 용반목〉용각형류〉용각류 무리
시기: 쥐라기 후기
몸길이 및 몸무게: 17미터, 16톤
분포 지역: 포르투갈
특징: 목이 긴 초식 동물입니다. 카마라사우루스와 비슷하게 생겼습니다. 네 다리로 걸어 다녔습니다.

루엘레이아 ('륄레를 위하여')
분류: 용반목〉용각형류〉원시 용각류 무리
시기: 트라이아스기 후기
몸길이 및 몸무게: 7미터, 800킬로그램
분포 지역: 독일
특징: 목과 꼬리가 긴 초식 동물입니다. 엄지손가락의 손톱은 커다랗습니다. 루엘레이아는 두 다리 또는 네 다리로 걸어 다닐 수 있었습니다.

리라이노사우루스 ('날씬한 도마뱀')
분류: 용반목〉용각형류〉용각류 무리
시기: 백악기 후기
몸길이 및 몸무게: 12미터, 6톤
분포 지역: 스페인
특징: 목은 길고 등에 골판이 있는 커다란 초식 동물입니다. 리라이노사우루스는 네 다리로 걸어 다녔습니다.

릴리엔스테르누스 ('릴리엔스테른을 위하여')
분류: 용반목〉수각류〉코엘로피시스 무리
시기: 트라이아스기 후기
몸길이 및 몸무게: 5미터, 130킬로그램
분포 지역: 독일
특징: 날씬한 포식자입니다. 두개골은 코엘로피시스의 두개골과 비슷하게 생겼습니다. 릴리엔스테르누스는 두 다리로 걸어 다녔습니다.

마그노사우루스 ('커다란 도마뱀')
분류: 용반목〉수각류〉스피노사우루스 무리 (예상)
시기: 쥐라기 중기
몸길이 및 몸무게: 5미터, 220킬로그램
분포 지역: 영국
특징: 짧은 팔과 긴 두개골을 가졌을 것으로

예상되는 포식자입니다. 마그노사우루스는 두 다리로 걸어 다녔습니다.

마기아로사우루스('마그야르 도마뱀')
분류: 용반목〉용각형류〉용각류 무리
시기: 백악기 후기
몸길이 및 몸무게: 5미터, 1톤
분포 지역: 동유럽
특징: 목이 길고 등에 방어용 골판이 있는 초식 동물입니다. 마기아로사우루스는 네 다리로 걸어 다녔습니다.

마크루로사우루스('꼬리가 긴 도마뱀')
분류: 용반목〉용각형류〉용각류 무리
시기: 백악기 전기
몸길이 및 몸무게: 18미터, 11톤
분포 지역: 영국
특징: 목이 긴 초식 동물입니다. 다리는 기둥 모양처럼 생겼습니다. 마크루로사우루스는 네 다리로 걸어 다녔습니다.

메갈로사우루스('큰 도마뱀')
분류: 용반목〉수각류〉스피노사우루스 무리
시기: 쥐라기 중기
몸길이 및 몸무게: 7미터, 1톤
분포 지역: 영국
특징: 팔은 짧고 뒤쪽으로 굽은 이빨이 있는 포식자입니다. 메갈로사우루스는 두 다리로 걸어 다녔습니다.

메트리아칸토사우루스('중간 크기의 가시 도마뱀')
분류: 용반목〉수각류〉스피노사우루스 무리
시기: 쥐라기 후기
몸길이 및 몸무게: 7미터, 1톤
분포 지역: 영국
특징: 팔은 짧으며 등 부분이 길게 솟아 있는 포식자입니다. 메트리아칸토사우루스는 두 다리로 걸어 다녔습니다.

바리랍토르('바르의 약탈자')
분류: 용반목〉수각류〉코엘루로사우루스 무리
시기: 백악기 후기
몸길이 및 몸무게: 2미터, 15킬로그램
분포 지역: 프랑스
특징: 새처럼 생긴 포식자입니다. 팔은 길었으며 발톱은 컸습니다. 바리랍토르는 두 다리로 걸어 다녔습니다.

바리오닉스('무거운 발톱')
분류: 용반목〉수각류〉스피노사우루스 무리
시기: 백악기 전기
몸길이 및 몸무게: 9미터, 1.7톤
분포 지역: 영국, 스페인, 북아프리카
특징: 두개골이 악어의 두개골과 비슷하게 생긴 포식자입니다. 바리오닉스는 두 다리로 걸어 다녔습니다.

발도랍토르('윌드 지방의 도둑')
분류: 용반목〉수각류〉알로사우루스 무리
시기: 백악기 전기
몸길이 및 몸무게: 6미터, 700킬로그램
분포 지역: 영국
특징: 발뼈만 알려진 포식자입니다. 두 다리로 걸어 다녔으며 네오베나토르와 비슷하게 생겼을 것으로 추측됩니다.

발도사우루스('윌드 지방의 도마뱀')
분류: 조반목〉조각류〉이구아노돈 무리
시기: 백악기 전기
몸길이 및 몸무게: 4미터, 140킬로그램
분포 지역: 영국, 루마니아, 북아프리카
특징: 팔이 짧은 초식 동물입니다. 각각의 발에는 세 개의 발가락이 있으며 부리에는 이빨이 없습니다. 발도사우루스는 두 다리로 걸어 다녔습니다.

벡클레스피낙스('벡클레스의 스피낙스')
분류: 용반목〉수각류〉알로사우루스 무리
시기: 백악기 전기
몸길이 및 몸무게: 5미터, 280킬로그램
분포 지역: 영국
특징: 두 다리로 걸어 다녔던 커다란 육식 동물입니다. 벡클레스피낙스의 머리 뒤쪽부터 꼬리 부근까지 나 있는 돌기가 있었습니다.

보스리오스폰딜루스('고랑이 있는 등골뼈')
분류: 용반목〉용각형류〉용각류 무리
시기: 쥐라기 후기
몸길이 및 몸무게: 16미터, 20톤
분포 지역: 영국
특징: 목이 긴 초식 동물입니다. 앞다리는 길고 두툼합니다. 보스리오스폰딜루스는 네 다리로 걸어 다녔습니다.

비하리오사우루스('비호르 도마뱀')
분류: 조반목〉조각류〉이구아노돈 무리
시기: 쥐라기 후기
몸길이 및 몸무게: 3.5미터, 370킬로그램
분포 지역: 동유럽
특징: 가는 이빨이 있는 초식 동물입니다. 각각의 손에는 다섯 개의 손가락이 있습니다. 비하리오사우루스는 두 다리 또는 네 다리로 걸을 수 있었습니다.

사르코사우루스('고기 도마뱀')
분류: 용반목〉수각류〉네오케라토사우루스 무리
시기: 쥐라기 전기
몸길이 및 몸무게: 3.5미터, 100킬로그램
분포 지역: 영국
특징: 케라토사우루스와 비슷했을 것으로 예상되는 포식자입니다. 하지만 케라토사우루스보다는 작았습니다. 사르코사우루스는 두 다리로 걸어 다녔습니다.

사르콜레스테스('고기 도둑')
분류: 조반목〉티레오포라〉곡룡류 무리
시기: 쥐라기 중기
몸길이 및 몸무게: 3미터, 500킬로그램
분포 지역: 영국
특징: 하나의 턱만 발견된 골판이 있는 초식 동물입니다. 이빨은 잎 모양으로 생겼고 네

143

다리로 걸어 다녔습니다.

셀로사우루스 ('안장 도마뱀')
분류: 용반목〉용각형류
시기: 트라이아스기 후기
몸길이 및 몸무게: 3미터, 85킬로그램
분포 지역: 독일
특징: 목이 긴 초식 동물입니다. 엄지손가락은 크며 두 다리 또는 네 다리로 걸어 다닐 수 있었습니다.

스켈리도사우루스 ('뒷다리 도마뱀')
분류: 조반목〉티레오포라〉곡룡류 무리
시기: 쥐라기 전기
몸길이 및 몸무게: 3미터, 64킬로그램
분포 지역: 영국
특징: 부리가 있는 초식 동물입니다. 등과 옆구리 쪽에는 골판이 있습니다. 스켈리도사우루스는 네 다리로 걸어 다녔습니다.

스키피오닉스 ('스키피오의 발톱')
분류: 용반목〉수각류〉코엘루로사우루스 무리
시기: 백악기 전기
몸길이 및 몸무게: 30센티미터, 450그램
분포 지역: 이탈리아
특징: 매우 작은 포식자입니다. 두개골은 크며 이빨은 날카롭고 각각의 손에는 세 개의 손가락이 있습니다. 스키피오닉스는 두 다리로 걸어 다녔습니다.

스테노펠릭스 ('좁은 골반')
분류: 조반목〉마르기노케팔리아〉후두류 무리
시기: 백악기 전기
몸길이 및 몸무게: 1.5미터, 20킬로그램
분포 지역: 독일
특징: 엉덩이가 넓적한 초식 동물입니다. 꼬리는 뻣뻣하고 팔은 짧습니다. 두 다리로 걸어 다닌 스테노펠릭스의 두개골은 아직 발견되지 않았습니다.

스트루티오사우루스 ('타조 도마뱀')
분류: 조반목〉티레오포라〉곡룡류 무리
시기: 백악기 후기
몸길이 및 몸무게: 2미터, 40킬로그램
분포 지역: 동유럽
특징: 골판이 있는 초식 동물입니다. 목과 등, 꼬리 위에는 대못 같은 돌기가 있습니다. 네 다리로 걸어 다녔습니다. 스트루티오사우루스에 대해서 밝혀진 게 아직 많지는 않습니다.

신타르수스 ('붙어 있는 발목 관절')
분류: 용반목〉수각류〉코엘로피시스 무리
시기: 쥐라기 전기
몸길이 및 몸무게: 2미터, 15킬로그램
분포 지역: 남아프리카, 미국, 웨일스
특징: 두개골이 좁은 포식자입니다. 꼬리는 길며 이빨은 크고 작은 먹이를 잡아먹기에 적합했습니다. 머리에는 두 개의 작은 볏이 있으며 딜로포사우루스와 닮았습니다.

아그노스피티스 ('알려지지 않은 조상')
분류: 용반목〉헤레라사우루스 무리(예상)
시기: 트라이아스기 후기
몸길이 및 몸무게: 1.5미터, 6킬로그램
분포 지역: 영국
특징: 헤레라사우루스보다 약간 작지만 비슷하게 생겼을 것으로 예상되는 원시 포식자입니다. 그리고 두 다리로 걸어 다녔습니다.

아라고사우루스 ('아라곤 도마뱀')
분류: 용반목〉용각형류〉용각류 무리
시기: 백악기 전기
몸길이 및 몸무게: 15미터, 7톤
분포 지역: 스페인
특징: 몸통이 넓고 다리가 두꺼운 초식 동물입니다. 두 다리 또는 네 다리로 걸어 다닐 수 있었습니다.

아무로사우루스 ('아무르 도마뱀')
분류: 조반목〉조각류〉이구아노돈 무리
시기: 백악기 후기
몸길이 및 몸무게: 8미터, 3톤
분포 지역: 러시아
특징: 머리 위에 뼈로 된 볏이 있는 초식 동물입니다. 두 다리 또는 네 다리로 걸을 수 있었으며 코리토사우루스와 닮았습니다.

알로사우루스 ('이상한 도마뱀')
분류: 용반목〉수각류〉알로사우루스 무리
시기: 쥐라기 후기
몸길이 및 몸무게: 8미터, 1톤
분포 지역: 미국, 동아프리카, 포르투갈
특징: 각각의 손에 세 개의 손가락이 있고 눈 위에 뿔이 달린 포식자입니다. 두 다리로 걸어 다녔습니다.

알로코돈 ('골이 있는 이빨')
분류: 조반목〉조각류(예상)
시기: 쥐라기 후기
몸길이 및 몸무게: 1미터, 9킬로그램
분포 지역: 포르투갈
특징: 이빨만 발견된 작은 공룡입니다. 초식 동물이며 네 다리로 걸어 다녔을 것으로 예상됩니다.

암펠로사우루스 ('포도밭 도마뱀')
분류: 용반목〉용각형류〉용각류 무리
시기: 백악기 후기
몸길이 및 몸무게: 15미터, 7톤
분포 지역: 프랑스
특징: 목이 긴 초식 동물로서 등과 옆구리 쪽에 골판이 있습니다. 네 다리로 걸어 다녔습니다.

야베르란디아 ('야버랜드에서 온')
분류: 조반목〉마르기노케팔리아〉후두류 무리
시기: 백악기 전기
몸길이 및 몸무게: 90센티미터, 7킬로그램
분포 지역: 영국
특징: 두껍고 평평한 두개골의 윗부분만 발견된 초기 파키케팔로사우루스입니다. 크기

는 작았으며 두 다리로 걸었던 초식 동물입니다.

에렉토푸스('똑바로 선 발')
분류: 용반목〉수각류〉알로사우루스 무리(예상)
시기: 백악기 전기
몸길이 및 몸무게: 5미터, 200킬로그램
분포 지역: 프랑스, 포르투갈, 북아프리카
특징: 팔은 짧고 손에는 작은 손톱이 있는 포식자입니다. 두 다리로 걸어 다녔습니다.

에마우사우루스('에마우 도마뱀')
분류: 조반목〉조각류
시기: 쥐라기 전기
몸길이 및 몸무게: 2미터, 35킬로그램
분포 지역: 독일
특징: 작고 원시적인 골판이 있는 초식 동물입니다. 그리고 네 다리로 걸어 다녔습니다. 두개골은 넓적했으며 잎처럼 생긴 이빨은 작았습니다.

에오티라누스('새벽의 폭군')
분류: 용반목〉수각류〉코엘로피시스 무리
시기: 백악기 전기
몸길이 및 몸무게: 4미터, 180킬로그램
분포 지역: 영국
특징: 두 다리로 걸어 다녔던 포식자입니다. 팔과 다리는 길었으며 코는 뭉툭했습니다. 에오티라누스는 원시 티라노사우루스류였을 것으로 짐작됩니다.

에우로니코돈('유럽의 발톱 이빨')
분류: 용반목〉수각류〉코엘루로사우루스 무리
시기: 백악기 후기
몸길이 및 몸무게: 1미터, 6킬로그램
분포 지역: 포르투갈, 우즈베키스탄
특징: 두 다리로 걸어 다녔던 작은 포식자입니다. 현재 이빨만 발견된 상태입니다.

에우스트렙토스폰딜루스('잘 구부러진 척추')
분류: 용반목〉수각류〉스피노사우루스 무리
시기: 쥐라기 중기
몸길이 및 몸무게: 5미터, 220킬로그램
분포 지역: 영국
특징: 하나의 두개골만 알려져 있는 포식자입니다. 두 다리로 걸어 다녔으며 메갈로사우루스와 비슷하게 생겼습니다.

에키노돈('꺼끌꺼끌한 이빨')
분류: 조반목〉헤테로돈토사우루스 무리
시기: 백악기 전기
몸길이 및 몸무게: 1미터, 5킬로그램
분포 지역: 영국, 미국
특징: 턱 앞쪽에 송곳니 같은 것이 있는 작은 포식자입니다. 두 다리 또는 네 다리로 걸을 수 있었습니다.

에프라시아('이 프라스를 위하여')
분류: 용반목〉용각형류
시기: 트라이아스기 후기
몸길이 및 몸무게: 2.5미터, 30킬로그램
분포 지역: 독일
특징: 목이 긴 초식 동물입니다. 각각의 손에는 다섯 개의 손가락이 있었으며 엄지손가락의 손톱은 컸습니다.

오르니토데스무스('새 연결')
분류: 용반목〉수각류〉코엘루로사우루스 무리
시기: 백악기 전기
몸길이 및 몸무게: 1.5미터, 5킬로그램
분포 지역: 영국
특징: 엉덩뼈만 발견된 포식자입니다. 두 다리로 걸어 다녔으며 벨로키랍토르와 비슷하게 생겼을 것으로 짐작됩니다.

옴데노사우루스('옴덴의 도마뱀')
분류: 용반목〉용각형류〉용각류 무리
시기: 쥐라기 전기
몸길이 및 몸무게: 4미터, 150킬로그램
분포 지역: 독일
특징: 불카노돈과 비슷하게 생겼을 것으로 예상되는 목이 긴 초식 동물입니다. 옴데노사우루스는 네 다리로 걸어 다녔습니다.

이구아노돈('이구아나의 이빨')
분류: 조반목〉조각류〉이구아노돈 무리
시기: 백악기 전기
몸길이 및 몸무게: 8미터, 3.7톤
분포 지역: 영국, 프랑스, 스페인, 벨기에, 독일, 미국, 몽고
특징: 대못 모양의 엄지손가락과 가는 이빨이 있는 초식 동물입니다. 두 다리 또는 네 다리로 걸어 다녔습니다.

카멜로티아('카멜롯을 위하여')
분류: 용반목〉용각형류〉용각류 무리
시기: 트라이아스기 후기
몸길이 및 몸무게: 12미터, 6톤
분포 지역: 영국
특징: 목이 길고 다리가 굵은 커다란 초식 동물입니다. 카멜로티아는 네 다리로 걸어 다녔습니다.

칼로보사우루스('칼로비아의 도마뱀')
분류: 조반목〉조각류〉이구아노돈 무리
시기: 쥐라기 중기
몸길이 및 몸무게: 3.5미터, 270킬로그램
분포 지역: 영국
특징: 두 다리 또는 네 다리로 걸을 수 있었던 초식 동물입니다. 칼로보사우루스는 하나의 다리뼈만 알려져 있습니다.

케라토사우루스('뿔이 있는 도마뱀')
분류: 용반목〉수각류〉네오케라토사우루스 무리
시기: 쥐라기 후기
몸길이 및 몸무게: 6미터, 600킬로그램
분포 지역: 포르투갈
특징: 코에 뿔이 있는 초식 동물입니다. 이빨은 크며 등을 따라 골판이 나 있습니다. 케라토사우루스는 두 다리로 걸어 다녔습니

다.

케티오사우루스('고래 같은 도마뱀')
분류: 용반목〉용각형류〉용각류 무리
시기: 쥐라기 중기와 후기
몸길이 및 몸무게: 15미터, 12톤
분포 지역: 영국
특징: 목이 긴 초식 동물입니다. 두개골은 짧으며 다리는 두껍습니다. 케티오사우루스는 네 다리로 걸어 다녔습니다.

케티오사우리스쿠스('고래 같은 도마뱀')
분류: 용반목〉용각형류〉용각류 무리
시기: 쥐라기 중기
몸길이 및 몸무게: 15미터, 8톤
분포 지역: 영국
특징: 꼬리가 긴 초식 동물입니다. 디플로도쿠스와 비슷하게 생겼을 것으로 예상되며 네 다리로 걸어 다녔습니다.

콤프소그나투스('예쁜 턱')
분류: 용반목〉수각류〉코엘루로사우리아 무리
시기: 쥐라기 후기
몸길이 및 몸무게: 1미터, 3킬로그램
분포 지역: 프랑스, 독일
특징: 아주 작은 포식자입니다. 뒷다리는 길었으며 각각의 손에는 세 개의 손가락이 있었습니다. 콤프소그나투스는 두 다리로 걸어 다녔습니다.

크라스페도돈('테를 두른 이빨')
분류: 조반목〉조각류〉이구아노돈 무리
시기: 백악기 후기
몸길이 및 몸무게: 7미터, 1톤
분포 지역: 벨기에
특징: 이빨만 알려진 초식 동물입니다. 이구아노돈과 비슷하게 생겼습니다.

크립토사우루스('숨겨진 도마뱀')
분류: 조반목〉티레오포라〉곡룡류 무리
시기: 쥐라기 후기
몸길이 및 몸무게: 7미터, 1.6톤
분포 지역: 영국
특징: 판이 있는 초식 동물입니다. 네 다리로 걸어 다녔습니다. 하나의 다리뼈만 발견되어 알려졌습니다.

타라스코사우루스('타라스크 도마뱀')
분류: 용반목〉수각류〉네오케라토사우루스 무리
시기: 백악기 후기
몸길이 및 몸무게: 5.5미터, 370킬로그램
분포 지역: 프랑스
특징: 카르노타우루스와 비슷하게 생겼을 것으로 짐작되는 포식자입니다. 두 다리로 걸어 다녔으며 이 공룡에 대해서는 알려진 바가 많지 않습니다.

타베이로사우루스('타베이로 도마뱀')
분류: 조반목〉티레오포라(가능)〉곡룡류 무리(가능)
시기: 백악기 후기
몸길이 및 몸무게: 90센티미터, 5킬로그램
분포 지역: 포르투갈, 스페인, 프랑스
특징: 이빨만 알려진 작은 초식 동물입니다. 골판이 있는 공룡이었을 것으로 짐작되며 네 다리로 걸었던 것으로 보입니다.

테코돈토사우루스('소켓 이빨을 가진 도마뱀')
분류: 용반목〉용각형류
시기: 트라이아스기 후기
몸길이 및 몸무게: 2.5미터, 24킬로그램
분포 지역: 영국, 웨일스
특징: 이빨이 잎 모양으로 생긴 공룡입니다. 두개골은 뭉툭하게 생겼고 꼬리는 길었습니다. 다른 용각형류에 비해서는 목이 짧았습니다. 테코돈토사우루스는 잡식 동물이며 두 다리로 걸어 다녔습니다.

텔마토사우루스('늪 도마뱀')
분류: 조반목〉조각류〉이구아노돈 무리
시기: 백악기 후기
몸길이 및 몸무게: 5미터, 1톤
분포 지역: 루마니아, 프랑스, 스페인
특징: 원시 하드로사우루스류 공룡입니다. 초식 공룡이었으며 부리는 오리 주둥이처럼 생겼습니다. 텔마토사우루스는 두 다리 또는 네 다리로 걸어 다닐 수 있었습니다.

트리무크로돈('삼중 이빨')
분류: 조반목〉헤테로돈토사우루스 무리
시기: 쥐라기 후기
몸길이 및 몸무게: 1미터, 5킬로그램
분포 지역: 포르투갈
특징: 이빨만 알려진 작은 초식 동물입니다. 헤테로돈토사우루스와 비슷하게 생겼을 것으로 짐작됩니다.

티타노사우루스('티탄 도마뱀')
분류: 용반목〉용각형류〉용각류 무리
시기: 백악기 후기
몸길이 및 몸무게: 18미터, 11톤
분포 지역: 스페인
특징: 목이 크고 긴 초식 동물입니다. 다리는 기둥 모양으로 생겼으며 몸통은 무겁고 목은 작습니다. 등에는 방어용 골판이 있으며 네 다리로 걸어 다녔습니다.

파라랍도돈('세로로 홈이 새겨진 이빨과 비슷한')
분류: 조반목〉조각류〉이구아노돈 무리
시기: 백악기 후기
몸길이 및 몸무게: 5미터, 1톤
분포 지역: 스페인
특징: 오리의 부리와 비슷한 부리가 있고 가는 이빨이 있는 초식 동물입니다. 파라랍도돈은 두 다리 또는 네 다리로 걸어 다닐 수 있었습니다.

펠레카니미무스('펠리컨을 닮은 공룡')
분류: 용반목〉수각류〉코엘루로사우루스 무리
시기: 백악기 전기
몸길이 및 몸무게: 2.5미터, 25킬로그램

플라테오사우루스

분포 지역: 스페인
특징: 두개골이 길고 약 200개의 작은 이빨이 있는 잡식 동물입니다. 팔은 길며 두 다리로 걸어 다녔습니다.

펠로로사우루스('거대한 도마뱀')
분류: 용반목〉용각형류〉용각류 무리
시기: 백악기 전기
몸길이 및 몸무게: 16미터, 20톤
분포 지역: 영국, 포르투갈, 프랑스
특징: 목이 긴 초식 동물입니다. 앞다리는 매우 길고 가느다랗습니다. 네 다리로 걸어 다녔습니다.

포에킬로플레우론('반점이 있는 옆구리')
분류: 용반목〉수각류〉스피노사우루스 무리
시기: 쥐라기 중기
몸길이 및 몸무게: 9미터, 1톤
분포 지역: 프랑스
특징: 팔이 짧고 뒤로 굽은 이빨이 있는 포식자입니다. 두 다리로 걸어 다녔습니다.

폴라칸투스('가시가 많은')
분류: 조반목〉티레오포라〉곡룡류 무리
시기: 백악기 전기
몸길이 및 몸무게: 5미터, 800킬로그램
분포 지역: 영국, 스페인
특징: 꼬리에 삼각형의 골판이 있는 초식 동물입니다. 등과 옆구리에도 골판이 있습니다. 폴라칸투스는 네 다리로 걸어 다녔습니다.

프로케라토사우루스('원시 케라토사우루스')
분류: 용반목〉수각류〉코엘루로사우루스 무리
시기: 쥐라기 중기
몸길이 및 몸무게: 1.5미터, 5킬로그램
분포 지역: 영국
특징: 골격이 좁은 포식자입니다. 코에 뿔이 있으며 굽은 톱니 모양의 이빨이 나 있습니다. 두 다리로 걸어 다녔으며 가장 오래전에 알려진 코엘루로사우루스류 중 하나입니다.

프로콤프소그나투스('원시 콤프소그나투스')
분류: 용반목〉수각류〉코엘로피시스 무리
시기: 트라이아스기 후기
몸길이 및 몸무게: 1.2미터, 2킬로그램
분포 지역: 독일
특징: 작고 왜소한 포식자입니다. 골격은 길며 이빨은 날카롭고 팔은 짧습니다. 두 다리로 걸어 다녔습니다.

플라테오사우루스('평평한 도마뱀')
분류: 용반목〉용각형류〉원시 용각류 무리
시기: 트라이아스기 후기
몸길이 및 몸무게: 7미터, 800킬로그램
분포 지역: 독일, 스위스, 프랑스
특징: 목이 긴 초식 동물입니다. 엄지손가락의 손톱은 크며 꼬리는 기다랗습니다. 두 다리 또는 네 다리로 걸어 다닐 수 있었습니다.

피로랍토르('불 도둑')
분류: 용반목〉수각류〉코엘루로사우루스 무리
시기: 백악기 후기
몸길이 및 몸무게: 2미터, 15킬로그램
분포 지역: 프랑스
특징: 새처럼 생긴 포식자입니다. 팔은 길고 각각의 발에 있는 발톱은 커다랗습니다. 피로랍토르는 두 다리로 걸어 다녔습니다.

피베테아우사우루스('피베토의 도마뱀')
분류: 용반목〉수각류〉스피노사우루스 무리 (가능)
시기: 쥐라기 중기
몸길이 및 몸무게: 10미터, 2톤
분포 지역: 프랑스
특징: 메갈로사우루스와 비슷하게 생겼을 것으로 짐작되는 커다란 포식자입니다. 두 다리로 걸어 다녔습니다. 피베테아우사우루스에 대해서 알려진 바가 많지는 않습니다.

필로돈('나뭇잎 이빨')
분류: 조반목〉조각류〉힙실로포돈 무리
시기: 쥐라기 후기
몸길이 및 몸무게: 90센티미터, 4킬로그램
분포 지역: 포르투갈
특징: 나뭇잎 모양의 이빨만 알려진 아주 작은 초식 동물입니다. 두 다리로 걸어 다녔으며 힙실로포돈과 닮았을 것으로 예상됩니다.

할티코사우루스('민첩한 도마뱀')
분류: 용반목〉수각류〉코엘로피시스 무리
시기: 백악기 후기
몸길이 및 몸무게: 5.5미터, 250킬로그램
분포 지역: 독일
특징: 두 다리로 걸어 다녔던 날씬한 포식자입니다. 각각의 손에 네 개의 손가락이 있으며 꼬리와 두개골은 기다랗습니다.

히스트리아사우루스('이스트리아 도마뱀')
분류: 용반목>용각형류>용각류 무리
시기: 백악기 전기
몸길이 및 몸무게: 20미터, 14톤
분포 지역: 동유럽
특징: 목과 꼬리가 긴 초식 동물로서 등을 따라 솟아 있는 부분이 있습니다. 히스트리아사우루스는 네 다리로 걸어 다녔습니다.

힐라에오사우루스('윌드 지방의 도마뱀')
분류: 조반목>티레오포라>곡룡류 무리
시기: 백악기 전기
몸길이 및 몸무게: 4미터, 500킬로그램
분포 지역: 영국
특징: 골판이 있는 초식 동물입니다. 어깨 위에는 긴 대못 같은 돌기가 있습니다. 네 다리로 걸어 다녔습니다.

힙셀로사우루스('높은 도마뱀')
분류: 용반목>용각형류>용각류 무리
시기: 백악기 후기
몸길이 및 몸무게: 8미터, 3톤
분포 지역: 프랑스, 스페인
특징: 목이 긴 초식 동물입니다. 몸통은 넓으며 다리는 기둥처럼 생겼습니다. 힙셀로사우루스는 네 다리로 걸어 다녔습니다.

힙실로포돈('힙실로푸스 이빨')
분류: 조반목>조각류>힙실로포돈 무리
시기: 쥐라기 후기와 백악기 전기
몸길이 및 몸무게: 1.4미터, 7킬로그램
분포 지역: 영국, 독일, 스페인, 포르투갈, 루마니아
특징: 두 다리로 걸어 다녔던 초식 동물입니다. 부리가 좁고 눈은 크며 손톱은 깁니다.

 아시아

가루디미무스('가루다를 닮은 공룡')
분류: 용반목>수각류>코엘루로사우루스 무리
시기: 백악기 후기
몸길이 및 몸무게: 2.5미터, 90킬로그램
분포 지역: 몽골
특징: 눈 근처에 뿔이 나 있으며 이빨이 없는 공룡입니다. 잡식 동물이고 두 다리로 걸어 다녔습니다.

가소사우루스('가스 도마뱀')
분류: 용반목>수각류>코엘루로사우루스 무리
시기: 쥐라기 중기
몸길이 및 몸무게: 4미터, 70킬로그램
분포 지역: 중국
특징: 이빨은 날카로우며 굽은 손톱이 있는 포식자입니다. 두 다리로 걸어 다녔습니다. 이 공룡에 대해 밝혀진 것이 많지는 않습니다.

갈리미무스('닭을 닮은 공룡')
분류: 용반목>수각류>코엘루로사우루스 무리
시기: 백악기 후기
몸길이 및 몸무게: 6미터, 580킬로그램
분포 지역: 몽골
특징: 빨리 달릴 수 있는 잡식 동물입니다. 부리에는 이빨이 없고 팔은 길고 가늡니다.

고비사우루스('고비 도마뱀')
분류: 조반목>티레오포라>곡룡류 무리
시기: 백악기 전기
몸길이 및 몸무게: 6미터, 1.3톤
분포 지역: 중국
특징: 골판이 있는 초식 동물입니다. 부리가 좁고 이빨이 작으며 네 다리로 걸어 다녔습니다.

고요케팔레('장식된 머리')
분류: 조반목>마르기노케팔루스>후두류 무리
시기: 백악기 후기
몸길이 및 몸무게: 3미터, 100킬로그램
분포 지역: 몽골
특징: 부리가 있는 초식 동물입니다. 몸통은 넓고 팔은 짧습니다. 고요케팔레는 두 다리로 걸어 다녔습니다.

공시아노사우루스('공시안 도마뱀')
분류: 용반목>용각형류>원시 용각류 무리
시기: 쥐라기 전기
몸길이 및 몸무게: 14미터, 7톤
분포 지역: 중국
특징: 목이 긴 초식 동물입니다. 코는 뭉툭하고 꼬리는 깁니다. 공시아노사우루스는 네 다리로 걸어 다녔습니다.

그라실리케라톱스('얇은 뿔 얼굴')
분류: 조반목>마르기노케팔루스>각룡류 무리
시기: 백악기 후기
몸길이 및 몸무게: 90센티미터, 5킬로그램
분포 지역: 몽골
특징: 부리가 좁고 목장식이 짧은 작은 초식 동물입니다. 그라실리케라톱스는 두 다리로 걸어 다녔습니다.

길모레오사우루스('길모어의 도마뱀')
분류: 조반목>조각류>이구아노돈 무리
시기: 백악기 후기
몸길이 및 몸무게: 4미터, 700킬로그램
분포 지역: 중국
특징: 부리가 오리 주둥이처럼 생긴 가는 이빨을 가진 초식 동물입니다. 길모레오사우루스는 두 다리 또는 네 다리로 걸을 수 있었습니다.

난쉬웅고사우루스('난슝 도마뱀')
분류: 용반목>수각류>코엘루로사우루스 무리
시기: 백악기 후기
몸길이 및 몸무게: 6미터, 300킬로그램

갈리미무스

분포 지역: 중국
특징: 발톱이 긴 잡식 동물입니다. 배는 넓적하고 꼬리는 짧습니다. 에르리코사우루스와 비슷하게 생겼으며 두 다리로 걸어 다녔습니다.

난양고사우루스 ('난양 도마뱀')
분류: 조반목>조각류>이구아노돈 무리
시기: 백악기 전기
몸길이 및 몸무게: 4.5미터, 260킬로그램
분포 지역: 중국
특징: 가는 이빨이 있으며 오리 주둥이처럼 생긴 이빨 없는 부리를 가진 초식 동물입니다. 두 다리 또는 네 다리로 걸을 수 있었습니다.

네메그토사우루스 ('네메겟 도마뱀')
분류: 용반목>용각형류>용각류 무리
시기: 백악기 후기
몸길이 및 몸무게: 12미터, 10톤
분포 지역: 몽골
특징: 목이 긴 초식 동물입니다. 이빨은 연필처럼 생겼으며 입은 넓적합니다. 네메그토사우루스는 네 다리로 걸어 다녔습니다.

네이몽고사우루스 ('내몽골 도마뱀')
분류: 용반목>수각류>코엘루로사우루스 무리
시기: 백악기 후기
몸길이 및 몸무게: 2.5미터, 100킬로그램
분포 지역: 중국
특징: 팔이 길고 잎처럼 생긴 이빨이 있는 목이 긴 공룡입니다. 초식 동물 또는 잡식 동물이었으며 두 다리로 걸어 다녔습니다.

노밍기아 ('노밍긴 사막의 짐승')
분류: 용반목>수각류>코엘루로사우루스 무리
시기: 백악기 후기
몸길이 및 몸무게: 2.5미터, 30킬로그램
분포 지역: 몽골
특징: 초식 동물이자 잡식 동물이며 두 다리로 걸어 다녔습니다. 오비랍토르와 비슷하게 생겼으며 꼬리뼈가 있습니다.

니폰노사우루스 ('일본 도마뱀')
분류: 조반목>조각류>이구아노돈 무리
시기: 백악기 후기
몸길이 및 몸무게: 5미터, 1.1톤
분포 지역: 일본
특징: 가는 데 적합한 이빨과 오리 주둥이처럼 생긴 부리가 있는 초식 동물입니다. 두 다리 또는 네 다리로 걸을 수 있었습니다.

다토우사우루스 ('족장 도마뱀')
분류: 용반목>용각형류>용각류 무리
시기: 쥐라기 중기
몸길이 및 몸무게: 15미터, 8톤
분포 지역: 중국
특징: 목이 긴 초식 동물입니다. 몸통은 다부지며 이빨은 숟가락처럼 생겼습니다. 다토우사우루스는 네 다리로 걸어 다녔습니다.

데이노케이루스 ('무서운 손')
분류: 용반목>수각류>코엘루로사우루스 무리
시기: 백악기 후기
몸길이 및 몸무게: 10미터, 10톤
분포 지역: 몽골
특징: 긴 팔만 밝혀진 공룡입니다. 각각의 손에는 세 개의 손가락이 있으며 손톱은 굽어 있습니다.

디안충고사우루스 ('중앙 윈난성 도마뱀')
분류: 조반목>헤테로돈토사우루스 무리
시기: 쥐라기 전기
몸길이 및 몸무게: 1미터, 5킬로그램
분포 지역: 중국
특징: 두 다리 또는 네 다리로 걸을 수 있었던 작은 공룡입니다. 초식 동물 또는 잡식 동물이었으며 헤테로돈토사우루스와 닮았을 것으로 예상됩니다.

라메타사우루스 ('라메타 도마뱀')
분류: 용반목>수각류>네오케라토사우루스 무리
시기: 백악기 후기
몸길이 및 몸무게: 7.5미터, 1톤
분포 지역: 인도
특징: 두 다리로 걸어 다녔던 포식자입니다. 눈 위에 뼈로 된 길쭉하게 솟은 부분이 있습니다.

라에비수쿠스 ('가벼운 공룡')
분류: 용반목>수각류>네오케라토사우루스 무리
시기: 백악기 후기
몸길이 및 몸무게: 1미터, 4킬로그램
분포 지역: 인도
특징: 두 다리로 걸어 다녔던 작은 포식자입니다. 노아사우루스와 비슷했고 팔다리가 가늘었을 것으로 예상됩니다.

루펭고사우루스 ('루펭 도마뱀')
분류: 용반목>용각형류>원시 용각류 무리
시기: 트라이아스기 후기
몸길이 및 몸무게: 6미터, 1톤
분포 지역: 중국
특징: 목이 긴 초식 동물로서 꼬리는 깁니다. 루펭고사우루스는 두 다리 또는 네 다리로 걸어 다닐 수 있었습니다.

리아오닝고사우루스 ('랴오닝 도마뱀')
분류: 조반목>티레오포라>곡룡류 무리
시기: 백악기 전기
몸길이 및 몸무게: 34센티미터, 1킬로그램
분포 지역: 중국
특징: 새끼 공룡의 골격으로만 유추할 수 있는 작고 골판이 있는 초식 동물입니다. 리아오닝고사우루스는 네 다리로 걸어 다녔습니다.

리아오케라톱스 ('랴오닝의 뿔 달린 얼굴')

분류: 조반목＞마르기노케팔리아＞각룡류 무리
시기: 백악기 전기
몸길이 및 몸무게: 90센티미터, 5킬로그램
분포 지역: 중국
특징: 작고 골판이 있는 초식 동물입니다. 하나의 두개골만 발견되어 알려졌는데 그 두개골은 새끼 공룡의 것이었습니다. 리아오케라톱스는 네 다리로 걸어 다녔습니다.

마멘키사우루스('마멘키 도마뱀')
분류: 용반목＞용각형류＞용각류 무리
시기: 쥐라기 후기
몸길이 및 몸무게: 20미터, 14톤
분포 지역: 중국
특징: 비정상적으로 목이 긴 초식 동물입니다. 다리가 길었으며 머리는 상자 모양으로 생겼습니다. 마멘키사우루스는 네 다리로 걸어 다녔습니다.

말레예보사우루스('말리예프를 위하여')
분류: 조반목＞티레오포라＞곡룡류 무리
시기: 백악기 후기
몸길이 및 몸무게: 5미터, 700킬로그램
분포 지역: 몽골
특징: 골판이 있는 초식 동물입니다. 네 다리로 걸어 다녔습니다. 두개골은 상자 모양으로 생겼으며 꼬리 끝은 곤봉처럼 생겼습니다.

모노니쿠스('한 개의 발톱')
분류: 용반목＞수각류＞코엘루로사우루스 무리
시기: 백악기 후기
몸길이 및 몸무게: 1미터, 3킬로그램
분포 지역: 몽골
특징: 팔은 짧고 머리 모양이 새의 머리처럼 생긴 깃털 달린 포식자입니다. 모노니쿠스는 잡식 동물이며 두 다리로 걸어 다녔습니다.

모놀로포사우루스('하나의 볏을 가진 도마뱀')
분류: 용반목＞수각류＞알로사우루스 무리
시기: 쥐라기 중기
몸길이 및 몸무게: 6미터, 600킬로그램
분포 지역: 중국
특징: 빈 머리 볏과 날카로운 이빨이 있는 포식자입니다. 모놀로포사우루스는 두 다리로 걸어 다녔습니다.

몬코노사우루스('몬코 도마뱀')
분류: 조반목＞티레오포라＞검룡류 무리
시기: 쥐라기 후기와 백악기 전기
몸길이 및 몸무게: 4.5미터, 650킬로그램
분포 지역: 티베트
특징: 목과 등, 꼬리에 골판과 골침이 있는 초식 동물입니다. 몬코노사우루스는 네 다리로 걸어 다녔습니다.

미크로랍토르('작은 약탈자')
분류: 용반목＞수각류＞코엘루로사우루스 무리
시기: 백악기 전기
몸길이 및 몸무게: 30센티미터, 350그램
분포 지역: 중국
특징: 새처럼 생긴 작은 포식자입니다. 팔은 길고 꼬리는 뻣뻣하며 발톱은 구부러져 있습니다. 두 다리로 걸어 다녔습니다.

미크로파키케팔로사우루스('작고 굵은 머리의 도마뱀')
분류: 조반목＞마르기노케팔리아＞후두류 무리
시기: 백악기 후기
몸길이 및 몸무게: 60센티미터, 2킬로그램
분포 지역: 중국
특징: 아주 작은 초식 동물입니다. 몸은 넓적했고 두개골은 두툼했으며 위쪽은 평평했습니다. 미크로파키케팔로사우루스는 두 다리로 걸어 다녔습니다.

바가라아탄('작은 포식자')
분류: 용반목＞수각류＞코엘루로사우루스 무리
시기: 백악기 후기
몸길이 및 몸무게: 3미터, 55킬로그램
분포 지역: 몽골
특징: 꼬리가 뻣뻣하고 턱이 강력한 포식자입니다. 바가라아탄은 두 다리로 걸어 다녔습니다.

바가케라톱스('작은 뿔 달린 얼굴')
분류: 조반목＞마르기노케팔리아＞각룡류 무리
시기: 백악기 후기
몸길이 및 몸무게: 1미터, 9킬로그램
분포 지역: 몽골
특징: 부리가 있는 초식 동물입니다. 코에는 짧은 뿔이 있으며 목에는 주름 장식이 있습니다. 바가케라톱스는 네 다리로 걸어 다녔습니다.

바라파사우루스('큰 다리 도마뱀')
분류: 용반목＞용각형류＞용각류 무리
시기: 쥐라기 전기
몸길이 및 몸무게: 20미터, 15톤
분포 지역: 인도
특징: 목이 길고 숟가락 모양의 이빨이 있는 초식 동물입니다. 바라파사우루스는 네 다리로 걸어 다녔습니다.

바르스볼드이아('바스볼드를 위하여')
분류: 조반목＞조각류＞이구아노돈 무리
시기: 백악기 후기
몸길이 및 몸무게: 8미터, 3톤
분포 지역: 몽골
특징: 두 다리 또는 네 다리로 걸을 수 있었던 초식 동물입니다. 등뼈만으로도 바르

모노니쿠스

스볼디아를 식별할 수 있습니다.

박트로사우루스('박트리아의 도마뱀')
분류: 조반목>조각류>이구아노돈 무리
시기: 백악기 후기
몸길이 및 몸무게: 6미터, 1.6톤
분포 지역: 중국
특징: 등이 능선처럼 굽은 초식 동물입니다. 두 다리 또는 네 다리로 걸을 수 있었습니다.

베이피아오사우루스('베이퍄오 도마뱀')
분류: 용반목>수각류>코엘루로사우루스 무리
시기: 백악기 전기
몸길이 및 몸무게: 2.5미터, 35킬로그램
분포 지역: 중국
특징: 깃털이 난 공룡입니다. 팔은 길었으며 배는 넓적했고 꼬리는 짧았습니다. 초식 동물 또는 잡식 동물이었으며 두 다리로 걸어 다녔습니다.

벨로키랍토르('날쌘 도둑')
분류: 용반목>수각류>코엘로피시스 무리
시기: 백악기 후기
몸길이 및 몸무게: 2미터, 15킬로그램
분포 지역: 몽골
특징: 새처럼 생긴 포식자입니다. 팔이 길었으며 두 다리로 걸어 다녔습니다. 두 번째 발가락 위에는 긴 발톱이 나 있었습니다.

벨루사우루스('훌륭한 도마뱀')
분류: 용반목>용각형류>용각류 무리
시기: 쥐라기 중기
몸길이 및 몸무게: 5미터, 900킬로그램
분포 지역: 중국
특징: 초식 동물입니다. 이빨은 숟가락처럼 생겼고 목은 깁니다. 벨루사우루스는 네 다리로 걸어 다녔습니다.

보로고비아('보로고브를 위하여')
분류: 용반목>수각류>코엘루로사우루스 무리
시기: 백악기 후기
몸길이 및 몸무게: 1미터, 5킬로그램
분포 지역: 몽골
특징: 다리가 긴 공룡으로서 육식 동물 또는 잡식 동물입니다. 보로고비아의 두 번째 발가락은 위로 올라와 있으며 두 다리로 걸어 다녔습니다.

브레비케라톱스('짧은 뿔 얼굴')
분류: 조반목>마르기노케팔리아>각룡류 무리
시기: 백악기 후기
몸길이 및 몸무게: 35센티, 4.5킬로그램
분포 지역: 몽골
특징: 짧고 폭이 좁은 장식과 부리가 있는 작은 초식 동물입니다. 브레비케라톱스는 네 다리로 걸어 다녔으며 프로케라톱스와 비슷하게 생겼습니다.

비로노사우루스('바이런의 도마뱀')
분류: 용반목>수각류>코엘루로사우루스 무리
시기: 백악기 후기
몸길이 및 몸무게: 2.5미터, 25킬로그램
분포 지역: 몽골
특징: 다리가 긴 공룡입니다. 골격이 길며 작은 이빨이 많습니다. 비로노사우루스는 두 다리로 걸어 다녔으며 육식 동물 또는 잡식 동물이었습니다.

비에노사우루스('비엔의 도마뱀')
분류: 조반목>티레오포라
시기: 쥐라기 전기
몸길이 및 몸무게: 1미터, 12킬로그램
분포 지역: 중국
특징: 골판이 있는 초식 공룡입니다. 네 다리로 걸어 다녔습니다. 스켈리도사우루스와 비슷하게 생겼습니다.

사우로르니토이데스('새와 같은 도마뱀')
분류: 용반목>수각류>코엘루로사우루스 무리
시기: 백악기 후기
몸길이 및 몸무게: 2미터, 15킬로그램
분포 지역: 몽골
특징: 다리가 긴 포식자입니다. 육식 동물 또는 잡식 동물이었습니다. 사우로르니토이데스는 두 다리로 걸어 다녔습니다.

사우롤로푸스('볏이 있는 도마뱀')
분류: 조반목>조각류>이구아노돈 무리
시기: 백악기 후기
몸길이 및 몸무게: 13미터, 7톤
분포 지역: 캐나다, 몽골
특징: 대못 모양의 머리 볏이 있는 초식 동물입니다. 오리 주둥이처럼 생긴 부리가 있으며 가는 이빨이 있습니다. 사우롤로푸스는 가장 큰 하드로사우루스류이며 두 다리 또는 네 다리로 걸어 다녔습니다.

사이카니아('아름다운 것')
분류: 조반목>티레오포라>곡룡류 무리
시기: 백악기 후기
몸길이 및 몸무게: 7미터, 1.4톤
분포 지역: 몽골
특징: 꼬리 봉이 있는 초식 동물입니다. 등과 마찬가지로 배에도 골판이 있습니다. 두개골은 상자처럼 생겼으며 네 다리로 걸어 다녔습니다.

샤모사우루스('사막 도마뱀')
분류: 조반목>티레오포라>곡룡류 무리
시기: 백악기 후기
몸길이 및 몸무게: 6미터, 1.3톤
분포 지역: 몽골
특징: 골판이 있는 초식 동물입니다. 부리는 폭이 좁으며 이빨은 작습니다. 샤모사우루스는 네 다리로 걸어 다녔습니다.

샨시아('샨시를 위하여')
분류: 조반목>티레오포라>곡룡류 무리
시기: 백악기 후기

몸길이 및 몸무게: 5미터, 700킬로그램
분포 지역: 중국
특징: 골판이 있는 초식 동물입니다. 뿔이 나 있으며 두개골은 넓고 평평합니다. 샨시아는 네 다리로 걸어 다녔습니다.

샨양고사우루스 ('샨양 도마뱀')
분류: 용반목〉수각류〉코엘루로사우루스 무리
시기: 백악기 후기
몸길이 및 몸무게: 1.5미터, 11킬로그램
분포 지역: 중국
특징: 새를 닮은 포식자입니다. 오비랍토르와 닮았을 것으로 추측됩니다. 샨양고사우루스는 두 다리로 걸어 다녔습니다.

샨통고사우루스 ('산통 도마뱀')
분류: 조반목〉조각류〉이구아노돈 무리
시기: 백악기 후기
몸길이 및 몸무게: 17미터, 15톤
분포 지역: 중국
특징: 커다란 초식 동물입니다. 부리가 오리 주둥이처럼 생겼으며 특히 아래턱이 큽니다. 샨통고사우루스는 두 다리 또는 네 다리로 걸을 수 있었습니다.

세그노사우루스 ('느린 도마뱀')
분류: 용반목〉수각류〉코엘루로사우루스 무리
시기: 백악기 후기
몸길이 및 몸무게: 6.5미터, 400킬로그램
분포 지역: 몽골
특징: 목이 긴 잡식 동물입니다. 손가락은 길며 배는 넓고 꼬리는 짧습니다. 세그노사우루스는 두 다리로 걸어 다녔습니다.

수안하노사우루스 ('쉬안한 도마뱀')
분류: 용반목〉수각류〉스피노사우루스 무리 (예상)
시기: 쥐라기 중기
몸길이 및 몸무게: 6미터, 700킬로그램
분포 지역: 중국
특징: 중간 크기의 포식자입니다. 두 다리로 걸어 다녔으며 꼬리는 뻣뻣합니다. 다른 스피노사우루스 무리보다 길쭉하게 생겼고 더 힘이 셌던 것으로 생각됩니다.

슈노사우루스 ('쓰촨 성 도마뱀')
분류: 용반목〉용각형류〉용각류 무리
시기: 쥐라기 중기
몸길이 및 몸무게: 9미터, 3톤
분포 지역: 중국
특징: 머리가 작고 꼬리가 긴 초식 동물입니다. 꼬리 끝은 곤봉처럼 생겼으며 네 다리로 걸어 다녔습니다.

슈부이아 ('새')
분류: 용반목〉수각류〉코엘루로사우루스 무리
시기: 백악기 후기
몸길이 및 몸무게: 1미터, 3킬로그램
분포 지역: 몽골
특징: 깃털이 있는 잡식 동물입니다. 머리는 새의 머리처럼 생겼습니다. 엄지손가락의 손톱은 무척 크며 팔은 짧습니다. 두 다리로 걸어 다녔습니다.

스체추아노사우루스 ('쓰촨 성 도마뱀')
분류: 용반목〉수각류〉알로사우루스 무리
시기: 쥐라기 후기
몸길이 및 몸무게: 4미터, 130킬로그램
분포 지역: 중국
특징: 신랍토르와 비슷하게 생겼을 것으로 추정되는 포식자입니다. 스체추아노사우루스는 두 다리로 걸어 다녔습니다.

스칸소리옵테릭스 ('등반 날개')
분류: 용반목〉수각류〉코엘루로사우루스 무리
시기: 백악기 전기
몸길이 및 몸무게: 20센티미터, 70그램
분포 지역: 중국
특징: 아주 작은 포식자입니다. 팔은 길고 양손의 세 번째 손가락은 매우 깁니다. 스칸소리옵테릭스는 두 다리로 걸어 다녔습니다.

시노르니토사우루스 ('중국 새 도마뱀')
분류: 용반목〉수각류〉코엘루로사우루스 무리
시기: 백악기 전기
몸길이 및 몸무게: 1미터, 4킬로그램
분포 지역: 중국
특징: 깃털이 있고 새처럼 생긴 포식자입니다. 팔은 길었으며 각각의 손에는 세 개의 손가락이 있었고 꼬리는 뻣뻣했습니다. 시노르니토사우루스는 두 다리로 걸어 다녔습니다.

시노르니토이데스 ('중국 새 모양')
분류: 용반목〉수각류〉코엘루로사우루스 무리
시기: 백악기 전기

슈노사우루스

몸길이 및 몸무게: 1미터, 5킬로그램
분포 지역: 중국
특징: 다리가 긴 포식자입니다. 두개골은 얇았으며 두 번째 발가락은 위로 솟아 있었습니다. 시노르니토이데스는 두 다리로 걸어 다녔으며 육식 동물 또는 잡식 동물이었습니다.

시노베나토르('중국 사냥꾼')
분류: 용반목>수각류>코엘루로사우루스 무리
시기: 백악기 전기
몸길이 및 몸무게: 1미터, 6킬로그램
분포 지역: 중국
특징: 작은 포식자였습니다. 뒷다리는 길고 가늘었으며 꼬리는 뻣뻣했습니다. 트로오돈과 비슷하게 생겼으며 두 다리로 걸어 다녔습니다.

시노사우롭테릭스('중국 도마뱀 날개')
분류: 용반목>수각류>코엘루로사우루스 무리
시기: 백악기 전기
몸길이 및 몸무게: 1미터, 5킬로그램
분포 지역: 중국
특징: 팔이 짧고 엄지손가락이 큰 작은 포식자였습니다. 시노사우롭테릭스는 두 다리로 걸어 다녔습니다.

시아모사우루스('시암 도마뱀')
분류: 용반목>수각류>스피노사우루스 무리
시기: 백악기 전기
몸길이 및 몸무게: 8미터, 1톤
분포 지역: 태국
특징: 이빨만 알려진 포식자로서 스피노사우루스와 비슷하게 생겼습니다. 시아모사우루스는 두 다리로 걸어 다녔습니다.

시아모티라누스('시암의 폭군')
분류: 용반목>수각류>코엘루로사우루스 무리
시기: 백악기 전기
몸길이 및 몸무게: 6미터, 700킬로그램
분포 지역: 태국
특징: 엉덩뼈와 꼬리만 알려진 포식자입니다. 초기 티라노사우루스였던 것으로 보입니다. 시아모티라누스는 두 다리로 걸어 다녔습니다.

신랍토르('중국의 도둑')
분류: 용반목>수각류>알로사우루스 무리
시기: 쥐라기 후기
몸길이 및 몸무게: 7미터, 1톤
분포 지역: 중국
특징: 두개골이 큰 포식자입니다. 등을 따라 낮게 솟아 있는 부분이 있으며 각각의 손에는 세 개의 손가락이 있습니다. 신랍토르는 두 다리로 걸어 다녔습니다.

아길리사우루스('민첩한 도마뱀')
분류: 조반목>조각류>힙실로포돈 무리
시기: 쥐라기 중기
몸길이 및 몸무게: 1.5미터, 6킬로그램
분포 지역: 중국
특징: 부리가 좁은 작은 초식 동물입니다. 팔이 짧고 각각의 손에는 다섯 개의 손가락이 있습니다. 두 다리로 걸어 다녔습니다.

아다사우루스('아다 도마뱀')
분류: 용반목>수각류>코엘로피시스 무리
시기: 백악기 후기
몸길이 및 몸무게: 1미터, 15킬로그램
분포 지역: 몽골
특징: 새처럼 생긴 작은 포식자로 각각의 두 번째 발가락에 작고 위로 솟아 있는 발톱이 있었습니다.

아랄로사우루스('아랄 도마뱀')
분류: 조반목>조각류>이구아노돈 무리
시기: 백악기 후기
몸길이 및 몸무게: 19미터, 4.5톤
분포 지역: 카자흐스탄
특징: 주둥이가 오리 주둥이처럼 생긴 초식 동물입니다. 두 다리 또는 네 다리로 걸어 다닐 수 있었습니다.

아르스타노사우루스('아르스탄 도마뱀')
분류: 조반목>조각류>이구아노돈 무리
시기: 백악기 후기
몸길이 및 몸무게: 5미터, 1톤
분포 지역: 카자흐스탄
특징: 가는 이빨을 가진 초식 동물입니다. 부리는 오리 주둥이처럼 생겼습니다. 두 다리 또는 네 다리로 걸을 수 있었습니다.

아르카에오르니토미무스('고대의 오르니토미무스')
분류: 용반목>수각류>코엘루로사우루스 무리
시기: 백악기 후기
몸길이 및 몸무게: 3미터, 130킬로그램
분포 지역: 중국
특징: 두 다리로 걸어 다녔던 긴 다리의 잡식 동물입니다.

아르카에오르니토이데스('고대의 새처럼 생긴')
분류: 용반목>수각류>코엘루로사우루스 무리
시기: 백악기 후기
몸길이 및 몸무게: 90센티미터, 15킬로그램
분포 지역: 몽골
특징: 원뿔 모양의 이빨이 난 아주 작은 포식자입니다. 두 다리로 걸어 다녔으며 두개골만 발견되었습니다.

아르카에오케라톱스('고대의 뿔이 난 얼굴')
분류: 조반목>마르기노케팔리아>각룡류 무리
시기: 백악기 전기
몸길이 및 몸무게: 1미터, 7킬로그램
분포 지역: 중국
특징: 좁은 부리와 짧은 목장식이 있는 작은 초식 동물입니다. 두 다리로 걸어 다녔습니다.

아브로사우루스('퉁명스러운 도마뱀')
분류: 용반목>용각형류>용각류 무리
시기: 쥐라기 중기
몸길이 및 몸무게: 18미터, 8.5톤
분포 지역: 중국
특징: 몸집이 크고 목이 긴 초식 동물입니다. 네 다리로 걸어 다녔으며 골격은 네모나게 생겼습니다. 그리고 거대한 콧구멍이 있었습니다.

아비미무스('새를 닮은 공룡')
분류: 용반목>수각류>코엘루로사우루스 무리
시기: 백악기 후기
몸길이 및 몸무게: 1.6미터, 14킬로그램
분포 지역: 몽골
특징: 두 다리로 걸어 다녔으며 다리가 긴 공룡입니다. 아비미무스는 부리가 있었으며 초식 동물 또는 잡식 동물이었습니다.

아시아케라톱스('아시아의 뿔 달린 얼굴')
분류: 조반목>마르기노케팔리아>각룡류 무리
시기: 백악기 후기
몸길이 및 몸무게: 2미터, 50킬로그램
분포 지역: 우즈베키스탄
특징: 부리가 있는 초식 동물입니다. 목주름 장식이 있으며 코는 폭이 좁습니다. 아시아케라톱스는 네 다리로 걸어 다녔습니다.

아시아토사우루스('아시아 도마뱀')
분류: 용반목>용각형류>용각류 무리
시기: 백악기 전기
몸길이 및 몸무게: 20미터, 13톤
분포 지역: 몽골, 중국
특징: 목이 긴 초식 동물로서 네 다리로 걸어 다녔습니다. 이빨은 숟가락처럼 생겼습니다.

아킬로바토르('힘줄 영웅')
분류: 용반목>수각류>알로사우루스 무리
시기: 백악기 후기
몸길이 및 몸무게: 7미터, 450킬로그램
분포 지역: 몽골
특징: 두 번째 발가락이 다른 발가락보다 높이 솟아 있는 커다란 포식자입니다. 아킬로바토르는 벨로키랍토르와 연관이 있으며 두 다리로 걸어 다녔습니다.

안세리미무스('거위를 닮음')
분류: 용반목>수각류>코엘루로사우루스 무리
시기: 백악기 후기
몸길이 및 몸무게: 3미터, 100킬로그램
분포 지역: 몽골
특징: 걸음걸이가 빠른 잡식 동물입니다. 팔이 길고 얇으며 부리에는 이빨이 없고 두 다리로 걸어 다녔습니다.

알렉트로사우루스('배우자가 없는 도마뱀')
분류: 용반목>수각류>코엘루로사우루스 무리
시기: 백악기 후기
몸길이 및 몸무게: 5미터, 500킬로그램
분포 지역: 중국, 몽골
특징: 팔이 짧고 뒷다리가 긴 포식자입니다. 두개골이 크며 두 다리로 걸어 다녔습니다.

알리오라무스('다른 가지')
분류: 용반목>수각류>코엘로피시스 무리
시기: 백악기 후기
몸길이 및 몸무게: 6미터, 700킬로그램
분포 지역: 몽골
특징: 코뼈가 있어야 할 부분에 5개의 불규칙한 골질의 돌기가 있는 티라노사우루스류 공룡입니다.

알사사우루스('알사 도마뱀')
분류: 용반목>수각류>코엘루로사우루스 무리
시기: 백악기 후기
몸길이 및 몸무게: 4미터, 120킬로그램
분포 지역: 중국
특징: 꼬리가 짧고 엉덩이가 넓적하며 각각의 손에는 세 개의 손가락이 있는 공룡입니다. 초식 동물 또는 잡식 동물이었으며 두 다리로 걸어 다녔습니다.

알왈케리아('앨릭 워커를 위하여')
분류: 용반목>헤레라사우루스 무리(예상)
시기: 트라이아스기 후기
몸길이 및 몸무게: 1미터, 5킬로그램
분포 지역: 인도
특징: 작은 포식자이며 헤레라사우루스처럼 이빨이 날카롭고 약간 굽어 있었습니다. 두 다리로 걸어 다녔습니다.

알티르히누스('높은 코')
분류: 조반목>조각류>이구아노돈 무리
시기: 백악기 전기
몸길이 및 몸무게: 8미터, 3.1톤
분포 지역: 몽골
특징: 코가 큰 초식 동물입니다. 부리가 있었고 엄지손가락은 대못처럼 생겼습니다. 두 다리 또는 네 다리로 걸을 수 있었습니다.

암토사우루스('암트게이 도마뱀')
분류: 조반목>티레오포라>곡룡류 무리
시기: 백악기 후기
몸길이 및 몸무게: 5미터, 700킬로그램
분포 지역: 몽골
특징: 골격 일부만 알려진 골판이 있는 초식 동물입니다. 네 다리로 걸어 다녔습니다.

얀두사우루스('소금으로 된 기둥머리 도마뱀')
분류: 조반목>조각류>힙실로포돈 무리
시기: 쥐라기 중기
몸길이 및 몸무게: 1.5미터, 10킬로그램
분포 지역: 중국
특징: 두개골이 짧은 작은 초식 동물입니다. 눈은 컸으며 부리는 좁았습니다. 얀두사우루스는 두 다리로 걸어 다녔습니다.

양추아노사우루스('양저우 도마뱀')

분류: 용반목>수각류>알로사우루스 무리
시기: 쥐라기 후기
몸길이 및 몸무게: 10미터, 3.5톤
분포 지역: 중국
특징: 머리 위에 돌기가 있는 커다란 포식자입니다. 양추아노사우루스는 두 다리로 걸어 다녔습니다.

에니그모사우루스('수수께끼 도마뱀')
분류: 용반목>수각류>코엘루로사우루스 무리
시기: 백악기 후기
몸길이 및 몸무게: 6미터, 270킬로그램
분포 지역: 몽골
특징: 목이 긴 잡식 동물입니다. 손톱은 길고 배는 넓적하며 꼬리는 짧습니다. 에니그모사우루스는 두 다리로 걸어 다녔습니다.

에르리안사우루스('에를리안 도마뱀')
분류: 용반목>수각류>코엘루로사우루스 무리
시기: 백악기 후기
몸길이 및 몸무게: 3미터, 150킬로그램
분포 지역: 중국
특징: 초식 동물 또는 잡식 동물이었던 공룡입니다. 두 다리로 걸어 다녔으며 엉덩이는 넓었고 각각의 손에는 세 개의 손가락이 있었습니다.

에르리코사우루스('에를릭의 도마뱀')
분류: 용반목>수각류>코엘루로사우루스 무리
시기: 백악기 후기
몸길이 및 몸무게: 5미터, 180킬로그램
분포 지역: 몽골
특징: 목이 길고 꼬리는 짧은 잡식 동물입니다. 에르리코사우루스는 두 다리로 걸어 다녔습니다.

에샤노사우루스('에샨 도마뱀')
분류: 용반목>수각류>코엘루로사우루스 무리
시기: 쥐라기 전기
몸길이 및 몸무게: 1.5미터, 8킬로그램
분포 지역: 중국
특징: 목이 긴 잡식 동물입니다. 턱만 알려져 있습니다. 두 다리로 걸어 다녔으며 에르리코사우루스와 비슷했을 것으로 생각됩니다.

에우로니코돈('유럽의 발톱 이빨')
분류: 용반목>수각류>코엘루로사우루스 무리
시기: 백악기 후기
몸길이 및 몸무게: 1미터, 6킬로그램
분포 지역: 포르투갈, 우즈베키스탄
특징: 두 다리로 걸어 다녔던 작은 포식자입니다. 현재 이빨만 발견된 상태입니다.

에우헬로푸스('실제 습지 아랫부분')
분류: 용반목>용각형류>용각류 무리
시기: 쥐라기 후기
몸길이 및 몸무게: 10미터, 8.5톤
분포 지역: 중국
특징: 목과 다리가 무척 긴 초식 동물입니다. 에우헬로푸스는 네 다리로 걸어 다녔습니다.

에피덴드로사우루스('나무 도마뱀')
분류: 용반목>수각류>코엘루로사우루스 무리
시기: 백악기 전기
몸길이 및 몸무게: 20센티미터, 70그램
분포 지역: 중국
특징: 팔이 긴 포식자입니다. 세 번째 손가락은 무척 기다랗습니다. 에피덴드로사우루스는 두 다리로 걸어 다녔습니다.

오메이사우루스('오메이 도마뱀')
분류: 용반목>용각형류>용각류 무리
시기: 쥐라기 후기
몸길이 및 몸무게: 18미터, 8.5톤
분포 지역: 중국
특징: 목이 매우 긴 초식 동물입니다. 두개골은 상자 모양으로 생겼고 다리는 기다랗습니다. 오메이사우루스는 네 다리로 걸어 다녔습니다.

오비랍토르('알 도둑')
분류: 용반목>수각류>코엘루로사우루스 무리
시기: 백악기 후기
몸길이 및 몸무게: 2.5미터, 35킬로그램
분포 지역: 몽골
특징: 이빨이 없는 잡식 동물입니다. 팔은 길며 두개골은 앵무새의 두개골처럼 생겼습니다. 꼬리는 짧고 두 다리로 걸어 다녔습니다.

오피스토코엘리카우디아('꼬리 찻종이 뒤에 있는')
분류: 용반목>용각형류>용각류 무리
시기: 백악기 후기
몸길이 및 몸무게: 12미터, 10톤
분포 지역: 몽골
특징: 네 다리로 걸어 다녔던 목이 긴 초식 동물입니다. 꼬리뼈의 모양으로 미루어 보아 뒷다리를 이용해 일어설 수 있었던 것으로 보입니다. 이렇게 뒷다리로 일어설 때는 꼬리로 받치고 일어섰습니다.

와키노사우루스('와키노 도마뱀')
분류: 수각류(알로사우루스일 가능성도 있음)
시기: 백악기 전기
몸길이 및 몸무게: 알려지지 않음
분포 지역: 일본
특징: 단 한 개의 이빨만 발견된 잡식 공룡입니다.

완나노사우루스('완나의 도마뱀')
분류: 조반목>마르기노케팔리아>후두류 무리
시기: 백악기 후기
몸길이 및 몸무게: 1미터, 9킬로그램

155

시기: 백악기 후기
몸길이 및 몸무게: 9미터, 4톤
분포 지역: 카자흐스탄
특징: 부리가 오리 주둥이처럼 생긴 초식 동물입니다. 두개골 위에 골판 같은 볏이 있었을 것으로 예상됩니다. 두 다리 또는 네 다리로 걸어 다녔습니다.

제훌로사우루스('제훌 도마뱀')
분류: 조반목
시기: 백악기 전기
몸길이 및 몸무게: 80센티미터, 3킬로그램
분포 지역: 중국
특징: 부리가 있는 초식 동물입니다. 이빨은 잎 모양으로 생겼으며 두 다리로 걸어 다녔습니다.

지양샤노사우루스('지양산 도마뱀')
분류: 용반목〉용각류〉용각류 무리 **시기:** 백악기 전기
몸길이 및 몸무게: 20미터, 12톤
분포 지역: 중국
특징: 목이 긴 초식 동물입니다. 다리는 가늘었으며 네 다리로 걸어 다녔습니다. 알라모사우루스와 비슷하게 생겼을 것으로 생각됩니다.

지종고사우루스('쯔중 도마뱀')
분류: 용반목〉용각형류〉용각류 무리
시기: 쥐라기 전기
몸길이 및 몸무게: 9미터, 450킬로그램
분포 지역: 중국
특징: 작은 원시 용각류입니다. 목은 길며 몸통은 크고 앞다리는 깁니다. 네 다리로 걸어 다녔으며 초식 동물입니다.

진조우사우루스('진조우 도마뱀')
분류: 조반목〉조각류〉이구아노돈 무리
시기: 백악기 전기
몸길이 및 몸무게: 7미터, 1.5톤
분포 지역: 중국
특징: 가는 이빨이 있는 초식 동물입니다. 두 다리 또는 네 다리로 걸어 다닐 수 있었습니다.

징샤노사우루스('징샨 도마뱀')
분류: 용반목〉용각형류〉원시 용각류 무리
시기: 쥐라기 전기
몸길이 및 몸무게: 10미터, 3톤
분포 지역: 중국
특징: 목이 긴 초식 동물입니다. 몸은 탄탄하며 코는 기울어져 있습니다. 징샤노사우루스는 네 다리로 걸어 다녔습니다.

차간테지아('차간텍으로부터')
분류: 조반목〉티레오포라〉곡룡류 무리
시기: 백악기 후기
몸길이 및 몸무게: 6미터, 1.3톤
분포 지역: 몽골
특징: 골판이 있는 초식 동물입니다. 두개골은 상자 모양으로 생겼고 부리는 좁으며 이빨은 작습니다. 차간테지아는 네 다리로 걸어 다녔습니다.

차오양사우루스('차오양 도마뱀')
분류: 조반목〉마르기노케팔리아
시기: 쥐라기 후기
몸길이 및 몸무게: 1.5미터, 8킬로그램
분포 지역: 중국
특징: 좁은 모양의 부리가 있는 초식 동물입니다. 뺨 부분은 넓적합니다. 차오양사우루스는 두 다리 또는 네 다리로 걸어 다닐 수 있었습니다.

추안동고코엘루루스('추안동의 빈 꼬리')
분류: 용반목〉수각류〉네오케라토사우루스 무리
시기: 쥐라기 중기
몸길이 및 몸무게: 2.5미터, 10킬로그램
분포 지역: 중국
특징: 몸통과 꼬리가 길었을 것으로 추측되는 작은 포식자입니다. 추안동고코엘루루스는 두 다리로 걸어 다녔습니다.

추안지에사우루스('추안지에 도마뱀')
분류: 용반목〉용각형류〉용각류 무리
시기: 쥐라기 중기
몸길이 및 몸무게: 15미터, 12톤
분포 지역: 중국
특징: 꼬리가 긴 초식 동물입니다. 케티오사우루스와 비슷하게 생겼을 것으로 예상됩니다. 추안지에사우루스는 네 다리로 걸어 다녔습니다.

충킹고사우루스('충칭 도마뱀')
분류: 조반목〉티레오포라〉검룡류 무리
시기: 쥐라기 후기
몸길이 및 몸무게: 4미터, 350킬로그램
분포 지역: 중국
특징: 목부터 등, 꼬리까지 골판이 덮여 있는 초식 동물입니다. 꼬리 끝에는 대못과 같은 것이 박혀 있습니다.

치아링고사우루스('자링강 도마뱀')
분류: 조반목〉티레오포라〉검룡류 무리
시기: 쥐라기 후기
몸길이 및 몸무게: 3미터, 200킬로그램
분포 지역: 중국
특징: 목과 등, 꼬리를 따라 골판이 나 있는 초식 동물입니다. 치아링고사우루스는 네 다리로 걸어 다녔습니다.

친타오사우루스('칭다오 도마뱀')
분류: 조반목〉조각류〉이구아노돈 무리
시기: 백악기 후기
몸길이 및 몸무게: 9미터, 4.5톤
분포 지역: 중국
특징: 앞쪽으로 뾰족하게 돋아난 대못 모양의 머리 볏이 있는 초식 동물입니다. 부리는 오리 주둥이처럼 생겼으며 가는 이빨이 있었습니다. 친타오사우루스는 두 다리 또는 네 다리로 걸을 수 있었습니다.

카로노사우루스('카론의 도마뱀')
분류: 조반목〉조각류〉이구아노돈 무리
시기: 백악기 후기

인시시보사우루스

분포 지역: 중국
특징: 부리가 있고 몸통이 넓은 초식 동물입니다. 두개골 맨 위쪽은 두툼하고 평평합니다.

우다노케라톱스('우다의 뿔이 있는 얼굴')
분류: 조반목〉마르기노케팔리아〉각룡류 무리
시기: 백악기 후기
몸길이 및 몸무게: 4미터, 750킬로그램
분포 지역: 몽골
특징: 부리가 있는 초식 동물입니다. 목주름 장식이 있으며 코는 폭이 좁습니다. 우다노케라톱스는 네 다리로 걸어 다녔습니다.

우에르호사우루스('우에르호 도마뱀')
분류: 조반목〉티레오포라〉검룡류 무리
시기: 백악기 전기
몸길이 및 몸무게: 4.5미터, 650킬로그램
분포 지역: 중국
특징: 목과 등, 꼬리를 따라 골판이 나 있는 초식 동물입니다. 네 다리로 걸어 다녔습니다.

윤나노사우루스('윈난 도마뱀')
분류: 용반목〉용각형류〉원시 용각류 무리
시기: 쥐라기 전기
몸길이 및 몸무게: 7미터, 1톤
분포 지역: 중국
특징: 목이 긴 초식 동물입니다. 몸은 튼튼하며 코는 비스듬하게 경사져 있습니다. 윤나노사우루스는 네 다리로 걸어 다녔습니다.

이구아노돈('이구아나의 이빨')
분류: 조반목〉조각류〉이구아노돈 무리
시기: 백악기 전기
몸길이 및 몸무게: 8미터, 3.7톤
분포 지역: 영국, 프랑스, 스페인, 벨기에, 독일, 미국, 몽골
특징: 대못 모양의 엄지손가락과 가는 이빨이 있는 초식 동물입니다. 두 다리 또는 네 다리로 걸어 다녔습니다.

이사노사우루스('이산 도마뱀')
분류: 용반목〉용각형류〉용각류 무리
시기: 트라이아스기 후기
몸길이 및 몸무게: 12미터, 6톤
분포 지역: 태국
특징: 네 다리로 걸어 다녔던 원시 포식자입니다. 다리는 기둥 모양처럼 생겼고 목은 길었습니다.

이테미루스('이테미르의')
분류: 용반목〉수각류〉코엘루로사우루스 무리
시기: 백악기 후기
몸길이 및 몸무게: 4미터, 180킬로그램
분포 지역: 몽골
특징: 두개골 일부분만 알려진 공룡입니다. 이테미루스는 티라노사우루스류와 비슷하게 생겼을 것으로 예상됩니다.

인게니아('인게니를 위하여')

인도사우루스('인도의 도마뱀')
분류: 용반목〉수각류〉코엘루로사우루스 무리
시기: 백악기 후기
몸길이 및 몸무게: 1.5미터, 5킬로그램
분포 지역: 몽골
특징: 이빨이 없는 공룡입니다. 머리 모양은 앵무새의 머리와 비슷하게 생겼습니다. 두 다리로 걸어 다녔으며 초식 동물 또는 잡식 동물이었습니다.

인도사우루스('인도의 도마뱀')
분류: 용반목〉수각류〉네오케라토사우루스 무리
시기: 백악기 후기
몸길이 및 몸무게: 6.5미터, 750킬로그램
분포 지역: 인도
특징: 눈 위에 뭉툭한 코가 있는 포식자입니다. 두 다리로 걸어 다녔으며 카르노타우루스와 비슷하게 생겼을 것으로 여겨집니다.

인도수쿠스('인도의 악어')
분류: 용반목〉수각류〉네오케라토사우루스 무리
시기: 백악기 후기
몸길이 및 몸무게: 7.5미터, 1톤
분포 지역: 인도
특징: 두 다리로 걸어 다녔던 포식자입니다. 코가 있었으며 눈 위에 뼈로 된 돌출부가 있었을 것으로 예상됩니다.

인시시보사우루스('앞니 도마뱀')
분류: 용반목〉수각류〉코엘루로사우루스 무리
시기: 백악기 전기
몸길이 및 몸무게: 1미터, 4킬로그램
분포 지역: 중국
특징: 초식 동물 또는 잡식 동물이었던 공룡입니다. 두 다리로 걸어 다녔고 두개골은 짧았으며 부리와 뻐드렁니가 있었습니다.

작사르토사우루스('작사르테스 도마뱀')
분류: 조반목〉조각류〉이구아노돈 무리

몸길이 및 몸무게: 10미터, 5.5톤
분포 지역: 중국
특징: 부리가 있는 초식 동물입니다. 머리 위에는 튜브처럼 생긴 볏이 있습니다. 카로노사우루스는 두 다리 또는 네 다리로 걸어 다닐 수 있었습니다.

카우딥테릭스('꼬리 깃털')
분류: 용반목〉수각류〉코엘루로사우루스 무리
시기: 백악기 전기
몸길이 및 몸무게: 1.6미터, 14킬로그램
분포 지역: 중국
특징: 깃털 달린 잡식 동물입니다. 뒷다리는 길며 꼬리는 짧고 팔은 마치 날개처럼 생겼습니다. 카우딥테릭스는 두 다리로 걸어 다녔습니다.

카이나그나티아('새로운 턱')
분류: 용반목〉수각류〉코엘루로사우루스 무리
시기: 백악기 후기
몸길이 및 몸무게: 1미터, 3킬로그램
분포 지역: 우즈베키스탄
특징: 초식 동물 또는 잡식 동물이었던 작은 공룡입니다. 카이나그나티아는 이빨이 없었고 오비랍토르와 비슷하게 생겼으며 두 다리로 걸어 다녔습니다.

카이지앙고사우루스('카이 강 도마뱀')
분류: 용반목〉수각류〉코엘루로사우루스 무리(추측)
시기: 쥐라기 중기
몸길이 및 몸무게: 7미터, 1톤
분포 지역: 중국
특징: 두 다리로 걸어 다녔던 커다란 포식자입니다. 가소사우루스와 비슷하게 생겼을 것으로 예상됩니다.

칸('통치자')
분류: 용반목〉수각류〉코엘루로사우루스 무리
시기: 백악기 후기
몸길이 및 몸무게: 1미터, 4킬로그램
분포 지역: 몽골
특징: 이빨이 없는 잡식 동물입니다. 두개골은 짧으며 앵무새의 두개골과 비슷하게 생겼습니다. 팔은 길었고 꼬리는 짧았습니다. 칸은 두 다리로 걸어 다녔습니다.

켈마이사우루스('커라마이 도마뱀')
분류: 용반목〉수각류〉알로사우루스 무리(가능)
시기: 백악기 전기
몸길이 및 몸무게: 7미터, 1톤
분포 지역: 중국
특징: 두 다리로 걸어 다녔던 커다란 포식자입니다. 켈마이사우루스는 알로사우루스와 비슷하게 생겼을 것으로 추정됩니다.

코타사우루스('코타 도마뱀')
분류: 조반목〉조각류〉이구아노돈 무리
시기: 쥐라기 전기
몸길이 및 몸무게: 18미터, 8.5톤
분포 지역: 인도
특징: 네 다리로 걸어 다녔던 원시 초식 동물입니다. 목은 길었으며 이빨은 숟가락 모양처럼 생겼습니다.

콘코랍토르('껍데기 도둑')
분류: 용반목〉수각류〉코엘루로사우루스 무리
시기: 백악기 후기
몸길이 및 몸무게: 1.5미터, 5킬로그램
분포 지역: 몽골
특징: 부리가 있는 잡식 동물입니다. 머리는 앵무새의 머리와 비슷하게 생겼습니다. 꼬리는 짧았으며 두 다리로 걸어 다녔습니다.

콤프소수쿠스('귀여운 악어')
분류: 용반목〉수각류〉네오케라토사우루스 무리
시기: 백악기 후기
몸길이 및 몸무게: 1미터, 4킬로그램
분포 지역: 인도
특징: 두 다리로 걸어 다녔던 작은 포식자입니다. 팔다리가 가늘었을 것으로 예상되며 노아사우루스와 비슷하게 생겼을 것으로 생각됩니다.

쿠아에시토사우루스('기이한 도마뱀')
분류: 용반목〉용각형류〉용각류 무리
시기: 백악기 후기
몸길이 및 몸무게: 12미터, 10톤
분포 지역: 몽골
특징: 몸집이 크며 목이 긴 초식 동물입니다. 두개골만 알려져 있습니다. 이빨은 연필처럼 생겼으며 네 다리로 걸어 다녔습니다.

쿨케라톱스('호수의 뿔 달린 얼굴')
분류: 조반목〉마르기노케팔리아〉각룡류 무리
시기: 백악기 전기
몸길이 및 몸무게: 2미터, 50킬로그램
분포 지역: 우즈베키스탄
특징: 얼굴에 뿔과 목주름 장식이 있는 초식 동물입니다. 이빨은 식물을 자르는 데 적합했습니다. 쿨케라톱스는 네 다리로 걸어 다녔습니다.

퀸링고사우루스('친링 도마뱀')
분류: 용반목〉용각형류〉용각류 무리

카우딥테릭스

시기: 백악기 후기
몸길이 및 몸무게: 15미터, 12톤
분포 지역: 중국
특징: 엉덩뼈만 알려진 목이 긴 초식 동물입니다. 퀸링고사우루스는 네 다리로 걸어 다녔습니다.

크라이튼사우루스('크라이튼의 도마뱀')
분류: 조반목>티레오포라>곡룡류 무리
시기: 백악기 전기
몸길이 및 몸무게: 3미터, 60킬로그램
분포 지역: 중국
특징: 등에 골판이 있는 초식 동물입니다. 이빨은 작았으며 네 다리로 걸어 다녔습니다.

크립토볼란스('숨겨진 비행사')
분류: 용반목>수각류>코엘루로사우루스 무리
시기: 백악기 전기
몸길이 및 몸무게: 1미터, 4킬로그램
분포 지역: 중국
특징: 새처럼 생긴 포식자입니다. 팔과 손에 긴 깃털이 많습니다. 크립토볼란스는 두 다리로 걸어 다녔습니다.

클라멜리사우루스('클라멜리 도마뱀')
분류: 용반목>용각형류>용각류 무리
시기: 쥐라기 중기
몸길이 및 몸무게: 17미터, 15톤
분포 지역: 중국
특징: 네 다리로 걸어 다녔던 목이 긴 초식 동물입니다. 이빨은 숟가락처럼 생겼고 등은 경사져 있었던 것으로 짐작됩니다.

키티파티('장례식 장작더미 귀족')
분류: 용반목>수각류>코엘루로사우루스 무리
시기: 백악기 후기
몸길이 및 몸무게: 1.5미터, 5킬로그램
분포 지역: 몽골
특징: 두 다리로 걸어 다녔던 이빨이 없는 잡식 동물입니다. 두개골은 앵무새의 두개골과 비슷하게 생겼으며 머리 위에는 볏이 있었고 꼬리는 짧았습니다.

킬란타이사우루스('질란타이 도마뱀')
분류: 용반목>수각류>알로사우루스 무리
시기: 백악기 전기
몸길이 및 몸무게: 8미터, 1톤
분포 지역: 중국
특징: 두 다리로 걸어 다녔던 커다란 포식자입니다. 각각의 손에는 세 개의 손가락이 있었으며 손톱은 컸습니다.

타니우스('탄을 위하여')
분류: 조반목>조각류>이구아노돈 무리
시기: 백악기 후기
몸길이 및 몸무게: 6미터, 1.5톤
분포 지역: 중국
특징: 부리가 오리 주둥이처럼 생긴 초식 동물입니다. 가는 이빨이 있었습니다. 머리는 납작했으며 두 다리 또는 네 다리로 걸어 다닐 수 있었습니다.

타르보사우루스('끔찍한 도마뱀')
분류: 용반목>수각류>코엘루로사우루스 무리
시기: 백악기 후기
몸길이 및 몸무게: 10미터, 5톤
분포 지역: 몽골
특징: 팔이 작은 거대한 포식자입니다. 각각의 손에는 두 개의 손가락이 있었으며 두개골은 매우 컸습니다. 타르보사우루스는 강력한 두 다리로 걸어 다녔으며 가장 널리 알려진 아시아의 포식자입니다. 타르보사우루스는 티라노사우루스와 같은 동물일 가능성도 있습니다.

타르키아('머리가 좋은 것')
분류: 조반목>티레오포라>곡룡류 무리
시기: 백악기 후기
몸길이 및 몸무게: 8미터, 2.3톤
분포 지역: 몽골
특징: 골판이 있는 초식 동물입니다. 부리는 넓적했으며 다리는 짧았고 꼬리 끝은 봉처럼 생겼습니다. 타르키아는 네 다리로 걸어 다녔습니다.

타티사우루스('타티 도마뱀')
분류: 조반목>티레오포라>곡룡류 무리
시기: 쥐라기 전기
몸길이 및 몸무게: 1.5미터, 20킬로그램
분포 지역: 중국
특징: 작은 초식 동물입니다. 스켈리도사우루스와 같은 동물이었을 가능성이 있습니다. 타티사우루스는 네 다리로 걸어 다녔습니다.

탈라루루스('고리버들 꼬리')
분류: 조반목>티레오포라>곡룡류 무리
시기: 백악기 후기
몸길이 및 몸무게: 5미터, 700킬로그램
분포 지역: 몽골
특징: 골판이 있는 초식 동물입니다. 두개골과 부리는 좁다랗고 이빨은 작았으며 꼬리 끝은 곤봉처럼 생겼습니다. 탈라루루스는 네 다리로 걸어 다녔습니다.

탕바요사우루스('탕바이 도마뱀')
분류: 용반목>용각형류>용각류 무리
시기: 백악기 전기
몸길이 및 몸무게: 15미터, 13톤
분포 지역: 라오스
특징: 원시 티타노사우루스류입니다. 목이 길고 튼튼한 초식 동식이었습니다. 다리는 기둥 모양처럼 생겼으며 네 다리로 걸어 다녔습니다.

테리지노사우루스('수확하는 도마뱀')
분류: 용반목>수각류>코엘루로사우루스 무리
시기: 백악기 후기
몸길이 및 몸무게: 10미터, 6톤
분포 지역: 몽골

특징: 몸통이 크고 목이 긴 초식 동물입니다. 이빨은 아주 작고 잎처럼 생겼습니다. 팔은 길었으며 각각의 손에 있는 손톱은 아주 컸습니다. 손톱은 그 어떤 다른 종류의 공룡보다 길었습니다. 테리지노사우루스는 두 다리로 걸어 다녔습니다.

토치사우루스('타조 도마뱀')
분류: 용반목〉수각류〉코엘루로사우루스 무리
시기: 백악기 후기
몸길이 및 몸무게: 1미터, 5킬로그램
분포 지역: 중국
특징: 뒷다리가 길고 가는 포식자입니다. 두 번째 발가락은 위로 솟아 있었습니다. 토치사우루스는 크기는 작았고 두 다리로 걸어 다녔습니다. 하지만 토치사우루스에 대해서는 밝혀진 게 많지 않습니다.

투라노케라톱스('우랄·알타이 어족의 뿔 달린 얼굴')
분류: 조반목〉마르기노케팔리아〉각룡류 무리
시기: 백악기 후기
몸길이 및 몸무게: 5미터, 1톤
분포 지역: 우즈베키스탄
특징: 부리가 있는 초식 동물입니다. 목주름 장식이 있으며 눈 위에는 뿔이 달려 있습니다. 투라노케라톱스는 네 다리로 걸어 다녔습니다.

투오지앙고사우루스('투오지앙의 도마뱀')
분류: 조반목〉티레오포라〉검룡류 무리
시기: 쥐라기 후기
몸길이 및 몸무게: 7미터, 2.5톤
분포 지역: 중국
특징: 목과 등, 꼬리를 따라 골판이 나 있는 초식 동물입니다. 꼬리 위에는 두 쌍의 골침이 있습니다. 머리는 작았으며 부리에는 이빨이 없었습니다. 투오지앙고사우루스는 네 다리로 걸어 다녔습니다.

티안제노사우루스('톈진 도마뱀')
분류: 조반목〉티레오포라〉곡룡류 무리
시기: 백악기 후기
몸길이 및 몸무게: 3미터, 70킬로그램
분포 지역: 중국
특징: 골격이 넓고 뿔이 있는 초식 동물입니다. 목과 등, 꼬리는 골판으로 덮여 있었습니다. 티안제노사우루스는 네 다리로 걸어 다녔습니다.

티안키아사우루스('높은 연못 도마뱀')
분류: 조반목〉티레오포라〉곡룡류 무리
시기: 쥐라기 중기
몸길이 및 몸무게: 5미터, 700킬로그램
분포 지역: 중국
특징: 목부터 등, 꼬리까지 골판으로 덮여 있는 초식 동물입니다. 다리는 짧았으며 몸통은 넓적했습니다. 티안키아사우루스는 네 다리로 걸어 다녔습니다.

티엔샤노사우루스('높은 산 도마뱀')
분류: 용반목〉용각형류〉용각류 무리
시기: 쥐라기 후기
몸길이 및 몸무게: 10미터, 8톤
분포 지역: 중국
특징: 목과 꼬리가 긴 초식 동물입니다. 몸통은 크며 다리는 가늘고 기둥처럼 생겼습니다. 조금씩 다른 용각류 무리와 비교되기도 하며 네 다리로 걸어 다녔습니다.

티타노사우루스('티탄 도마뱀')
분류: 용반목〉용각형류〉용각류 무리
시기: 백악기 후기
몸길이 및 몸무게: 18미터, 11톤
분포 지역: 인도
특징: 목이 크고 긴 초식 동물입니다. 다리는 기둥처럼 생겼으며 몸통은 무겁고 목은 작습니다. 등에는 방어용 골판이 있으며 네 다리로 걸어 다녔습니다.

틸로케팔레('부은 머리')
분류: 조반목〉마르기노케팔리아〉후두류 무리
시기: 백악기 후기
몸길이 및 몸무게: 2.5미터, 52킬로그램
분포 지역: 몽골
특징: 두개골이 두툼한 초식 동물입니다. 두 다리로 걸어 다녔습니다.

파에드롤로사우루스('민첩한 용')
분류: 용반목〉수각류〉코엘루로사우루스 무리
시기: 백악기 전기
몸길이 및 몸무게: 2미터, 15킬로그램
분포 지역: 중국
특징: 새처럼 생긴 포식자입니다. 팔은 길며 발톱은 커다랗습니다. 파에드롤로사우루스는 두 다리로 걸어 다녔습니다.

푸위앙고사우루스('푸위안 도마뱀')
분류: 용반목〉용각형류〉용각류 무리
시기: 백악기 전기
몸길이 및 몸무게: 15미터, 14톤
분포 지역: 태국
특징: 커다란 초식 동물입니다. 목은 길고 넓으며 몸통은 넓적합니다. 푸위앙고사우루스는 네 다리로 걸어 다녔습니다.

프레노케팔레('경사진 머리')
분류: 조반목〉마르기노케팔리아〉후두류 무리
시기: 백악기 후기
몸길이 및 몸무게: 2미터, 35킬로그램
분포 지역: 몽골
특징: 두개골이 돔처럼 생긴 공룡입니다. 팔은 짧았습니다. 초식 동물 또는 잡식 동물이었으며 두 다리로 걸어 다녔습니다.

프로박트로사우루스('원시 박트로사우루스')
분류: 조반목〉조각류〉이구아노돈 무리
시기: 백악기 후기
몸길이 및 몸무게: 3.5미터, 180킬로그램
분포 지역: 몽골

특징: 초식 동물이며 오리의 주둥이처럼 이빨이 없는 부리가 있고 가는 이빨이 있습니다. 두 다리 또는 네 다리로 걸어 다녔습니다.

프로토그나토사우루스('첫 번째 턱 도마뱀')
분류: 용반목〉용각형류〉용각류 무리
시기: 쥐라기 전기
몸길이 및 몸무게: 15미터, 12톤
분포 지역: 중국
특징: 목이 긴 초식 동물이며 케티오사우루스와 비슷하게 생겼습니다. 네 다리로 걸어 다녔습니다.

프로토케라톱스('처음 뿔이 있는 얼굴')
분류: 조반목〉마르기노케팔리아〉각룡류 무리
시기: 백악기 후기
몸길이 및 몸무게: 1.4미터, 24킬로그램
분포 지역: 몽골
특징: 부리가 좁고 큰 목주름 장식이 있는 초식 동물입니다. 네 다리로 걸어 다녔습니다.

프로트아르케옵테릭스('원시 아르케옵테릭스')
분류: 용반목〉수각류〉코엘루로사우루스 무리
시기: 백악기 전기
몸길이 및 몸무게: 1미터, 4킬로그램
분포 지역: 중국
특징: 작고 깃털이 있는 공룡입니다. 골격은 작고 꼬리는 짧습니다. 초식 동물 또는 잡식 동물이며 네 다리로 걸어 다녔습니다.

프시타코사우루스('앵무새 도마뱀')
분류: 조반목〉마르기노케팔리아〉각룡류 무리
시기: 백악기 전기
몸길이 및 몸무

게: 1.5미터, 12킬로그램
분포 지역: 몽골, 중국, 태국
특징: 골격이 앵무새의 골격처럼 생긴 초식 동물입니다. 뺨은 뾰족하며 두 다리 또는 네 다리로 걸을 수 있었습니다.

피나코사우루스('두꺼운 판 도마뱀')
분류: 조반목〉티레오포라〉곡룡류 무리
시기: 백악기 후기
몸길이 및 몸무게: 5미터, 700킬로그램
분포 지역: 중국, 몽골
특징: 골판이 있는 초식 동물입니다. 두개골은 상자처럼 생겼고 곤봉 모양의 꼬리가 있습니다. 네 다리로 걸어 다녔습니다.

하르피미무스('하피를 닮은 공룡')
분류: 용반목〉수각류〉코엘루로사우루스 무리
시기: 백악기 후기
몸길이 및 몸무게: 3미터, 125킬로그램
분포 지역: 몽골
특징: 다리가 긴 잡식 동물이며 두 다리로 걸어 다녔습니다. 이빨은 작고 원뿔 모양으로 생겼습니다.

호말로케팔레('평평한 머리')
분류: 조반목〉마르기노케팔리아〉후두류 무리
시기: 백악기 후기
몸길이 및 몸무게: 3미터, 95킬로그램
분포 지역: 몽골
특징: 초식 동물이며 몸통은 넓적하고 팔과 부리는 짧습니다. 두개골은 두툼하며 그 위쪽은 평평합니다. 호말로케팔레는 두 다리로 걸어 다녔습니다.

후디에사우루스('나비 도마뱀')

분류: 용반목〉용각형류〉용각류 무리
시기: 쥐라기 후기
몸길이 및 몸무게: 30미터, 70톤
분포 지역: 중국
특징: 목이 길고 엄지손가락의 손톱이 큰 거대한 초식 동물입니다. 후디에사우루스는 네 다리로 걸어 다녔습니다.

후아베이사우루스('북중국 도마뱀')
분류: 용반목〉용각류〉용각류 무리
시기: 백악기 후기
몸길이 및 몸무게: 15미터, 14톤
분포 지역: 중국
특징: 초식 동물이며 목은 길고 넓적하고 몸통은 기다랗습니다. 후아베이사우루스는 네 다리로 걸어 다녔습니다.

후아양고사우루스('쓰촨 성 도마뱀')
분류: 조반목〉티레오포라〉검룡류 무리
시기: 쥐라기 중기
몸길이 및 몸무게: 4미터, 300킬로그램
분포 지역: 중국
특징: 골판이 있는 초식 동물입니다. 목부터 등, 꼬리까지 대못 같은 돌기가 박혀 있습니다. 후아양고사우루스는 네 다리로 걸어 다녔습니다.

후쿠이랍토르('후쿠이 도둑')
분류: 용반목〉수각류〉알로사우루스 무리
시기: 백악기 전기
몸길이 및 몸무게: 4미터, 180킬로그램
분포 지역: 일본
특징: 손톱이 굽어 있는 포식자입니다. 두 다리로 걸어 다녔으며 알로사우루스와 비슷하게 생겼습니다.

후쿠이사우루스('후쿠이 도마뱀')
분류: 조반목〉조각류〉이구아노돈 무리
시기: 백악기 전기

후아양고사우루스

몸길이 및 몸무게: 5미터, 1톤
분포 지역: 일본
특징: 이빨과 두개골 일부만 알려진 초식 동물입니다.

훌산페스('크훌산 도마뱀')
분류: 용반목>수각류>코엘루로사우루스 무리
시기: 백악기 후기
몸길이 및 몸무게: 1미터, 6킬로그램
분포 지역: 몽골
특징: 크기는 작고 새처럼 생긴 포식자입니다. 두 번째 발가락에는 위로 솟아 있는 작은 발톱이 있었습니다.

오세아니아

라엘리나사우라('라엘린의 도마뱀')
분류: 조반목>조각류>힙실로포돈 무리
시기: 백악기 전기
몸길이 및 몸무게: 1.5톤, 9킬로그램
분포 지역: 오스트레일리아
특징: 긴 팔다리와 부리가 있는 작은 초식 동물입니다. 눈은 컸으며 두 다리로 걸어 다녔습니다.

라파토르('약탈자')
분류: 용반목>수각류>코엘루로사우루스 무리
시기: 백악기 전기
몸길이 및 몸무게: 4미터, 140킬로그램
분포 지역: 오스트레일리아
특징: 하나의 손뼈만 알려진 포식자입니다. 라파토르는 두 다리로 걸어 다녔으며 모노니쿠스와 밀접한 관계가 있는 것으로 여겨집니다.

로에토사우루스('로에토스 도마뱀')
분류: 용반목>용각형류>용각류 무리
시기: 쥐라기 전기
몸길이 및 몸무게: 12미터, 9톤
분포 지역: 오스트레일리아
특징: 목이 긴 초식 동물입니다. 다리는 튼튼하며 이빨은 숟가락처럼 생겼습니다. 네 다리로 걸어 다녔습니다.

무타부라사우루스('무타부라 도마뱀')
분류: 조반목>조각류>이구아노돈 무리
시기: 백악기 후기
몸길이 및 몸무게: 9미터, 4.1톤
분포 지역: 오스트레일리아
특징: 이빨 없는 부리가 있으며 가는 이빨을 가진 초식 동물입니다. 코 위에는 두툼한 볏이 있고 두 다리 또는 네 다리로 걸을 수 있었습니다.

민미('민미')
분류: 조반목>티레오포라>곡룡류 무리
시기: 백악기 전기
몸길이 및 몸무게: 3미터, 60킬로그램
분포 지역: 오스트레일리아
특징: 부리가 있는 초식 동물입니다. 배와 등, 꼬리에는 골판이 있었습니다. 민미는 네 다리로 걸어 다녔습니다.

아우스트로사우루스('남쪽 도마뱀')
분류: 용반목>용각형류>용각류 무리
시기: 백악기 전기
몸길이 및 몸무게: 15미터, 7톤
분포 지역: 오스트레일리아
특징: 목이 긴 초식 동물입니다. 네 다리로 걸어 다녔으며 다리는 길면서 가늘었고 꼬리는 짧았습니다.

아틀라스콥코사우루스('아틀라스콥코 도마뱀')
분류: 조반목>조각류>힙실로포돈 무리
시기: 백악기 전기
몸길이 및 몸무게: 2미터, 15킬로그램
분포 지역: 오스트레일리아
특징: 뒷다리는 길고 가늘며 꼬리는 뻣뻣한 초식 동물입니다. 아틀라스콥코사우루스는 두 다리로 걸어 다녔습니다.

오즈랍토르('오스트레일리아의 도둑')
분류: 용반목>수각류
시기: 쥐라기 중기
몸길이 및 몸무게: 2.5미터, 20킬로그램
분포 지역: 오스트레일리아
특징: 부분적으로 발견된 다리뼈만 알려진 포식자입니다. 오즈랍토르는 두 다리로 걸어 다녔습니다.

카쿠루('조상의 종')
분류: 용반목>수각류>코엘루로사우루스 무리
시기: 백악기 후기
몸길이 및 몸무게: 2.5미터, 23킬로그램
분포 지역: 오스트레일리아
특징: 두 다리로 걸어 다녔던 포식자입니다. 카쿠루는 가는 뒷다리 뼈만 발견되어 알려졌습니다.

콴타사우루스('콴타스 도마뱀')
분류: 조반목>조각류>힙실로포돈 무리
시기: 백악기 전기
몸길이 및 몸무게: 1.5미터, 10킬로그램
분포 지역: 오스트레일리아
특징: 부리가 있는 초식 동물입니다. 팔은 짧았고 뒷다리와 꼬리는 길었습니다. 콴타사우루스는 두 다리로 걸어 다녔으며 다른 힙실로포돈 무리보다 두개골이 짧았습니다.

티미무스('팀의 공룡')
분류: 용반목>수각류>코엘루로사우루스 무리
시기: 백악기 전기
몸길이 및 몸무게: 3미터, 130킬로그램
분포 지역: 오스트레일리아
특징: 하나의 다리뼈만 밝혀진 공룡입니다. 오르토미무스와 비슷하게 생겼으며 초식 동물 또는 잡식 동물이었습니다. 티미무스는 두 다리로 걸어 다녔습니다.

풀구로테리움('번개 야수')
분류: 조반목>조각류>힙실로포돈 무리

시기: 백악기 전기
몸길이 및 몸무게: 1.5미터, 9킬로그램
분포 지역: 오스트레일리아
특징: 팔이 짧은 초식 동물입니다. 뒷다리는 길고 두개골은 짧습니다. 두 다리로 걸어 다녔습니다.

 기타

크리욜로포사우루스 ('냉동 볏 도마뱀')
분류: 용반목〉수각류〉알로사우루스 무리
시기: 쥐라기 전기
몸길이 및 몸무게: 3미터, 60킬로그램
분포 지역: 남극 대륙
특징: 머리 볏의 모양이 부채처럼 생긴 포식자입니다. 팔은 짧으며 두 다리로 걸어 다녔습니다.

용어 해설

여기에 정리해 놓은 용어들은 여러분들이 공룡에 관한 책을 읽으면서 접할 수 있는 용어들입니다. 이탤릭체로 된 용어는 용어 해설 가운에 있으니 직접 찾아보기 바랍니다.

각룡류 케라톱스 무리 공룡의 또 다른 명칭입니다. 케라톱스 무리 공룡은 얼굴에 뿔이 있었습니다.

갑작스런 홍수 보통 많은 비가 내린 뒤에 발생하는 갑작스럽고 맹렬한 홍수를 말합니다.

검룡류 네 다리로 걸어 다녔던 조반목 공룡 무리입니다. 검룡류는 초식 동물이었고 목부터 등, 꼬리까지 골판이 있었습니다. 어떤 검룡류는 꼬리와 어깨에 골침이 나 있었습니다.

고생물학자 화석을 통하여 고생물을 연구하는 학자입니다.

곡룡류 네 다리로 걸어 다녔던 조반목 공룡 무리입니다. 곡룡류는 초식 동물이며 몸통은 방어하는 데 적합한 뼈로 된 골판과 골침으로 덮여 있었습니다.

곤드와나 쥐라기 동안 지구의 남반구를 덮고 있었던 커다란 대륙을 말합니다. 곤드와나를 형성했던 현대의 대륙은 남아메리카, 아프리카, 인도, 오스트레일리아, 남극 등입니다.

관목지 작은 나무와 덤불 또는 관목으로 뒤덮인 땅을 말합니다.

기후 특정 지역의 전형적인 날씨 상태를 말합니다.

날개를 이용한 비행 활공하여 날지 않고 날개를 퍼덕여 나는 것을 말합니다.

남극권 적도와 평행하게 남위 66도 33분의 지점늘 이은 가상의 선이 있습니다. 이 선 남쪽에 있는 남극을 중심으로 한 지역이 바로 남극권입니다.

네오케라토사우루스 무리 수각류 공룡 무리입니다. 대부분의 네오케라토사우루스 무리는 중간 크기부터 큰 크기의 포식자였습니다. 각각의 손에는 네 개의 손가락이 있었습니다. 많은 네오케라토사우루스 무리는 머리 위에 뿔이 있었습니다.

단층 지구의 지각 변동으로 인해 지층이 갈라져 어긋나는 현상을 말합니다.

대기 행성 또는 항성을 둘러싸고 있는 기층을 말합니다. 지구에도 대기가 있습니다.

대륙 해양의 영향이 내륙부에까지 직접적으로 미치지 않는 넓은 면적의 육지를 말합니다.

드로마에오사우루스 무리 난폭한 수각류 공룡 무리입니다. 특히 발톱이 길고 날카롭습니다. 드로마에오사우루스 무리는 조류와 매우 가까운 동물입니다.

레소토사우루스 무리 쥐라기 전기에 처음 등장한 조반목 공룡 무리입니다. 레소토사우루스는 카루 분지에서 발견된 가장 작은 공룡으로, 크기는 오늘날의 칠면조 정도 되었습니다.

로라시아 쥐라기 동안 지구의 북반구를 차지했던 거대한 대륙입니다. 현재 로라시아의 자리에는 북아메리카, 유럽, 그리고 아시아 등이 있습니다.

마그마 지구 속에 뜨겁게 녹아 있는 물질을 말합니다.

마니랍토르 무리 드로마에오사우루스 무리와 조류를 포함한 수각류 무리입니다. 마니랍토르 무리의 특징은 손목 안에 작은 뼈가 있다는 것입니다. 이 손목뼈는 반달 모양처럼 생겼습니다.

마르기노케팔리아 조반목 공룡의 일종입니다. 두개골 뒤쪽으로 골판이 나 있었습니다.

맨틀 지구의 지각 아래에 있는 두꺼운 암석층입니다. 일부는 고체 상태로 되어 있고 일부는 액체 상태로 되어 있습니다.

먹이 다른 동물에게 잡아먹히는 동물을 말합니다.

멸종 동물 또는 식물의 모든 종이 죽는 것을 뜻합니다. 멸종은 보통 몇 백만 년에 걸쳐 매우 서서히 일어납니다.

모래 언덕 불어 오는 바람에 모래가 날아가 흙무더기나 산등성이처럼 쌓인 것을 말합니다.

무리 함께 먹이를 먹으며 살았던 동물 집단입니다.

미라화 피부나 기관과 같이 죽은 동물의 부드러운 부분을 보존하는 것을 말합니다.

발굴 묻혀 있는 것을 찾아서 파내는 것을 발굴이라고 합니다.

백악기 1억 4,500만 년 전부터 6,500만 년 전까지의 시대를 말합니다. 공룡뿐만 아니라 다른 많은 동물들 역시 백악기 말기에 멸종되었습니다.

볏 동물의 머리 꼭대기 위에 뿔처럼 붙어 있는 살 조각을 말합니다.

보행렬 줄지어 있는 공룡 발자국을 뜻합니다.

복제 동물의 DNA를 이용하여 똑같은 복사본을 만드는 것을 말합니다.

분화구 소행성과 같이 우주에서 날아온 큰 암석에 의해 만들어진 구멍입니다.

분화석 동물의 배설물로 만들어진 화석을 말합니다.

불모지 비바람에 의해 끊임없이 *침식* 작용과 풍화 작용이 일어나는 거칠고 메마른 땅을 말합니다.

브라키오사우루스 무리 아주 키가 큰 용각류 무리 공룡입니다. 뒷다리가 앞다리보다 더 길었습니다.

소행성 우주를 떠돌고 있는 커다란 바윗덩어리와 쇳덩어리입니다. 때로는 소행성이 지구와 충돌하는 일이 벌어지기도 합니다. 과학자들은 백악기가 끝나 갈 무렵 소행성과 지구가 충돌한 것으로 보고 있는데, 이것이 공룡 멸종의 원인이 되었던 것으로 생각하고 있습니다.

송진 식물과 나무에서 추출한 걸쭉하고 끈끈한 액체를 말합니다. 송진은 대개 투명하거나 노란색 또는 갈색을 띱니다.

수각류 두 다리로 걸어 다녔던 *용반목* 공룡 무리입니다. 대부분의 수각류 공룡들은 육식 동물이었습니다.

수장룡 *중생대* 동안 바다와 대양에서 살았던 도마뱀 무리입니다. 수장룡은 꼬리가 짧았고 네 개의 물갈퀴가 있었습니다. 수장룡은 두 종류가 있는데, 하나는 긴 목 수장룡이고 또 하나는 짧은 목 수장룡입니다. 짧은 목 수장룡은 플리오사우루스류로 알려져 있습니다.

스피노사우루스 무리 *수각류* 공룡 무리입니다. 어떤 스피노사우루스는 물고기를 먹기도 했습니다.

습곡 산맥 *지각*에 횡압력이 가해지며 형성된 산맥을 말합니다.

아벨리사우루스류 인도와 남아메리카에서 서식했던 *수각류* 공룡입니다. 어떤 아벨리사우루스류는 머리 위에 튼튼한 뿔이 있었습니다.

알로사우루스 무리 *수각류* 공룡 무리입니다. 알로사우루스는 *쥐라기*에 처음 출현했고 백악기가 끝나기 전에 멸종했습니다. 많은 알로사우루스 무리의 머리 위에는 뿔 또는 길쭉한 돌기가 있었습니다.

양서류 땅 위에서도 살고 물속에서도 사는 피부가 부드러운 동물의 일종입니다. 대표적인 양서류로는 개구리가 있습니다.

어룡 *중생대*의 바다 파충류입니다.

엑스선 고체 물질을 통과할 수 있는 광선입니다. 엑스선은 어떤 물체의 안쪽을 보는 데 이용됩니다.

열곡 두 개의 *판*이 분리될 때 형성되는 계곡입니다. 두 개의 *판* 사이에 있는 *지각의* 덩어리가 무너지면서 깊고 넓게 형성됩니다.

오르니토미무스 무리 식물을 먹는 수각류 공룡의 한 무리입니다. 뒷다리는 길고 강력했습니다. 오르니토미무스 무리는 가장 빠른 공룡으로 예상됩니다.

오비랍토르 무리 새처럼 생긴 수각류 공룡 무리입니다. 오비랍토르 무리는 깃털로 덮여 있고 부리가 있었습니다. 오비랍토르는 백악기에 살았습니다.

용각류 무리 식물을 먹는 *용반목* 공룡 무리입니다. 목과 꼬리는 깁니다. 용각류 무리는 지금까지 살았던 육상 동물 중 가장 큰 무리입니다.

용각형류 주로 식물을 먹는 *용반목* 공룡 무리입니다. 네 다리로 걸어 다녔고, 목과 꼬리가 깁니다. 용각형류는 원시 용각류 무리와 *용각류 무리*로 나뉩니다.

용반목 두 부류의 주요 공룡 중 한 종류입니다. 용반목 공룡의 엉덩뼈는 오늘날 도마뱀의 엉덩뼈와 비슷하게 생겼습니다.

용암 화산 밖으로 터져 나오거나 흘러나온 뜨거운 암석을 일컫습니다.

운석 구덩이 우주에서 소행성처럼 큰 암석이 날아와 충격을 가하여 만들어진 움푹 꺼진 지형을 말합니다.

원시 동물 특정 유형의 초기 형태 동물을 가리킵니다. 나중에 출현한 같은 무리의 동물에게 나타났던 특징이 없는 경우도 있습니다.

원시 용각류 무리 주로 식물을 먹는 *용반목* 공룡 무리입니다. 이 무리는 목과 꼬리가 기다랗습니다. 원시 용각류 무리는 최초로 알려진 공룡 중 하나입니다. 원시 용각류 무리는 *용각류 무리*와 매우 비슷하게 생겼지만 *용각류 무리*처럼 크게 자라지는 않았습니다.

원시 파충류 공룡과 *익룡*을 포함한 파충류 무리입니다. 최초의 원시 파충류는 악어처럼 생긴 동물이었습니다. 처음으로 원시 파충류가 나타난 것은 2억 5,000만 년 전입니다.

윌든 층 영국 동서부 지방에서 발견된 암석층입니다.

육식 동물 동물의 고기만 먹고 사는 동물입니다.

육지 다리 두 *대륙*을 이어 주는 연결 고리입니다.

이구아노돈 무리 식물을 먹었던 조각류 공룡입니다. 많은 이구아노돈 무리는 각각의 엄지발가락에 날카로운 골침이 있었습니다.

이동 먹을 것을 구하거나 더 따뜻한 곳을 찾아 연중 어떤 때에 한 장소에서 다른 장소로 옮기는 것을 말합니다.

익룡 *중생대*에 살았던 날아다니는 파충류 무리입니다.

인공위성 사진 우주에 있는 인공위성에서 찍은 사진을 말합니다.

자연 선택 식물이나 동물이 당면한 생활 조건에 적응하면 생존하고 적응하지 못하면 저절로 사라지는 것을 말합니다. 이와 같은 적응력은 새끼에게까지 물려주게 됩니다.

잡식 동물 동물성 먹이와 식물성 먹이 둘 다 먹는 동물입니다.

적도 적도는 북극과 남극 사이를 정확히 반으로 나누며 지구의 중간 부분을 지나고 있는 가상의 선입니다.

적응 식물이나 동물의 종이 주위 환경에 적합하게 발달해 가는 과정입니다.

제3기 6,500만 년 전부터 180만 년 전까지의 시기를 말합니다. 제3기는 백악기 다음 시대입니다.

조각류 조반목 공룡의 주요 무리로서, 두 다리 또는 네 다리로 걸어 다녔습니다. 모든 조각류 공룡은 초식 동물이었으며 부리가 있었습니다.

조류 공룡 새의 또 다른 명칭입니다. 조류는 공룡의 후손입니다. 과학적으로 볼 때 조류는 공룡의 한 유형이라는 뜻입니다.

조반목 두 부류의 주요 공룡 중 한 종류입니다. 조반목 공룡의 엉덩뼈는 오늘날 조류의 엉덩뼈와 비슷하게 생겼습니다.

종 식물, 동물 또는 다른 생명체 등과 같은 생물 분류의 기초 단위입니다.

중생대 2억 5,100만 년 전부터 6,500만 년 전까지의 시기를 말합니다. 중생대는 *트라이아스기, 쥐라기, 백악기*로 나뉩니다.

쥐라기 1억 9,900만 년 전부터 1억 4,500만 년 전까지의 시기를 말합니다.

지각 지구의 *판*을 구성하는 단단한 바깥층입니다. 지각 아랫부분은 *맨틀*로 이루어져 있습니다.

지질 시대 동물 사람이 살기 전에 살았던 동물을 말합니다.

지질학자 지구의 구조와 형성에 대해 연구하는 학자를 말합니다.

진화 생물이 시간이 지남에 따라 환경에 적응하면서 발달하는 것을 말하는데, 아주 작은 변화가 연속적으로 그리고 점차적으로 일어납니다.

채석장 돌이나 화석 등을 발굴하는 곳을 일컫습니다.

체화석 뼈나 이빨과 같이 동물체의 딱딱한 어느 한 부분 또는 전체가 화석이 된 것을 말합니다.

초식 동물 식물만 먹는 동물을 말합니다.

침식 비, 하천, 빙하, 바람과 같은 자연 현상이 바위나 흙을 깎는 것을 말합니다.

카르카로돈토사우루스 아프리카와 남아메리카에서 서식했던 큰 수각류 공룡 무리입니다.

케라톱스 무리 조반목 공룡 무리입니다. 대부분의 케라톱스 무리는 네 다리로 걸어 다녔으며 두개골 뒤쪽에는 뼈로 된 장식이 있었고 얼굴 위에는 뿔이 나 있었습니다. 이들은 초식 동물이었습니다.

코엘로피시스 무리 소형 및 중형 수각류 공룡 무리입니다. 코엘로피시스 무리는 중생대 초기에 살았습니다.

코엘루로사우루스 무리 수각류 공룡 무리로서 조류와 밀접한 관계가 있었습니다.

테리지노사우루스 아시아와 북아메리카에서 서식했던 것으로 알려진 식물을 먹는 수각류입니다. 테리지노사우루스의 몸통은 깃털로 덮여 있었으며 발에는 커다란 발톱이 나 있었습니다.

테티스 해 *중생대* 동안 오늘날의 지중해 지역을 덮고 있었던 대양입니다.

퇴적물 진흙 또는 모래의 파편, 생물의 유해가 물, 빙하, 바람, 중력 등의 작용으로 옮겨져 땅 위에 쌓인 물질을 말합니다.

퇴적암 진흙이나 모래 입자로 만들어진 암석을 의미합니다. 퇴적암은 해저나 강바닥에 진흙 조각이나 모래 입자들이 쌓이면서 딱딱하게 굳어 형성됩니다.

트라이아스기 2억 5,100만 년 전부터 1억 9,900만 년 전까지의 시기를 말합니다.

특징적인 뼈 고생물학자들이 동물을 감정할 때 사용할 수 있는 뼈를 말합니다. 특징적인 뼈는 특정 종의 동물을 알아낼 수 있는 독특한 뼈입니다.

티라노사우루스류 *백악기* 동안 살았던 *수각류*입니다. 대부분의 티라노사우루스류는 거대했으며 이빨은 컸고 다리는 길었으며 팔은 아주 작았습니다.

티타노사우루스 몸통에 골질의 피부 돌기가 있는 용각류 무리입니다.

파키플레우로사우루스 무리 크기가 작고 도마뱀처럼 생긴 바다 파충류 무리입니다. 머리는 작고 목은 길쭉하며 팔다리는 노처럼 생겼고 발에는 물갈퀴가 있습니다. 파키플레우로사우루스 무리는 *트라이아스기* 중기에 처음 출현했으며 *트라이아스기*가 끝나갈 무렵 멸종했습니다.

판 지구 표면을 구성하고 있는 거대한 암석 조각 중 하나입니다. 판은 지구의 *지각*과 맨틀 윗부분으로 구성되어 있습니다.

판게아 중생대 초기에 존재했던 거대한 *대륙*입니다. 거대한 *대륙*은 서서히 나뉘면서 오늘날과 같은 형태가 되었습니다.

판탈라사 해 중생대 초기에 지구 표면의 3분의 2를 뒤덮었던 거대한 바다입니다.

포식자 다른 동물을 잡아먹는 동물을 말합니다.

플리오사우루스 수장룡의 한 종류입니다. 플리오사우루스는 목이 짧았으며 머리는 컸고 턱과 이빨은 강력했습니다. 플리오사우루스는 *백악기*에 살았습니다.

하드로사우루스 무리 조각류 공룡 무리입니다. 하드로사우루스 무리는 초식 동물이었으며 *백악기* 동안 가장 흔한 종류였습니다. 많은 하드로사우루스 무리의 머리 위에는 볏이 있었습니다.

해구 어느 한 판이 다른 판에 영향을 받을 때 형성되는 해서의 깊은 골짜기를 말합니다.

해양 퇴적층 바다나 대양 밑에 형성된 퇴적 암층입니다.

헤레라사우루스 무리 트라이아스기에 살았던 용반목 공룡 무리입니다. 이빨과 발톱이 매우 날카로웠으며 성격은 포악했습니다.

헤테로돈토사우루스 무리 쥐라기 전기부터 백악기 전기까지 살았던 작은 조각류 공룡 무리입니다.

화석 식물이나 동물의 유해와 활동 흔적이 암석에 보존된 상태로 남아 있는 것을 말합니다.

후두 비바람으로 형성된 자연적인 바위 형상물입니다.

후두류 골격이 두툼한 조반목 무리입니다. 파키케팔로사우루스 무리는 초식 동물이었으며 두 다리로 걸어 다녔습니다.

흉곽 내부 기관을 보호하는 역할을 하는 뼈 구조물로 새장처럼 생겼습니다.

흔적 화석 퇴적물의 표면 또는 내부에 발자국, 배설물 등과 같은 생물의 생활 흔적이 보존되어 있는 화석을 말합니다.

힙실로포돈 무리 작은 조각류 공룡 무리입니다.

DNA 모든 생명체에서 발견되는 매우 복잡한 화학 성분입니다. DNA에는 생명체가 어떻게 기능하는지에 대한 어마어마한 양의 정보가 들어 있습니다.

K-T 경계층 6,500만 년 전인 백악기 말부터 제3기 초까지의 경계 시기입니다. 이 시기 동안 공룡을 포함한 많은 동물들이 멸종되었습니다.

공룡 퀴즈 정답 (118~119쪽)

사진 퀴즈
1. ① 수각류 공룡
2. ③ 수각류 공룡
3. ② 드로마에오사우루스 무리 공룡
4. ② 백악기

서바이벌 챌린지
1. ① 왼쪽. 각룡류 공룡은 초식 공룡이기 때문에 공격하지 않아요. 하지만 알베르토사우루스는 아주 사나운 육식 공룡이기 때문에 여러분을 잡아먹을지도 몰라요.
2. ① 달아난다. 갈리미무스는 가장 빠른 공룡이기 때문에 타르보사우루스가 절대로 잡지 못할 거예요.
3. ② 그대로 있다. 작은 공룡은 장기간 여행을 할 만큼 에너지가 충분하지 않았기 때문에 그대로 머물러 있어야 해요.
4. ① 안전하게 다시 무리 속으로 돌아간다. 커다란 공룡이기는 하지만 알로사우루스는 혼자 있는 공룡은 얼마든지 공격할 수 있었어요. 그러나 무리를 이루고 있을 경우에는 다가오지 못할 거예요.

스피드 퀴즈
1. 초식 공룡
2. 남극 대륙
3. 북아메리카
4. 미크로랍토르
5. 고생물학자
6. 중국
7. 하드로사우루스 무리 공룡
8. 6,500만 년 전 백악기 말

찾아보기

ㄱ

가소사우루스 148
가스토니아 41, 124
가장 빠른 공룡 88
가장 오래전 공룡 화석 54
가짜 화석 23
간쑤 성(중국) 101
갈리나(포르투갈) 101
갈리미무스 10, 88, 148
거북류 44, 73
검룡류 15, 164
고비 사막 18, 51, 82, 86~87, 88~89, 96, 99, 110
고스트랜치(미국의 뉴멕시코) 59
곤드와나 33, 53, 83, 164
곤드와나티탄 53, 120
곤충류 10, 38, 44
골격의 재현 20, 24~25, 71, 77, 80
- 오류 25, 77, 80
골침 12, 17, 37, 41, 61, 64, 67, 71, 79, 94, 116
골판 12, 16~17, 23, 41, 61, 67, 79, 116
공룡 만(오스트레일리아) 51, 90, 92~93
공룡의 이름 짓기 51
공룡이 내는 소리 63
공룡화석국립기념지(미국) 51, 58, 60~61, 70
근육 25
기가노토사우루스 56~57, 73, 120
기디언 맨텔 110
기후
- 백악기 39, 42, 43, 64, 74, 94
- 쥐라기 36, 68
- 트라이아스기 34
깃털 달린 공룡 83, 84~85, 117
꼬리
- 곤봉 82
- 골침 17, 37, 61, 71
- 꽁지깃 85
- 소리를 내는 데 이용 116
- 지지용 35, 60

- 헤엄치는 데 이용 117

ㄴ

나미비아 66
난슝 분지(중국) 96
남극 51, 94~95, 104
남아메리카 51, 52~57, 83, 96, 100, 104, 106
- 위치 이동 32, 33, 73, 94
남아프리카 51, 66, 68~69
네메겟(몽골) 86, 88~89
네오베나토르 80, 81, 141
네오케라토사우루스 무리 14, 164
네퀸 51, 52, 56~57
노도사우루스 115, 125
뉴멕시코 주(미국) 59
뉴질랜드 90, 91
니제르 66, 117
니제르사우루스 66, 67, 137

ㄷ

다켄트루루스 74, 141
다이노서 리지(미국) 100
달의 계곡(아르헨티나) 51, 52, 54~55
대륙
- 위치 이동 30~31, 32~33, 41, 53, 58, 69, 70, 73, 78, 90, 92, 94
대서양 33
대양의 위치 이동 30~31, 32~33
데본기 10
데블스 쿨리(캐나다) 96
데이노니쿠스 14, 58, 114, 125
데이노케이루스 89, 149
데칸 트랩(인도) 43
델타드로메우스 66, 137
뎀누트(모로코) 101
도마뱀류 44
도싯 78, 79, 105
도하(인도) 96
독일 46, 70, 71, 74, 75, 101, 104, 105
돌기 56, 79
돛 67
두개골 12, 21, 22, 55, 61, 63, 64, 73, 116
둥지 86, 96~97, 98, 99, 110
드로마에오사우루스 14, 46, 75, 87, 126

드립토사우루스 58, 126
디나모사우루스 23
디노사우리아 50
디크레오사우루스 71, 137
디플로도쿠스 14, 58, 60~61, 110, 113, 115, 116, 119, 126

ㄹ

라엘리나사우라 92~93, 119, 162
라오스 83, 159
라이트닝 리지(오스트레일리아) 90
라크 발굴지(오스트레일리아) 101
라파스(볼리비아) 100
라페토사우루스 66, 137
라플라타사우루스 52, 120
라호나비스 38
람베오사우루스 58, 63, 126
람포린쿠스 105
랴오닝 성(중국) 51, 82~83, 84~85
러시아 75, 82, 86
레소토 68, 101
레소토사우루스 15, 68, 114, 138, 164
렉소비사우루스 116, 142
로라시아 33, 164
로버트 플롯 50
로봇 모형 112
로실라사우루스 107, 142
로에토사우루스 90, 91, 162
로열티렐박물관(캐나다) 112
로이 채프먼 앤드루스 86, 110
루르두사우루스 107
루마니아 75
리비아 66
리오자(스페인) 101
리오자사우루스 14, 52, 121
리오플레우로돈 103
리처드 오언 50

ㅁ

마니랍토르 무리 14, 164
마다가스카르 38~39, 51, 66
마르기노케팔리아 무리 15
마멘키사우루스 82, 150
마소스폰딜루스 66, 69, 138
마시아카사우루스 66, 138
마우이사우루스 90
마이아사우라 98, 99, 127

마중가톨루스 38, 66, 138
마하장가 분지(마다가스카르) 51
말라위 66
말라위사우루스 66, 138
메가랍토르 57, 121
메가조스트로돈 44
메갈로사우루스 74, 78, 110, 114, 143
멕시코 58
멸종 39, 42~43, 44, 164
모노니쿠스 89, 150
모로코 66, 73, 101
모예니(레소토) 101
모켈레 므벰베 27
목 16, 61, 82
목주름 장식 10, 12, 65
목 주머니 16
몬태나(미국) 64~65, 96, 97, 99
몽골 51, 82, 86~87, 96, 105
무리 37, 62, 63, 71, 74, 76~77, 100, 164
무타부라사우루스 90, 91, 162
물고기를 잡아먹는 공룡 39, 53, 72, 79
뮌헤하겐(독일) 101
미국 50, 51, 58~59, 60~61, 64~65, 96, 97, 99, 100, 101, 104, 111, 112
미국자연사박물관(뉴욕) 112
미라화 17, 164
미크랍토르 23
미크로랍토르 85, 117, 150
민미 15, 90, 114, 160

ㅂ

바넘 브라운 112
바라파사우루스 82, 150
바로사우루스 60, 71, 112, 128
바리랍토르 74, 75, 143
바리오닉스 24, 25, 74, 79, 113, 114, 138, 143
바이에른(독일) 105
바하리아사우루스 72, 138
바하리야 오아시스(이집트) 51, 66, 72~73
발도사우루스 75, 138, 143
발톱 13, 57, 69, 75, 79, 83, 87, 89
배설물 화석 17
백악기 11, 164

- 공룡 11, 38~39, 53, 56~57, 62~63, 64~65, 72~73, 74, 75, 76~77, 79, 80~81, 84~85, 86~87, 91, 92~93, 94, 101, 106, 111, 114~115
- 기후 39, 42, 43, 64, 74, 94
- 대륙의 위치 33, 53, 57, 92
- 말기 39, 42~43, 102, ???
- 풍경 11, 38~39, 56~57, 62, 64, 73, 74, 84, 86, 92
- 화석 유적지 53, 56~57, 58, 62~63, 64~65, 72~73, 74, 75, 76, 78, 80, 86~87, 90, 91, 92~93, 94, 96, 100~101, 104~105, 106~107, 111
뱀류 44
베가 섬(남극) 94
베르가모(이탈리아) 104, 105
베르니사르트(벨기에) 51, 74, 76~77
벨기에 51, 74, 76~77
벨라키랍토르 11, 26, 87, 151
볏 10, 63, 95, 104, 164
보행렬 100~101, 164
볼리비아 100
볼케에메리아 52, 53, 121
부화 98
북아메리카 39, 51, 58~65, 70, 96, 100, 101, 104, 106
- 위치 이동 31, 32, 33, 58, 70
분화석 17, 165
불모지 19, 165
불카노돈 66, 114, 139
브라질 52~53, 100, 104, 105
브라키오사우루스 23, 71, 107, 128, 139
브라키오사우루스 무리 80, 98, 165
브룸(오스트레일리아) 90, 91
비로노사우루스 107, 151
뿔 10, 12, 39, 41, 65, 70, 85, 111

ㅅ

사르코수쿠스 67
사우로수쿠스 54
사우로포세이돈 106, 107, 128
사우롤로푸스 58, 115, 128
사우스다코타 주(미국) 111
사하라 사막 20~21, 72~73, 111

산타나랍토르 53, 121
살타사우루스 52, 96~97, 121
삼엽충 40
삼천포(한국) 101
상어류 36, 44
상하이(중국) 112
새끼 21, 86, 98~99
서리(영국) 79
서식스(영국) 110
석탄기 10~11
선캄브리아기 10
세이스모사우루스 117, 129
센트로사우루스 71, 139
센트로사우루스 무리 62
소르데스 필로수스 104
소리아노(우루과이) 96
소철 나무 35
소행성 42, 43, 165
속새류 식물 34
수각류 무리 164
- 발자국 100, 101
- 백악기 38~39, 56~57, 65, 72~73, 80, 84~85, 86~87, 111, 114~115
- 새와의 관계 46~47, 84~85
- 종류 14, 24, 25, 26, 34, 37, 38~39, 51, 53, 55, 56~57, 59, 61, 63, 65, 68, 70, 72~73, 75, 78, 79, 81, 82, 83, 84~85, 87, 88, 93, 94~95, 107, 111, 114~115, 116, 117
- 쥐라기 36~37, 53, 60~61, 70, 75, 78, 82, 114~115
- 트라이아스기 54~55
- 특징 13
수단 66
수장룡 36, 44, 90, 103, 165
수중 파충류 11, 37, 67, 90, 102~103
수코미무스 111, 117, 139
수크레(볼리비아) 100
수 헨드릭슨 111
슈노사우루스 37, 82, 114, 152
슈퍼 악어 67
스위스 74
스켈리도사우루스 74, 79, 114, 144
스키피오닉스 74, 107, 144
스타우리코사우루스 52, 122
스테고사우루스 12, 15, 16~17, 22, 23, 51, 58, 60, 61, 110, 115, 129

스테고사우루스 무리 12, 15, 22, 36, 37, 61, 71, 82, 114, 116
스트루티오사우루스 75, 144
스틱소사우루스 103
스파에로톨루스 106, 130
스페인 74, 96, 97, 101
스피노사우루스 14, 66, 72, 116, 165
스피노사우루스 무리 14, 53, 72, 79, 113, 117, 165
시노사우롭테릭스 84, 153
시조새 14, 46, 74, 115
식물
 − 백악기 38~39
 − 쥐라기 36~37
 − 진화 10~11
 − 트라이아스기 34~35
신장성(중국) 105
신타르수스 66, 68, 114, 130
실루리아기 10
심장 106
쓰촨 성(중국) 51, 82

아구스티니아 106, 116, 122
아길리사우루스 114, 153
아나토티탄 117, 130
아들리 채석장(영국) 101
아라리페 고원(브라질) 104, 105
아르젠티노사우루스 56, 122
아르케오랍토르 23
아르헨티나 19, 51, 52, 53, 54~55, 56~57, 96, 97, 98, 111
아무로사우루스 82, 144
아벨리사우루스 38, 39, 83, 122
아시아 36~37, 82~89, 96, 101, 105, 107
 − 위치 이동 32, 33, 58
아우카 마후에보 96, 97, 98
아이깁토사우루스 72
아파토사우루스 58, 60, 115, 131
아프로베나토르 110~111, 140
아프리카 20~21, 57, 66~73, 83, 101, 105, 107, 111, 117
 − 위치 이동 32, 33, 53, 69, 70, 73
악어류 36, 44, 67, 73
안키사우루스 114, 131
안킬로사우루스 12, 15, 23, 37, 41, 74,
79, 86, 90, 91, 94, 117, 131
안킬로사우루스 무리 12, 36, 41
안타르크토사우루스 52, 122
알 10, 21, 97~97, 98, 99, 110
알래스카 58
알렉트로사우루스 83, 154
알로사우루스 14, 23, 61, 70, 74, 115, 131
알로사우루스 무리 14, 165
알베르토사우루스 63, 131
알사사우루스 83, 154
알왈케리아 82, 154
알제리 66
암펠로사우루스 107, 144
암피코엘리아스 프리질리무스 116
앨럼 만(와이트 섬) 80
앨버타(캐나다) 18~19, 62~63, 96, 112
앨버타주립공룡공원 18~19, 51, 58, 62~63
야베르란디아 80, 144
양서류 10, 40, 44, 165
양치류 37, 94
어룡 36, 102, 103, 165
어류 44, 73
엉덩뼈 12, 16
에그 마운틴(미국) 96, 97, 99
에드몬토사우루스 15, 58, 117, 131
에드워드 드링커 코프 110
에른스트 스트로머 72~73
에오랍토르 54, 55, 122
에오티라누스 80, 81, 145
에우스트렙토스폰딜루스 115, 145
엑상프로방스(프랑스) 96
엑스레이 21
엔퀘바사우루스 107, 140
엘리엇 90, 91
연대표 10~11, 114~115
오로드로메우스 115, 132
오르니토미무스 14, 115, 132
오르니토미무스 무리 14, 88, 89, 93, 117, 165
오르도비스기 10
오비랍토르 97, 155
오비랍토르 무리 98, 99, 114, 165
오스니얼 찰스 마시 110
오스트랄라시아 90~93, 101
−위치 이동 32, 33, 90, 92
오스트레일리아 51, 90~91, 92~93, 101
오우라노사우루스 66, 67, 140
와이오밍 주(미국) 100
와이트 섬(영국) 80~81
와키노사우루스 83, 155
용각류 13, 14, 165
용각류 무리
 − 무리 100
 − 물속에 있는 용각류 무리 108~109
 − 백악기 39, 56, 67, 74, 86, 91, 106
 − 알과 둥지 96~97, 99
 − 이빨 23, 67
 − 종류 14, 37, 53, 56, 60~61, 71, 82, 91, 106, 017, 114, 115, 116, 117
 − 쥐라기 36~37, 50, 53, 60~61, 71, 83, 114~115
 − 트라이아스기 114
용반목 12, 13, 14, 165
우디네(이탈리아) 105
우루과이 52, 96
우에르호사우루스 114, 157
우즈베키스탄 82
우카 톨가 86, 89
원시 용각류 14, 52, 66, 69, 74, 94, 95, 114, 115
위석 117
월든 층 78, 165
윌리엄 버클랜드 110
윌리엄 해머 95
유디모르포돈 104
유럽 74~81, 96, 101, 105, 107
 − 위치 이동 31, 32~33, 78
유오플로케팔루스 117, 132
이구아노돈 15, 74, 76~77, 80, 81, 110, 113, 114, 133
이구아노돈 무리 12, 15
이동 62, 93, 94, 100, 165
이빨 10, 12, 13, 23, 39, 51, 53, 57, 61, 65, 67, 72, 73, 78, 103, 110, 117
이빨 없는 공룡 10, 117
이리타토르 53, 123
이사노사우루스 83, 114, 157
이집트 51, 66, 72~73
이탈리아 74, 104, 105, 107
익룡 34, 35, 44, 104~105, 165

170

인공위성 사진 51, 165
인도 32, 33, 43, 82, 83, 96, 105
인도수쿠스 14, 82, 157
인류의 진화 11, 45
인시시보사우루스 51, 157
일본 83
영국 51, 74, 78~79, 101, 105, 110, 113

ㅈ

자넨스키아 71, 140
자발푸르(인도) 96
자연사박물관(런던) 112, 113
자연 선택 41, 165
작사르토사우루스 82, 157
제임스 로스 섬(남극) 94
제3기 11, 42, 166
제4기 11
조각류 12, 15, 39, 90, 91, 93, 101, 114, 166
조룡 34, 35, 54
조류 11, 14, 36, 38, 44, 46~47, 84
조바리아 106, 107, 140
조반목 12, 15, 166
조앤 위펜 90
졸른호펜(독일) 46, 75
주립공룡계곡공원(미국) 100
주립공룡공원(미국) 100
중국 32, 36~37, 47, 51, 82~83, 84~85, 96, 97, 101, 102, 105, 112, 113
중생대 11, 32~33, 114~115, ???
쥐라기 11, 166
 - 공룡 11, 36~37, 53, 60~61, 68~69, 70~71, 75, 78, 79, 82, 114~115
 - 기후 36, 68
 - 대륙의 위치 33
 - 풍경 36~37, 60, 68~69
 - 화석 유적지 53, 60~61, 66, 68~69, 70~71, 75, 78, 79, 82, 100~101, 104~105, 113
쥬가립테루스 105
지구의 판 30~31, 166
진화 10~11, 40~41, 44~45, 46~47, 114~115, 166
짐바브웨 66

쯔궁공룡박물관(중국) 113

ㅊ

청룡산(중국) 96, 97
친타오사우루스 10, 83, 156
칠레 52

ㅋ

카루 분지(남아프리카) 51, 66, 68~69
카르노타우루스 10, 111, 123
카르카로돈토사우루스 66, 72, 73, 116, 140
카르카로돈토사우루스 무리 57
카마라사우루스 60, 133
카밀로그나토이데스 105
카스모사우루스 41, 133
카엔타 지층(미국) 100
카우딥테릭스 84, 114, 158
카이지앙고사우루스 158
카자흐스탄 82, 104, 105
카치(인도) 96
카쿠루 90, 162
칸다 도(인도) 105
캄브리아기 10
캐나다 18~19, 51, 58, 62~63, 96, 100, 112
캐니언랜즈국립공원(미국) 48~49
캔자스(미국) 104
케라토사우루스 70, 71, 134
케라톱스 무리 12, 15, 22, 62, 65, 86, 166
케이코우사우루스 102
케찰코아틀루스 105
코리토사우루스 63, 134
코엘로피시스 14, 34, 58, 59, 114
코엘로피시스 무리 14, 166
콘코랍토르 18, 158
콘푸시우소르니스 47
콜로라도(미국) 50, 101
콜롬비아 52
콤프소그나투스 74, 75, 115, 146
콧구멍 25, 72
콰라타이 산맥(카자흐스탄) 104, 105
콴타사우루스 90, 93, 114, 162
쿨케라톱스 82, 158
퀸즐랜드(오스트레일리아) 90, 91
크리올로포사우루스 94, 95, 163

크립토클리두스 103
킬란타이사우루스 82, 159
킬패트릭 산(남극) 94

ㅌ

타르보사우루스 88, 159
타탈(몽골) 105
탄자니아 51, 66, 70~71, 105
탈라소드로메우스 105
탐험 18~19, 20~21, 50~51, 70~71, 72, 86~87, 95, 110, 111
탕바요사우루스 83, 159
태국 83
태평양 33
텀블러 리지(캐나다) 100
테리지노사우루스 82, 83, 115, 159
테리지노사우루스 무리 83, 97
테스켈로사우루스 106, 135
테티스 해 32, 33, 166
테후엘케사우루스 106, 123
텍사스 주(미국) 104, 105
텐다구루(탄자니아) 51, 66, 70~71, 105
텐다구리아 71, 141
텔마토사우루스 74, 146
통영(한국) 96
퇴적암 17, 18, 19, 51, 68, 166
투그릭 86, 87
튀니지 66
트라이아스기 11, 166
 - 공룡 11, 34~35, 52, 74, 114
 - 기후 34
 - 대륙의 위치 32, 41
 - 풍경 11, 34~35
 - 화석 유적지 52, 54~55, 74, 78, 104~105
트렘프(스페인) 96, 97
트로싱겐(독일) 74
트로오돈 58, 99, 115, 135
트로오돈 무리 114
트리케라톱스 12, 15, 58, 65, 113, 115, 135
특징적인 뼈 22, 166
티라노사우루스 13, 21, 23, 25, 58, 59, 65, 81, 88, 111, 112, 115, 116, 135
티라노사우루스 무리 23, 39, 62, 63, 118

티타노사우루스 82, 115, 123
티타노사우루스 무리 56, 72, 73, 98

ㅍ

파라사우롤로푸스 63, 135
파라이바(브라질) 100
파란토돈 66, 141
파랄리티탄 73, 141
파충류 10, 11, 34, 35, 36, 40, 102, 103
파키케팔로사우루스 12, 15, 64, 115
파키케팔로사우루스 무리 12, 15, 22, 64, 86, 114
파키플레우로사우루스 무리 102, 166
파타고니아(아르헨티나) 19
파타고사우루스 52, 53, 115, 124
파푸아 뉴기니 90
판게아 32, 33, 34, 36, 41, 69, 166
판탈라사 해 32, 166
페름기 11, 44
펜타케라톱스 41, 116, 136
펠레카니미무스 74, 117, 146
포르투갈 74, 101
포베토롭테르 105
포스토수쿠스 34
포유류 38, 44, 45, 89, 98
폴라칸투스 80, 147
폴 세레노 106, 111
푸가토리 강(미국) 100
풀구로테리움 90, 162
프랑스 74, 96
프레온닥틸루스 105
프로트아르케옵테릭스 107, 161
프로토케라톱스 86, 87, 161
프시타코사우루스 82, 85, 161
프테라노돈 104
프테로닥틸수스 105
플라니콕사 106, 136
플라테오사우루스 114, 147
플라테오사우루스 무리 35, 74
플레이밍 절벽(몽골) 86~87, 96
플리오사우루스 103, 166
피나코사우루스 86, 161
피부 10, 25, 98
피사노사우루스 52, 54, 55, 114, 124
피아트니츠키사우루스 52, 53, 124

ㅎ

하드로사우루스 58, 136
하드로사우루스 무리 12, 15, 19, 62, 63, 65, 74, 86, 94, 99, 100, 117, 166
한국 96, 101
헤레라사우루스 54, 55, 124
헤테로돈토사우루스 15, 69, 114, 141
헤테로돈토사우루스 무리 15, 167
헬 크리크 51, 58, 64~65
호세 보나파르트 111
홀츠마덴(독일) 102
화산 활동 39, 42~43, 84
화석 167
 – 체화석 17, 166
 – 형성 과정 17
 – 흔적 화석 17, 167
화석 기록물 40
화석 세척 20~21, 55
화석 찾기 18~19, 20, 50~51, 70~71, 72~73, 74, 80, 86~87, 95, 97, 110~111, 113
화석화된 발자국 17, 78, 91, 100~101
후아양고사우루스 36~37, 82, 114, 161
후쿠이랍토르 83, 161
훔볼트박물관(독일) 71
히스트리아사우루스 107, 148
힙셀로사우루스 96, 148
힙실로포돈 12, 15, 31, 74, 80, 81, 113, 137
힙실로포돈 무리 12, 15, 91, 94, 167

기타

DNA 26~27, 167
K-T 경계층 42, 43, 167

(주)도서출판 청솔은
어린이의 마음을 쑥쑥 키우는
좋은 책들을 골라 펴냅니다.

(주)도서출판 청솔은
어린이의 마음을 쑥쑥 키우는
좋은 책들을 골라 펴냅니다.